ROWOHLT
BERLIN

WLADIMIR NABOKOW

PETROGRAD 1917
Der kurze Sommer der Revolution

Aus dem Russischen
von Norbert Randow
Mit einem Nachwort
von Günter Rosenfeld

ROWOHLT · BERLIN

Die Erinnerungen von Wladimir Nabokow erschienen
in russischer Sprache erstmals in «Archiv russkoj revoljucii»
(«Archiv der russischen Revolution»), Band I, Berlin 1922, S. 9–96
Die Übersetzung wurde erstellt
unter Mitarbeit von Gundula und Wladimir Tschepego

Deutsche Erstausgabe
Lektorat Thomas Karlauf

1. Auflage August 1992
Copyright © 1992 by Rowohlt · Berlin Verlag GmbH, Berlin
Alle Rechte vorbehalten
Das Vorwort von Vladimir Nabokov findet sich in
«Erinnerung, sprich. Wiedersehen mit einer Autobiographie»
Deutsch von Dieter E. Zimmer
(Gesammelte Werke, Band XXII), S. 234–243
Copyright © 1991 by Rowohlt Verlag GmbH,
Reinbek bei Hamburg
Umschlaggestaltung Walter Hellmann
Satz Bembo (Monotype Lasercomp) bei LibroSatz, Kriftel
Druck und Bindung Clausen & Bosse, Leck
Printed in Germany
ISBN 3 87134 049 9

INHALT

Vladimir Nabokov
KURZE BIOGRAPHIE MEINES VATERS 7

Wladimir Nabokow
PETROGRAD 1917

I DIE PROVISORISCHE REGIERUNG 15
II DER BOLSCHEWISTISCHE UMSTURZ 133

NACHWORT
von Günter Rosenfeld 172

GLOSSAR
I Personen 187
II Begriffe 212

Wladimir Dmitrijewitsch Nabokow (1869–1922)

Vladimir Nabokov
KURZE BIOGRAPHIE MEINES VATERS

Vor mir habe ich ein großes, schmuddeliges Sammelalbum, das in schwarzes Leinen gebunden ist. Es enthält alte Dokumente, darunter Diplome, Entwürfe, Tagebücher, Ausweise, Bleistiftnotizen und einige Drucksachen, alles von meiner Mutter bis zu ihrem Tod in Prag penibel aufbewahrt, doch danach, zwischen 1939 und 1961, einem wechselvollen Schicksal ausgesetzt. Mit Hilfe dieser Papiere und meiner eigenen Erinnerungen habe ich die folgende kurze Biographie meines Vaters zusammengestellt:

Wladimir Dmitrijewitsch Nabokow, Rechtswissenschaftler, Publizist und Staatsmann, Sohn von Dmitrij Nikolajewitsch Nabokow, Justizminister, und Baronesse Maria von Korff, wurde am 20. Juli 1869 in Zarskoje Selo bei St. Petersburg geboren und starb am 28. März 1922 in Berlin durch die Kugel eines Mörders. In den ersten dreizehn Lebensjahren wurde er zu Hause von französischen und englischen Gouvernanten und von russischen und deutschen Hauslehrern erzogen; einer der letzteren steckte ihn mit der *passio et morbus aureliani* an, die er an mich weitervermachte. Vom Herbst 1883 an besuchte er das Gymnasium in der damaligen Gagarin-Straße (die vermutlich in den zwanziger Jahren von den kurzsichtigen Sowjets umbenannt wurde). Sein Wunsch, sich auszuzeichnen, war übermächtig. Da ihm eine Lungenentzündung lieber war als die Blamage an der Tafel, nahm er in einer Winternacht, als er mit einer Schulaufgabe in Rückstand war, in der Hoffnung auf eine gelegen kommende Erkrankung den polaren Frost auf sich, indem er sich mit nichts bekleidet als mit seinem Nachthemd ans offene Fenster setzte (es ging auf den Schloßplatz und seine vom Mond polierte Säule); am nächsten Morgen war er noch kerngesund, und unverdienterweise war es der gefürchtete Lehrer, der krank im Bett lag. Im Mai 1887 schloß er als Sechzehnjähriger das Gymnasium mit einer Goldmedaille ab und studierte an der Universität von St. Petersburg Jura; die Abschlußprüfungen machte er im Januar 1891. Er setzte sein Studium in Deutschland (vor allem in Halle) fort. Dreißig Jahre später schickte ein Kommilitone, mit dem er im Schwarzwald eine Radtour gemacht hatte, meiner verwitweten Mutter das Exemplar von *Madame Bovary*, das mein Vater seinerzeit bei sich gehabt und auf dessen Vorsatzblatt er geschrieben hatte: «Die unübertroffene Perle der französischen Literatur» – ein Urteil, das nach wie vor Bestand hat.

1897, am 14. November (ein in unserer jubiläumsbewußten Familie in jedem Jahr gewissenhaft gefeiertes Datum), heiratete er Jelena Iwanowna Rukawischnikow, die einundzwanzigjährige Tochter eines Nachbarn auf dem Land, mit der er sechs Kinder hatte (das erste war ein totgeborener Junge).

1895 war er zum Kammerjunker ernannt worden. Von 1896 bis 1904 las er an der Kaiserlichen Schule für Jurisprudenz *(Prawowedenije)* in St. Petersburg. Von Kammerherren wurde erwartet, daß sie vor jedem öffentlichen Akt die Genehmigung des «Hofministers» einholen. Die Genehmigung beantragte er natürlich nicht, als er in der Zeitschrift *Prawo* seinen berühmten Artikel *Das Blutbad von Kischinjow* veröffentlichte, in dem er verurteilte, wie die Polizei dem Kischinjow-Pogrom von 1903 Vorschub geleistet hatte. Durch kaiserlichen Erlaß wurde ihm im Januar 1905 sein Hoftitel wieder aberkannt, und daraufhin brach er jede Verbindung zu der Regierung des Zaren ab und stürzte sich entschlossen in die antidespotische Politik, während er seine rechtswissenschaftliche Arbeit fortsetzte. Von 1905 bis 1915 war er Vorsitzender der russischen Sektion der Internationalen Gesellschaft für Kriminologie, und auf Kongressen in Holland amüsierte er sich und erstaunte er sein Publikum, indem er, wenn nötig, russische und englische Reden ins

Deutsche und Französische übersetzte oder umgekehrt. Mit großer Beredsamkeit trat er gegen die Todesstrafe ein. In privaten wie in öffentlichen Dingen hielt er sich standfest an seine Prinzipien. Bei einem öffentlichen Bankett im Jahre 1904 weigerte er sich, auf die Gesundheit des Zaren anzustoßen. Es heißt, er habe per Zeitungsinserat ungerührt seine Hofuniform zum Verkauf angeboten. Von 1906 bis 1917 gab er zusammen mit I. W. Gessen und A. I. Kaminka eine der wenigen liberalen Tageszeitungen Rußlands heraus, die *Retsch* (‹Rede›), ebenso die juristische Zeitung *Prawo*. Politisch war er «Kadett», das heißt Mitglied der KD *(Konstituzionno-demokratitscheskaja partija)*, die später passender in Partei der Volksfreiheit umgetauft wurde *(partija norodnoi swobody)*. Bei seinem ausgebildeten Sinn für Humor hätte er sehr komisch gefunden, wie hilflos, wiewohl boshaft sowjetische Lexikographen in ihren seltenen biographischen Erwähnungen seine Überzeugungen und Leistungen verhackstückten. 1906 wurde er in das Erste Russische Parlament *(Perwaja Duma)* gewählt, eine humane und heroische, überwiegend liberale Institution (die unwissende ausländische Journalisten, infiziert von der sowjetischen Propaganda, indessen oft mit den alten «Bojarendumas» verwechseln). Dort hielt er einige hervorragende Reden, die in ganz Rußland Widerhall fanden. Als der Zar kaum ein Jahr später die Duma auflöste, begab sich eine Reihe ihrer Mitglieder zu einer illegalen Sitzung nach Wyborg, darunter mein Vater (der seine Fahrkarte unter dem Hutband trug, wie aus einem im Finnländischen Bahnhof aufgenommenen Foto hervorgeht). Im Mai 1908 trat er eine dreimonatige Gefängnishaft an, die reichlich spät kommende Strafe für das revolutionäre Manifest, das er und seine Gruppe in Wyborg aufgesetzt hatten. «Hat V. in diesem Sommer irgendwelche ‹Aegerias› (Waldbrettspiele) gefangen?» fragt er in einer seiner heimlichen Botschaften aus dem Gefängnis, die durch einen bestochenen Wärter und einen treuen Freund (Kaminka) meiner Mutter in Wyra übermittelt wurden. «Sag ihm, daß ich im Gefängnishof nichts als Zitronenfalter und Kohlweißlinge sehe.» Nach seiner Freilassung durfte er an Wahlen nicht mehr teilnehmen, konnte jedoch (eins der Paradoxe, die unter dem Zaren so häufig waren) frei bei der streng liberalen *Retsch* arbeiten, eine Aufgabe, auf die er bis zu neun Stunden am Tag verwandte. 1913 legte ihm die Regierung für eine Reportage aus Kiew, wo Bejlis nach einem stürmischen Prozeß von der Anklage des «Ritual»-Mords an einem Christenknaben freigesprochen wurde, die symbolische Geldstrafe von einhundert Rubel auf (nach heutigem Wert etwa vierhundert Mark); Gerechtigkeit und die öffentliche Meinung konnten im alten Rußland gelegentlich noch obsiegen – es blieben ihnen nur noch fünf Jahre. Bald nach Ausbruch des Ersten Weltkrieges wurde er eingezogen und an die Front geschickt. Schließlich wurde er dem Generalstab in St. Petersburg zugewiesen. Militärische Moral hielt ihn davon ab, sich aktiv am ersten Aufruhr der liberalen Revolution vom März 1917 zu beteiligen. Von Anbeginn an scheint ihm die Geschichte zielstrebig jede richtige Gelegenheit vorenthalten zu haben, seine große staatsmännische Begabung in einer russischen Republik westlichen Stils zu entfalten. 1917, im Anfangsstadium der Provisorischen Regierung – das heißt, solange sich die Kadetten noch an ihr beteiligten –, hatte er im Ministerium das verantwortungsvolle, aber unscheinbare Amt eines Staatssekretärs inne. Im Winter 1917/18 wurde er in die Konstituierende Versammlung gewählt, nur um von energischen bolschewistischen Matrosen verhaftet zu werden, als sie aufgelöst wurde. Die Novemberrevolution hatte bereits ihren blutigen Lauf angetreten, ihre Polizei war schon aktiv, doch in jenen Tagen war das Chaos der Befehle und Gegenbefehle manchmal auf unserer Seite: Mein Vater folgte einem dämmerigen Korridor, sah am Ende eine offene Tür, trat auf eine Nebenstraße hinaus und erreichte die Krim, ausgerüstet mit einem Ranzen, den er sich von seinem Diener Ossip an einen abgelegenen Ort bringen ließ, sowie einem Päckchen Kaviarbrote, das der gute Nikolaj Andrejewitsch, unser Koch, aus eigenen Stücken dazugetan hatte. Von Mitte 1918 bis Anfang 1919 war er zwischen zwei bolschewistischen Besetzungen und unter dauernden Reibereien mit schießwütigen Elementen in Denikins Armee Justizminister («Minimaljustizminister», wie er ironisch sagte) in einer der Regionalregierungen, der der Krim.

1919 ging er freiwillig ins Exil, lebte erst in London, dann in Berlin, wo er zusammen mit Gessen die liberale Emigrantenzeitung *Rul* (‹Das Ruder›) herausgab, bis er 1922 von einem finsteren Schurken ermordet wurde, den Hitler im Zweiten Weltkrieg zum Beauftragten für russische Emigrantenangelegenheiten machte.

Er war ein fruchtbarer Autor, der vorwiegend über politische und kriminologische Themen schrieb. Die Prosa und Poesie mehrerer Länder war ihm von Grund auf vertraut, Hunderte von Versen kannte er auswendig (seine russischen Lieblingsdichter waren Puschkin, Tjuttschew und Fet – über letzteren veröffentlichte er einen schönen Essay), er war eine Dickens-Autorität und schätzte außer Flaubert auch Stendhal, Balzac und Zola, in *meinen* Augen drei gräßlich mittelmäßige Schriftsteller. Immer wieder gestand er, daß das Hervorbringen einer Geschichte oder eines Gedichts, irgendeiner Geschichte oder irgendeines Gedichts, für ihn ein ebenso unbegreifliches Wunder darstelle wie der Bau einer elektrischen Maschine. Andererseits fiel es ihm überhaupt nicht schwer, über politische und juristische Dinge zu schreiben. Er hatte einen korrekten, wenngleich recht monotonen Stil, der heute – zumindest für mein übersättigtes Gehör – trotz allen seinen altmodisch europäischen Metaphern aus der klassischen Bildung und den schwülstigen Klischees des russischen Journalismus eine ansprechende graue Würde eigener Art besitzt, die (so als gehörte sie einem älteren und ärmeren Verwandten) in krassem Gegensatz zu seinen farbigen, kuriosen, oft poetischen und manchmal lästerlichen Alltagsäußerungen stand. Die erhaltenen Entwürfe einiger seiner Aufrufe (sie beginnen mit «*Grashdanje!*», «Bürger!») und Leitartikel sind in einer schulhaft-schrägen, wunderbar schlanken, unglaublich regelmäßigen Handschrift fast frei von Korrekturen geschrieben – eine Reinheit, eine Bestimmtheit, eine Kofunktion von Geist und Materie, die ich belustigt mit meiner mäusehaften Schrift und meinen unsauberen Entwürfen vergleiche, mit den Metzeleien der Revisionen, Neufassungen und neuen Revisionen dieser Zeilen hier, in denen ich in zweistündiger Anstrengung einen zweiminütigen Fluß seiner makellosen Handschrift beschreibe. Seine Entwürfe waren wie Reinschriften unmittelbarer Gedanken. In dieser Art schrieb er mit phänomenaler Leichtigkeit und Geschwindigkeit (unbequem an einem Kinderpult im Schulzimmer eines trauervollen Schlosses sitzend) den Abdankungstext für Großfürst Michail (den nächsten in der Erbfolge, nachdem der Zar für sich und seinen Sohn auf den Thron verzichtet hatte). Kein Wunder, daß er auch ein hervorragender Sprecher war, ein Redner im kühlen «englischen Stil», der die Fleischhauergestik und das rhetorische Gebell der Demagogen verschmähte, und auch hier hat der lächerliche Kakologe, der ich bin, wenn ich kein schreibmaschinenbeschriebenes Blatt vor mir habe, nichts geerbt.

Erst unlängst habe ich zum ersten Mal seinen wichtigen *Sbornik statej po ugolownomu prawu* (eine Artikelsammlung zum Strafrecht) gelesen, der 1904 in St. Petersburg veröffentlicht wurde und von dem mir ein freundlicher Reisender, Andrew Field, ein sehr seltenes, vielleicht das einzige Exemplar schenkte (ehemals im Besitz von «Michail Jewgrafowitsch Chodunow», wie aus einem violetten Stempel auf dem Vorsatzblatt hervorgeht), das er 1961 bei einem Besuch in Rußland in einem Antiquariat erworben hatte. Es ist ein Band von 316 Seiten, der neunzehn Aufsätze enthält. In einem von ihnen (*Sexualverbrechen*, geschrieben 1902) behandelt mein Vater in einem gewissen merkwürdigen Sinn recht prophetisch (Londoner) Fälle von «kleinen Mädchen *à l'âge le plus tendre (w njeshnjejschem wosraste)*, das heißt zwischen acht und zwölf Jahren, die Lüstlingen (*slastoljubzam*) zum Opfer fielen». Im selben Essay legt er eine sehr liberale und «moderne» Haltung gegenüber verschiedenen anomalen Praktiken an den Tag und prägt beiläufig ein kommodes russisches Wort für «homosexuell»: *rawnopolyj*.

Es wäre unmöglich, die buchstäblich Tausende seiner Artikel in verschiedenen Zeitungen und Zeitschriften wie *Retsch* oder *Prawo* aufzuzählen. In einem späteren Kapitel spreche ich von seinem historisch interessanten Buch über einen halboffiziellen Englandbesuch während des Krieges. Einige seiner Erinnerungen an die Jahre 1917 bis 1919 sind in dem von Gessen in Berlin veröffentlichten *Archiv russkoj revoljucii* erschienen. Am 16. Januar 1920 hielt er am King's College, London, einen Vortrag über «Sowjetherrschaft und die Zukunft Rußlands», der eine Woche darauf in der Beilage zu *The New Commonwealth*, Nr. 15, gedruckt wurde (er ist ordentlich in das Album meiner Mutter geklebt). Im Frühling desselben Jahres lernte ich den größten Teil davon auswendig, als ich für eine *Union*-Debatte in Cambridge eine Rede gegen den Bolschewismus vorbereitete; der siegreiche Apologet war ein Mann vom *Manchester Guardian*; seinen Namen habe ich vergessen, aber in Erinnerung ist mir, wie ich total versagte, nachdem ich rezitiert hatte, was ich auswendig wußte, und das war meine erste und letzte politische Rede. Einige Monate vor dem Tod meines Vaters hatte die Emigrantenzeitung *Teatr i shisn* («Theater und Leben») damit begonnen, in Fortsetzungen seine Jugenderinnerungen zu drucken (er und ich überlappen hier – zu kurz). Hervorragend finde ich darin die schrecklichen Wutanfälle seines pedantischen Lateinlehrers am Dritten Gymnasium beschrieben, desgleichen meines Vaters sehr früh einsetzende und lebenslange Opernleidenschaft: Zwischen 1880 und 1922 muß er praktisch jeden erstklassigen europäischen Sänger gehört haben, und obwohl er selber nichts spielen konnte (ausgenommen die ersten Takte der *Ruslan*-Ouvertüre, die er höchst majestätisch zum besten gab), hatte er jede Note seiner Lieblingsopern im Kopf. Auf dieser Saite gleitet ein melodisches Gen, das mich übersprungen hat, von Wolfgang Graun, dem Organisten des sechzehnten Jahrhunderts, durch meinen Vater weiter zu meinem Sohn.

Deutsch von Dieter E. Zimmer

Das Stadthaus der Nabokows in der Morskaja-Straße 47

I
DIE PROVISORISCHE REGIERUNG

Vor genau einem Jahr*, in eben diesen Tagen, nämlich vom 20. bis zum 22. April, kam es in Petersburg zu Ereignissen, deren ganze Bedeutung für den weiteren Verlauf des Krieges und die Geschicke unseres Vaterlandes *damals* noch nicht in hinreichendem Maße verstanden und beurteilt werden konnte. *Heute* ist bereits klar ersichtlich, daß gerade in diesen stürmischen Tagen, als sich nach dem Triumph der Revolution zum erstenmal einen Augenblick lang das abstoßende, wutverzerrte Gesicht der Anarchie enthüllte, als aufgrund von Parteiintrigen und demagogischen Gelüsten erneut der Acheron emporstieg und frevlerischer, einem gewissenlosen politischen Kalkül unbewußt Vorschub leistender Leichtsinn der Provisorischen Regierung ein Ultimatum stellte und von ihr in den beiden wichtigsten Fragen, nämlich der Außenpolitik und der Organisation der Macht, verhängnisvolle Zugeständnisse und Konzessionen erlangte – daß gerade in diesen Tagen die erste glanzvolle und siegreiche Phase der Revolution endete und sich, vorerst noch undeutlich, der Weg abzeichnete, der Rußland zum Untergang und zur Schande führte.

Das heißt natürlich nicht, daß während der ersten beiden Monate, als sich auf den Trümmern der Autokratie, die sich formal

---

* Geschrieben am 21. April 1918. (Alle Daten sind nach Julianischem Kalender [«altem Stil»] angegeben, der dem Gregorianischen Kalender [«dem neuen Stil»] gegenüber um dreizehn Tage zurück ist. Anm. d. Übs.)

schon am 17. Oktober 1905 überlebt hatte, faktisch aber noch ganze elf Jahre ihre Bedeutung beizubehalten versuchte, ein neues, freies Rußland zu organisieren begann – daß während dieser kurzen Periode alles zum besten bestellt gewesen wäre. Im Gegenteil: ein aufmerksamer und objektiver Blick hätte bereits in den ersten Tagen der «unblutigen Revolution» die Symptome der kommenden Auflösung entdecken können. Wenn man jetzt post factum die Zeitungen jener Zeit durchsieht, so hat man den Eindruck, diese Symptome seien ganz eindeutig und offenkundig gewesen. Damals aber scheinen die Menschen, die sich die unerhört schwere Aufgabe der Lenkung Rußlands aufgebürdet hatten, vor allem in der ersten Zeit Illusionen nachgegangen zu haben. Sie wollten an den schließlichen Erfolg glauben; woraus hätten sie ohne diesen Glauben auch ihre sittliche Kraft schöpfen sollen? Zum erstenmal aber mußte ihr Glaube in eben jenen schicksalhaften Apriltagen ins Wanken geraten, als das «revolutionäre Petrograd» die für Rußland lebenswichtige Frage nach den Aufgaben seiner Außenpolitik auf die Straße trug und auf den roten Fahnen erstmals Aufschriften erschienen, die zum Sturz der Provisorischen Regierung oder einzelner ihrer Mitglieder aufriefen.

Zu diesem Zeitpunkt begann das Martyrium der Provisorischen Regierung. Man darf feststellen, daß Gutschkows* Rücktritt sowie der Umstand, daß Miljukow den Forderungen des Exekutivkomitees des Petersburger Rates der Arbeiter- und Soldatendeputierten geopfert wurde, für die Provisorische Regierung die ersten Schläge waren, von denen sie sich nicht mehr erholte. Und im Grunde genommen waren die folgenden sechs Monate mit ihren periodischen Erschütterungen und Krisen, mit den vergeblichen Versuchen, eine starke Koalitionsregierung zu schaffen, mit den phantastischen Beratungen im Malachitsaal und im Moskauer Großen Theater – im Grunde genommen waren diese sechs Monate ein einziges, ununterbrochenes Dahinsterben. Anfang Juli gab es zwar

---

* Zu wichtigen Personen sowie zu zentralen Begriffen und Ereignissen vgl. das Glossar, Seite 187 ff.

einen kurzen Augenblick, wo es so aussah, als könne sich die Autorität der Macht erneuern: das war nach der Niederwerfung der ersten bolschewistischen Erhebung. Doch diesen Augenblick verstand die Provisorische Regierung nicht zu nutzen, und die günstigen Bedingungen wurden verpaßt. Sie sollten sich nicht wiederholen. Die Leichtigkeit, mit der es Lenin und Trotzkij gelang, die letzte Koalitionsregierung Kerenskijs zu stürzen, offenbarte deren innere Schwäche. Das Ausmaß dieser Schwäche setzte damals sogar gut unterrichtete Leute in Erstaunen.

Von den ersten Tagen des Umsturzes an stand ich der Provisorischen Regierung ziemlich nahe. Während der ersten beiden Monate (bis zur ersten Krise) hatte ich den Posten des Geschäftsführers der Provisorischen Regierung inne, und in der Folgezeit stand ich mit ihr – aus mancherlei Anlaß und unter verschiedenen Umständen – in recht engem Kontakt. Bedauerlicherweise habe ich damals weder ein Tagebuch geführt noch irgendwelche systematischen Aufzeichnungen gemacht. Von früh bis in die späte Nacht beschäftigt, fand ich kaum Zeit, die ganze mir obliegende Arbeit zu bewältigen. Deshalb verfüge ich über so gut wie gar keine dokumentarischen Zeugnisse, die sich auf jene Zeit beziehen.

Ich habe lange geschwankt, ob es sich jetzt, nach Ablauf so vieler Monate, noch lohnt, zur Feder zu greifen und zu versuchen niederzuschreiben, was mir im Gedächtnis haftengeblieben ist. Die Aufgabe wird noch erschwert durch die Verhältnisse, unter denen ich gegenwärtig lebe – ich befinde mich nämlich dort, wo sich Fuchs und Hase gute Nacht sagen: auf der Krim, die vom übrigen Rußland schon einen ganzen Monat lang völlig abgeschnitten ist und gerade von den Deutschen besetzt wurde. Ich habe nichts zur Hand, was die Arbeit meines Gedächtnisses erleichtern könnte, außer einigen Konvoluten der Zeitung «Retsch», die I. I. Petrunkewitsch glücklicherweise aufbewahrt und mir zur Verfügung gestellt hat. Das ist zwar ein sehr wertvolles Hilfsmittel, aber darin widerspiegelt sich natürlich nicht der Prozeß jenes inneren politischen Lebens, das dem Prozeß des äußeren seine Richtung gegeben und es gänzlich bestimmt hat.

Während der zwei Monate, da ich den Posten des Geschäftsführers der Provisorischen Regierung innehatte, war ich fast jeden Tag bei ihren geschlossenen Sitzungen zugegen – der einzige übrigens, der der Regierung offiziell nicht angehörte. Im folgenden werde ich ausführlicher auf die Frage nach meinem Status und nach den Gründen zu sprechen kommen, die mich bewogen, mich während meiner nur kurzen Arbeit mit diesem Status eines Zeugen zu begnügen, statt am politischen «Wirken» der Provisorischen Regierung beteiligt zu sein. Hier möchte ich nur feststellen, daß von allen diesen Beratungen, soweit mir bekannt, keine einzige Spur erhalten geblieben ist. Auf den Sitzungen selbst konnte ich die Debatten angesichts ihres streng vertraulichen Charakters nicht mitschreiben. Das hätte vor allem den Protest Kerenskijs hervorgerufen, der immer sehr mißtrauisch und eifersüchtig auf alles reagierte, was in seinen Augen ein Anschlag auf die «höchsten Prärogative» der Provisorischen Regierung sein konnte. Um hinterher etwas niederzuschreiben, hatte ich keine Zeit. Ich glaube, keiner der Minister hatte dazu Gelegenheit. Es versteht sich von selbst, daß ich jetzt, nach Ablauf eines Jahres, durchaus nicht mehr imstande bin, systematisch zu rekonstruieren, was auf diesen Sitzungen vor sich ging.

Nichtsdestoweniger habe ich mich entschlossen, mich an diese Aufzeichnungen zu machen. Wie dürftig das Material auch ist, über das mein Gedächtnis verfügt, so denke ich doch, es wäre schade, wenn dieses Material spurlos unterginge. Ich hielte es für äußerst wichtig, daß jeder, der auf die eine oder andere Weise Anteil an der Arbeit der Provisorischen Regierung hatte, ebenso verführe. Ein künftiger Historiker wird dann alle diese Zeugnisse sammeln und sichten. Sie können von sehr unterschiedlichem Wert, keines aber wird an sich wertlos sein, vorausgesetzt, der Schreibende macht sich zwei Forderungen zu eigen: keinerlei bewußte Unwahrheit zuzulassen (gegen Irrtümer ist niemand gefeit) und gänzlich und bis zum letzten aufrichtig zu sein.

Diese Einführung hielt ich für erforderlich, weil sie den Charakter meiner Erinnerungen und mein eigenes Verhältnis zu diesen Aufzeichnungen erklärt. Ich beginne also mit meiner Erzählung.

Kaum war der Krieg ausgebrochen, bekam ich unverzüglich – am 21. Juli 1914 – ein Schreiben, das mich davon in Kenntnis setzte, daß ich als Offizier der Landwehr zum 318. Nowgoroder Infanteriebataillon einberufen sei und mich in der Stadt Staraja Russa einzufinden hätte, wo dieses Bataillon aufgestellt werden sollte. Ich habe nicht vor, hier ausführlich auf alles einzugehen, was ich erlebt habe, anfangs in Staraja Russa, danach in Wyborg, wo sich das Bataillon bis Mai 1915 befand, und anschließend in der kleinen Ortschaft Haynasch am Rigischen Meerbusen, auf halbem Wege zwischen Pernau und Riga. Zuerst war ich Bataillonsadjutant, später dann, in Haynasch, wo aus drei Bataillonen ein Regiment gebildet wurde (unter der Bezeichnung 434. Tichwiner Infanterieregiment), Regimentsadjutant; während des ersten Kriegsjahres war ich Zeuge der Arbeit zur Ertüchtigung des Hinterlandes, wie sie wahrscheinlich mehr oder weniger genauso in ganz Rußland stattfand. Ich glaube, daß meine Beobachtungen auf diesem Gebiet ebenfalls eines gewissen Interesses nicht entbehren, doch verschiebe ich einstweilen die Niederschrift dieser Erfahrungen ebenso wie alles, was sich auf meinen Dienst im Asiatischen Ressort des Generalstabs bezieht, wohin ich völlig unverhofft und ohne jedes Zutun meinerseits im September 1915 aus Haynasch versetzt wurde und wo ich bis zum Umsturz blieb, der mich überraschte, als ich provisorisch die Pflichten eines Geschäftsführers dieser Institution wahrzunehmen hatte.

Wenn ich hier meinen Militärdienst erwähne, so nur deshalb, um deutlich zu machen, daß ich von Juli 1914 bis März 1917 keinen Anteil an der Politik nahm. Selbst als ich nach Petersburg zurückkehrte, nahm ich weder meine publizistische Tätigkeit an der Zeitung «Retsch» wieder auf* noch die Arbeit im Zentralkomitee der Partei der Volksfreiheit. Offiziell war mir die Rückkehr sowohl

---

* Wenn man einige Feuilletons außer acht läßt, die das Ergebnis meiner Reise nach England und Frankreich im Februar 1916 waren und die später als selbständiges Buch unter dem Titel «Aus dem kämpfenden England» erschienen.

zu der einen wie zu der anderen Tätigkeit verwehrt, und zwar wegen meines Status als Generalstäbler. Andererseits hatte ich keine Lust, sozusagen konspirativ diese Arbeiten wiederaufzunehmen, abgesehen davon, daß eine geheime Beteiligung keinen besonderen Sinn gehabt hätte. Wie auch immer, ich halte es für wichtig, zur Erklärung vieler weiterer Geschehnisse festzuhalten, daß ich von Beginn des Krieges an bis zur Revolution vom politischen und besonders vom Parteileben isoliert war und beides nur von außen, als unbeteiligter Beobachter, verfolgte. Die komplizierten Beziehungen, die sich in diesen Jahren innerhalb der Duma und im Innern unseres Zentralkomitees entwickelt hatten, waren mir unbekannt. Kerenskij kannte ich so gut wie gar nicht; meine Bekanntschaft mit ihm war eine rein äußerliche: Wir verbeugten uns, wenn wir uns begegneten, und wechselten ein paar banale Sätze. Seine politische Physiognomie konnte ich nur nach seinen Reden in der Duma beurteilen, von denen ich nie eine hohe Meinung hatte.

Da ich der Redaktion der Zeitung «Retsch» nahestand und persönliche Beziehungen zu Miljukow, Gessen, Schingarjow, Roditschew und anderen unterhielt, konnte und wollte ich natürlich die Verbindung, genauer, den Kontakt mit der Partei und der Politik nicht gänzlich verlieren; und ich hatte sie auch nicht verloren. Dennoch war meine äußerliche Isolation die Ursache dafür, daß ich mich nach dem Umsturz und während der ersten Zeit meiner neuerlichen politischen Aktivität nicht sogleich zurechtzufinden vermochte in jenem komplizierten Netz von persönlichen und Parteibeziehungen, das die Arbeit der Provisorischen Regierung umspannte und teilweise lähmte. Vieles wußte ich nicht, und vieles verstand ich aus diesem Grunde nicht. Das wirkte sich auch auf meine eigene Rolle aus, wie im weiteren zu sehen sein wird.

Ich wende mich jetzt den Ereignissen in ihrer chronologischen Reihenfolge zu.

Am 23. Februar sollte meine Frau aus Rauha in Finnland zurückkehren, wohin sie zusammen mit unserem Sohn bereits Mitte Januar gefahren war und wo sie nach dessen Rückkehr noch ein paar Tage geblieben war, um sich von einer Bronchitis zu erholen.

Ich fuhr zum Bahnhof, um sie abzuholen, und kann mich noch lebhaft erinnern, wie ich auf dem Wege nach Hause ihr und Oberst Mjatlew (den wir in unserem Automobil bis zu seinem Haus auf dem Isaaksplatz brachten) erzählte, daß es in Petersburg sehr unruhig sei: Unter den Arbeitern gäre es, es komme zu Streiks und zu großen Menschenansammlungen auf den Straßen, die Regierung sei nervös und offenbar auch kopflos und könne sich anscheinend nicht mehr ohne weiteres auf die Truppen, vor allem auf die Kosaken, verlassen.* Am Freitag, dem 24., und am Sonnabend, dem 25., ging ich wie gewöhnlich zum Dienst. Am Sonntag, dem 26., bot der Newskij-Prospekt den Anblick eines Militärlagers – er war abgesperrt. Am Abend war ich bei I. W. Gessen, bei dem sich sonntags in der Regel Freunde und Bekannte versammelten. Dieses Mal, so kann ich mich erinnern, traf ich bei ihm nur Guber (Arsubjew) an, der bald fortging. Wir tauschten unsere Eindrücke aus. Was vor sich ging, erschien uns ziemlich bedrohlich. Der Umstand, daß die Macht – die höchste – sich in einer so kritischen Minute in den Händen von Leuten wie Fürst Golizyn, Protopopow und General Chabalow befand, konnte nur zu ernstester Sorge Anlaß geben. Dennoch waren wir noch am 26. abends weit von dem Gedanken entfernt, daß die nächsten zwei, drei Tage derart kolossale und entscheidende Ereignisse welthistorischen Ausmaßes mit sich bringen würden.

Als ich aus der Malaja-Konjuschennaja-Straße nach Hause zurückkehrte, konnte ich nicht den gewohnten Weg einschlagen – geradeaus den Newskij-Prospekt und die Morskaja-Straße entlang –, denn auf dem Newskij-Prospekt hätte man mich nicht durchgelassen. Durch eine Gasse gelangte ich auf die Bolschaja-Konjuschennaja-Straße, dann durch die Wolynkin-Gasse auf die Moika, über die Pewtscheskij-Brücke, den Dworzowaja-Platz, der völlig öde, finster und riesenhaft dalag, am Newskij-Prospekt vorbei und den Admiralitätsprospekt entlang. Als ich an der Stadt-

---

* Vor kurzem, im April 1918, hat Mjatlew, der sich in Jalta befindet, mich bei einer Begegnung an diese Fahrt und an meine Erzählung erinnert.

Petrograd, Februar 1917: Massenkundgebung vor dem Winterpalais des Zaren

hauptmannschaft vorüberkam, fiel mir die große Anzahl von Automobilen auf (etwa zehn bis zwölf), die vor der Auffahrt standen. Kurz nach Mitternacht war ich wieder zu Hause, unruhig und von düsteren Vorahnungen erfüllt.

Am Montagmorgen, dem 27., begab ich mich wie immer um zehn Uhr zum Dienst. Das Asiatische Ressort des Generalstabs war damals im Gebäude der ehemaligen Hauptverwaltung der Kosakentruppen untergebracht, in der Karawannaja-Straße, gegenüber der Simeonowskij-Brücke. Als ich die Karawannaja-Straße entlangging und in Höhe des Platzes war, wurde ich von einem Herrn angehalten, dessen Gesicht mir bekannt war (wer es war, war mir weder damals noch später erinnerlich). Er sagte mir, daß in der Kirotschnaja-Straße eine Schießerei im Gange sei und daß ein Teil der Soldaten meutere; dabei erwähnte er, wie ich mich entsinne, das Preobrashenskij-Regiment. Als ich danach in den Sitz des Asiatischen Ressorts kam, erfuhr ich nichts Neues. Die gewohnte Arbeit begann, verlief an diesem Tage aber irgendwie schleppend. Dennoch saßen wir (meine Kollegen und ich) die übliche Zeit bis drei Uhr ab; um drei Uhr ging ich nach Hause, und zwar über den Newskij-Prospekt, auf dem es um diese Zeit wieder freien Durchgang gab und wo sich viel Volk drängte.

Gegen Abend lag die Morskaja-Straße wie ausgestorben da – so weit man aus den Fenstern sehen konnte, besonders aus den Seitenfenstern im Erker, die die Möglichkeit boten, die Straße auf der einen Seite bis zum Hotel «Astoria», auf der anderen bis zur Konnogwardejskij-Gasse zu überschauen. Panzerwagen fuhren vorbei, Gewehr- und Maschinengewehrschüsse waren zu hören, hin und wieder liefen Soldaten und Matrosen vorüber, sich dicht an den Häuserwänden haltend. Zeitweise – aber immer nur kurzfristig – wurde alles still. Das Telefon funktionierte weiterhin, und ich kann mich erinnern, daß mich meine Freunde über das, was vor sich ging, auf dem laufenden hielten. Zur gewohnten Stunde legten wir uns schlafen.

Am 28. Februar morgens kam es auf dem Platz sowie in jenem Teil der Morskaja-Straße, der von der lutherischen Kirche zur Pozelujew-Brücke führt, erneut zu einer sehr heftigen Schießerei. Auf die Straße zu gehen war gefährlich, teils wegen der Schießerei, teils deswegen, weil den Offizieren bereits die Schulterstücke heruntergerissen wurden; es gingen auch schon Gerüchte um von Gewalttätigkeiten der Soldaten gegen sie. Gegen elf Uhr (vielleicht auch schon früher) zogen unter den Fenstern unseres Hauses haufenweise Soldaten und Matrosen in Richtung Newskij-Prospekt vorüber. Sie gingen ungeordnet und nicht in Reih und Glied, Offiziere waren nicht darunter. In diese Menge wurde offenbar hineingeschossen, vielleicht aus dem «Astoria», vielleicht auch aus dem Landwirtschaftsministerium. Genau ist das niemals festgestellt worden; nicht einmal die Tatsache selbst, daß überhaupt geschossen wurde, ist festgestellt worden – vielleicht hat man sich das erst später ausgedacht. Wie auch immer, ob unter dem Eindruck der Schüsse (falls es welche gegeben hat) oder aus irgendwelchen anderen Beweggründen – die Menge fing an, das «Astoria» zu demolieren. Von dort trafen sehr bald Flüchtlinge bei uns ein: meine Schwester mit ihrem Gemahl, Admiral Kolomejzow, dann eine ganze Familie mit kleinen Kindern, die von uns bekannten englischen Offizieren gebracht wurde, danach eine weitere Familie – entfernte Verwandte von uns aus der Nabokow-Sippe. Das alles verteilte sich irgendwie bei uns im Hause.

Den ganzen Dienstag, den 28., und auch am Mittwoch, dem 1. März, verließ ich nicht das Haus. Es gab viele Fragen im Zusammenhang mit der Unterbringung der unerwarteten und unfreiwilligen Gäste, doch ein großer Teil des Tages verging in dumpfer und banger Erwartung. Verläßliche Nachrichten gab es wenige. Bekannt war lediglich, daß sich alles in der Staatsduma konzentrierte; gegen Abend des 1. März wurde aber bereits davon gesprochen, daß sich die gesamte Petersburger Garnison sowie einige aus der Umgebung eingetroffene Truppenteile den Aufständischen angeschlossen hätten.

Am Morgen des 2. März konnten sich Offiziere wieder frei auf den Straßen sehen lassen, und ich beschloß, in das Asiatische Ressort zu gehen, um mir Klarheit über die Lage zu verschaffen. Als ich

Petrograd, Februar 1917: demonstrierende Soldaten der Garnison

dort ankam, fand ich auf dem ersten großen Treppenabsatz eine riesige Menschenmenge – Beamte, Offiziere und Schreiber. Ich begab mich eilends in mein Zimmer, doch kurze Zeit später kam man und bat mich, anläßlich der jüngsten Ereignisse einige Worte zu sprechen. Ich ging zu den Versammelten. Sie begrüßten mich mit Applaus. Wir alle begaben uns dann in den großen Saal. Ich stieg auf einen Tisch und hielt eine kurze Rede. Im einzelnen kann ich mich an meine Worte nicht mehr erinnern, ihr Sinn aber bestand darin, daß Despotismus und Rechtlosigkeit beseitigt seien, daß die Freiheit gesiegt habe und es jetzt die Pflicht des ganzen Landes sei, sie zu festigen, wozu es unermüdlicher Arbeit und äußerster Disziplin bedürfe. Auf einzelne Fragen antwortete ich, daß ich über die letzten Ereignisse selber noch nicht unterrichtet sei, daß ich mich aber noch heute in die Staatsduma begeben wolle und dort natürlich alles im Detail erfahren würde, morgen könnten wir uns dann alle erneut zusammenfinden. Damit beendeten wir die Versammlung, und die Beamten gingen auseinander, sich lebhaft unterhaltend. Ich blieb nicht mehr lange im Asiatischen Ressort, wo weder der Chef, General Manakin, noch sein nächster Mitarbeiter, General Dawletschin, anwesend waren und wo an diesem Tag verständlicherweise nicht an Arbeit zu denken war. Nach Hause zurückgekehrt, nahm ich einen Imbiß zu mir, und um zwei Uhr ging ich wieder fort mit der Absicht, zur Staatsduma vorzudringen.

An der Ecke Newskij-Prospekt und Morskaja-Straße traf ich auf das gesamte Beamtenkollegium des Generalstabs, das auf dem Wege zur Staatsduma war, um der Provisorischen Regierung, deren Bildung eben gerade bekanntgeworden war, seine Ergebenheit zu bekunden. Ich schloß mich ihnen an, und wir gingen den Newskij-Prospekt hinunter und dann weiter durch die Litejnaja-, die Sergijewskaja-, die Potjomkinskaja- und die Schpalernaja-Straße. Auf den Straßen war eine riesige Volksmenge. Überall sah man bewegte und aufgeregte Gesichter, schon waren rote Fahnen gehißt. Als wir am Anitschkow-Palais vorüberzogen, kam ein alter Mann von intelligentem Aussehen und anständig gekleidet vom Trottoir auf mich zu – ich ging am Ende –, ergriff meine Hand, schüttelte sie und dankte mir «für alles, was Sie getan haben». Dann setzte er sehr energisch und entschlossen hinzu: «Aber laßt uns nur nicht die Romanows übrig, die brauchen wir nicht!» Auf der Potjomkinskaja-Straße begegneten wir einer ziemlich großen Menge von Gendarmen, die unter Bewachung abgeführt wurden, offenbar kamen sie aus der Manege des Chevaliergarde-Regiments, wo sie zu Beginn des Aufstandes gefangengesetzt worden waren.

In den vierzig bis fünfzig Minuten, die wir bis zur Staatsduma brauchten, erlebte ich eine nie wiederkehrende seelische Hochstimmung. Ich hatte das Gefühl, als sei tatsächlich etwas Großartiges und Heiliges geschehen, als habe das Volk seine Ketten abgeworfen und als sei der Despotismus zusammengebrochen. Ich gab mir damals keine Rechenschaft darüber, daß dem ganzen Geschehen eine Militärrevolte zugrunde lag, die als Folge der durch drei Jahre Krieg entstandenen Verhältnisse spontan aufgeflammt war, und daß darin der Keim künftiger Anarchie und Auflösung beschlossen lag. Wenn solche Gedanken auch auftauchten, so wies ich sie doch weit von mir.

Als wir uns der Schpalernaja-Straße näherten, erwies sie sich als völlig verstopft von Militär, das sich auf dem Wege zur Duma befand. Wir mußten mehrere Male stehenbleiben und ziemlich lange warten. Immer wieder krochen motorisierte Fahrzeuge vorüber, die sich mit Mühe einen Weg durch die Menge bahnten. Der Platz vor dem Gebäude der Duma war so überfüllt, daß kein Apfel zu Boden fallen konnte; in der Allee, die zur Freitreppe führte, herrschte ein unglaubliches Gedränge, Schreie wurden laut. Am Eingangstor stellten junge Leute von jüdischem Aussehen Fragen an die Passanten. Zeitweilig waren anhaltende Hurrarufe zu hören. Einen Augenblick lang gab ich schon die Hoffnung auf, bis zur Freitreppe der Duma vorzudringen, und verlor die Verbindung mit meinen Leuten. Endlich gelangte ich, drängelnd und mich durchzwängend, bis an die ersten Stufen. Zu diesem Zeitpunkt kletterte W. N. Lwow auf eine Tribüne, die vor der Tür errichtet war, vielleicht auch auf ein offenes Auto (von meinem Platz aus konnte ich es nicht genau sehen), und richtete eine kurze Begrüßungsansprache an diejenigen Militäreinheiten, die sich auf dem Platz befanden. Er war schlecht zu hören, und seine Rede machte keinerlei Eindruck. Als er geendet hatte und sich zur Eingangstür der Duma begab, strömte auch die Menge dorthin, das Gedränge wurde noch schrecklicher.

Ich entsinne mich nicht mehr, wie ich dorthin gelangte, aber plötzlich fand ich mich im Vestibül wieder. Das Innere des Taurischen Palais überraschte sofort mit seinem ungewohnten Anblick. Soldaten, Soldaten, Soldaten – mit müden, stumpfen, selten mit guten oder fröhlichen Gesichtern; überall Spuren eines improvisierten Feldlagers, Schmutz, Stroh und dicke Luft. Ein drückender Dunst stand im Raum, es roch nach Soldatenstiefeln, Tuch und Schweiß. Von weitem hörte man hysterische Redner, die im Katharinensaal Kundgebungen abhielten; überall herrschte Gedränge und heilloses Durcheinander. Schon ging eine Namenliste der Mitglieder der Provisorischen Regierung von Hand zu Hand. Ich weiß noch, wie verwundert ich war, als ich erfuhr, Kerenskij sei zum Justizminister ernannt worden. Die Bedeutung dieser Tatsache vermochte ich damals freilich nicht zu erfassen, ich hatte erwartet, Maklakow werde auf diesen Posten berufen. Eine ähnliche Überraschung war für mich die Ernennung M. I. Tereschtschenkos. Ein mir bekannter Journalist, den ich traf, erklärte sich auf meine Bitte hin bereit, mir den Weg zu den Zimmern zu zeigen, wo sich Miljukow, Schingarjow und andere Freunde von mir aufhielten.

Wir gingen durch Korridore und kleine Räume und begegneten überall zahlreichen bekannten Gesichtern; dabei stießen wir auch auf Fürst Lwow. Sein finsteres, niedergeschlagenes Aussehen und der müde Ausdruck seiner Augen beeindruckten mich. Im letzten Zimmer fand ich schließlich Miljukow. Er saß, den Federhalter in der Hand, über irgendwelchen Papieren; wie sich herausstellte, redigierte er den Text der Rede, die er gerade gehalten und in der er sich für die Erhaltung der Monarchie ausgesprochen hatte (da er annahm, Nikolai II. werde abdanken oder gestürzt werden). Neben ihm saß Anna Sergejewna (seine Frau). Miljukow konnte überhaupt nicht mehr sprechen, er hatte seine Stimme in der Nacht auf den Soldatenmeetings offenbar überanstrengt. Mit ebenso tonloser und heiserer Stimme sprachen Schingarjow und Nekrassow. In den Zimmern hielt sich ein bunt zusammengewürfeltes Publikum auf. Aus irgendeinem Grunde war hier auch Fürst S. K. Beloselskij (der General), der, wie er sagte, auf Gutschkow wartete – er war sehr unruhig.

Nach einer Weile tauchte plötzlich Kerenskij auf, begleitet von Graf Alexej Orlow-Dawydow (dem Helden des Poiret-Prozesses), aufs äußerste erregt, aufgebracht und hysterisch. Wie es schien, kam er geradewegs aus einer Sitzung des Exekutivkomitees des Rates der Arbeiter- und Soldatendeputierten, wo er bekanntgegeben hatte, daß er das Amt des Justizministers übernommen habe; die Sanktion dafür hatte er in Form seiner Wiederwahl zu einem der Stellvertreter des Komiteevorsitzenden erhalten. So ruhig Miljukow war, der nichts von seiner Selbstbeherrschung zu verlieren schien, so sehr beeindruckte Kerenskij gewissermaßen durch den Verlust seines seelischen Gleichgewichts. Ich erinnere mich an eine seltsame Geste von ihm. Gekleidet war er wie immer, das heißt bis zu dem Zeitpunkt, da er die Rolle eines «Garanten der Demokratie» in der Provisorischen Regierung übernahm: Er trug ein Jackett, sein Hemdkragen war gestärkt und hatte umgebogene Ecken. Diese Ecken packte er später und riß sie ab, so daß er statt des stutzerhaften ein gewollt proletarisches Aussehen bekam. Fast wäre er in meiner Anwesenheit in Ohnmacht gefallen; ich weiß nicht mehr, ob Orlow-Dawydow ihm etwas zu riechen hinhielt oder etwas zu trinken einflößte.

Im Nebenzimmer fand eine militärische Beratung statt. Von weitem erblickte ich die Generäle Michnewitsch und Awerjanow.

Wie mir scheint, sprach man damals bereits davon, und zwar irgendwie mißbilligend und skeptisch, daß Gutschkow und Schulgin nach Pskow gefahren seien.

Ausrichten konnte ich in der Duma nichts. Es war unmöglich, mit Leuten, die bis zum Umfallen erschöpft waren, ein auch nur einigermaßen systematisches Gespräch zu führen. Ich blieb eine

Weile, um die Atmosphäre – eine fieberhafte und verrückte Atmosphäre – in mich aufzunehmen, und begab mich wieder zum Ausgang. Unterwegs traf ich in einem der kleinen Zimmer P. B. Struve, der sich, wenn ich mich nicht irre, wohl schon seit Dienstag in der Duma aufhielt. Er war äußerst skeptisch. Wir unterhielten uns ein Weilchen über die ungewöhnliche Kompliziertheit und Schwierigkeit der Lage. Dann machte ich mich auf den Heimweg.

Am nächsten Tag, dem 3. März, ging ich morgens zu gewohnter Stunde ins Asiatische Ressort. An der Ecke Morskaja-Straße und Wosnessenskij-Prospekt traf ich M. A. Stachowitsch, der mir den Thronverzicht Nikolais II. (für sich und seinen Sohn) und die Übertragung des Throns an Michail Alexandrowitsch als vollendete Tatsache mitteilte. Dies bestätigte mir M. P. Kaufman (der ehemalige Volksbildungsminister), den ich in der Nähe der Karawannaja-Straße traf. Im Ressort herrschte abermals große Aufregung, und ich sah zahlreiche Menschen auf der Treppe und im großen Sitzungssaal; wiederum wandte man sich an mich mit der Bitte, einige Erläuterungen zur Lage abzugeben. Ich erklärte mich bereit dazu. Sämtliche Beamte versammelten sich im Saal, auch der angesehene General Agapow kam, der Chef der Kosakenabteilung im Generalstab. In meiner Rede teilte ich mit, was ich wußte (es war allerdings sehr wenig). Ich sagte, der Thronverzicht des Zaren müsse auch alle diejenigen zu einer Entscheidung kommen lassen, die *quand-même* auf dem Boden der Untertanenloyalität stünden. Anschließend ging ich auf die bevorstehende Aufgabe ein und entwickelte meine Gedanken vom Vortag über die Notwendigkeit, alle unsere Kräfte für die Arbeit und die Aufrechterhaltung unbedingter Disziplin einzusetzen. Nach mir sprachen noch andere, darunter auch General Agapow. Die Stimmung war sehr beherzt und gut, es waren keinerlei Dissonanzen zu bemerken. Ich erinnere mich sogar, daß Agapow einige sehr aktuelle praktische Fragen aufwarf, die, wie er betonte, eine unverzügliche Entscheidung verlangten, damit die normale Arbeit nicht ins Stocken käme und der Geschäftsgang nicht durcheinandergeriete.

Nachdem ich noch kurz mit meinen Amtskollegen gesprochen

hatte, beschloß ich, den Chef des Asiatischen Ressorts, General Manakin, aufzusuchen, der wegen Unpäßlichkeit nicht aus dem Haus gegangen war (ich glaube, er hatte mich per Telefon gebeten, zu ihm zu kommen). Es war wunderbares, sonniges Frostwetter. Ich war kaum bei General Manakin angelangt und hatte ein paar Worte mit ihm gewechselt, als bei ihm angerufen wurde und meine Frau mir sagte, man bäte mich im Namen des Fürsten Lwow, umgehend in Fürst Putjatins Wohnung in der Millionnaja-Straße 12 zu kommen, wo sich der Großfürst Michail Alexandrowitsch aufhalte. Ich verabschiedete mich sogleich von General Manakin und eilte zu der angegebenen Adresse, zu Fuß, da weder Droschken noch Trambahnen fuhren. Der Newskij-Prospekt bot ein ungewöhnliches Bild: nicht eine einzige Equipage, nicht ein einziges Automobil, auch keine Polizei, dafür eine Volksmenge, die die ganze Breite der Straße einnahm. Vor der Einfahrt zum Anitschkow-Palais wurden Adler verbrannt, die man von den Aushängeschildern der Hoflieferanten heruntergeholt hatte.

Ich kam wohl erst nach zwei Uhr in die Millionnaja-Straße. Auf der Treppe des Hauses Nummer zwölf stand ein Posten des Preobrashenskij-Regiments. Ein Offizier trat auf mich zu, ich nannte meinen Namen, er entfernte sich, um Instruktionen einzuholen, kehrte aber sogleich zurück und forderte mich auf, hinaufzugehen.

Nachdem ich im Vorzimmer abgelegt hatte, trat ich zuerst in das große Gästezimmer. Hier war es, wie ich erfuhr, am Morgen zu der Beratung zwischen Michail Alexandrowitsch und den Mitgliedern der Provisorischen Regierung und des Provisorischen Komitees der Staatsduma gekommen, die mit dem Entschluß des Großfürsten endete, auf das ihm angetragene «Erbe» zu verzichten. Im nächsten Zimmer – offenbar das Boudoir der Hausfrau – saßen Fürst Lwow und Schulgin. Fürst Lwow erläuterte mir den Grund meiner Einladung. Er berichtete mir, in der Provisorischen Regierung seien die Meinungen darüber auseinandergegangen, ob Michail Alexandrowitsch den Thron annehmen solle oder nicht. Miljukow und Gutschkow seien entschieden und kategorisch dafür gewesen und hätten aus dieser Frage den Punctum saliens gemacht, von dem ihre

Eine aufgebrachte Menge verbrennt öffentlich Symbole des Zarentums

Beteiligung am Kabinett abhänge. Andere hätten dagegen eine ablehnende Entscheidung befürwortet. Der Großfürst habe alle angehört und um Bedenkzeit gebeten (ich nehme an, er wollte sich mit seinem Sekretär Matwejew beraten, dem er sehr vertraute, und daß dieser für den Verzicht war). Nach einer Weile sei er in das Zimmer zurückgekommen, in dem die Beratung stattfand, und habe erklärt, er sei unter den gegenwärtigen Umständen durchaus nicht davon überzeugt, daß es dem Vaterland zum Wohle gereiche, wenn er den Thron annehme, daß dies eher dazu beitragen könne, Rußland zu entzweien, als es zu einen, daß er nicht die unfreiwillige Ursache eines möglichen Blutvergießens sein wolle und es deshalb nicht für angebracht halte, den Thron anzunehmen, daß er die (endgültige) Entscheidung der Frage aber der Konstituierenden Versammlung überlasse.

Sogleich setzte Fürst Lwow hinzu, Miljukow und Gutschkow wollten wegen dieses Entschlusses aus der Provisorischen Regierung ausscheiden. «Daß Gutschkow abtritt, ist kein Unglück. Zeigt es sich doch, daß sie ihn in der Armee nicht ausstehen können, die Soldaten hassen ihn geradezu. Aber Miljukow muß unbedingt überredet werden zu bleiben. Es ist nunmehr an Ihnen und Ihren Freunden, uns zu helfen.»

Auf meine Frage, weshalb man mich gebeten habe, herzukommen, sagte Fürst Lwow, es müsse eine Thronverzichtserklärung seitens Michail Alexandrowitschs aufgesetzt werden. Der Entwurf einer solchen Erklärung sei von Nekrassow skizziert worden, doch sei er unvollständig und auch nicht ganz glücklich. Da alle furchtbar erschöpft und nicht mehr in der Lage seien, einen klaren Gedanken zu fassen, nachdem sie die ganze Nacht nicht geschlafen hätten, bitte man mich, diese Arbeit zu übernehmen. Damit übergab er mir den Entwurf Nekrassows, der sich, zusammen mit dem endgültig formulierten Text, bis heute unter meinen Papieren erhalten hat.

Hier möchte ich etwas in Parenthese einfügen und den Faden meiner Erzählung kurz unterbrechen, um auf den Kern des Thronverzichtes Michail Alexandrowitschs einzugehen.

Später bin ich in Gedanken oft auf diesen Punkt zurückgekommen, und jetzt, Ende April 1918, da ich diese Zeilen auf der Krim niederschreibe, die von den Deutschen erobert ist («zeitweise besetzt», wie sie sagen), da ich noch einmal alle bitteren Enttäuschungen, alle Schrecken, die ganze Erniedrigung und Schande dieses beklemmenden Revolutionsjahres durchlebe, alle gescheiterten Hoffnungen des gequälten, besudelten und zerstückelten Rußlands vor mir sehe, die ganze Abscheulichkeit des bolschewistischen Bacchanals, und mich von der tiefen Schwäche jener Kräfte habe überzeugen müssen, deren Aufgabe es gewesen wäre, ein neues Rußland zu schaffen, frage ich mich: Hätte es nicht mehr Chancen für einen glücklichen Ausgang gegeben, wenn Michail Alexandrowitsch damals die Krone aus den Händen des Zaren angenommen hätte?

Von allen möglichen «monarchistischen» Lösungen wäre diese auf jeden Fall die unglücklichste gewesen. Vor allem besaß sie ein nicht zu behebendes inneres Manko. Unsere grundlegenden Gesetze sahen einen möglichen Thronverzicht des regierenden Zaren nicht vor und enthielten nichts, was die Thronfolge in einem solchen Falle geregelt hätte. Natürlich können Gesetze die Tatsache eines Thronverzichts weder aus der Welt schaffen noch ihm seine Bedeutung nehmen oder ihn verhindern. Gerade mit dieser Tatsache aber müssen gewisse juristische Folgen verknüpft sein. Und da bei einem Stillschweigen der grundlegenden Gesetze ein Thronverzicht dieselbe Bedeutung besitzt wie der Tod, liegt es auf der Hand, daß auch seine Folgen die gleichen sein müssen, das heißt, der Thron geht auf den gesetzlichen Thronfolger über. Verzicht leisten kann man nur für sich selbst. Der Verzicht leistende Zar hat nicht das Recht, derjenigen Person den Thron zu entziehen, die den gesetzlichen Anspruch auf ihn besitzt – sei diese Person volljährig oder nicht. Der russische Thron ist kein Privateigentum, er ist kein Erbgut des Zaren, über das dieser willkürlich verfügen könnte. Auch darf er sich nicht auf ein vorausgesetztes Einverständnis des Thronfolgers berufen, zumal dieser noch keine volle dreizehn Jahre alt war. Auf jeden Fall hätte es angefochten werden müssen, selbst wenn es kategorisch zum Ausdruck gebracht worden wäre, hier aber gab es keine Spur eines Einverständnisses. Daher war die Übertragung des Thrones an Michail ein illegitimer Akt. Sie schuf keinerlei Rechtstitel für Michail. Der einzige legitime Ausweg hätte darin bestanden, jener Regelung zu folgen, die beim Tod Nikolais II. eingetreten wäre. Der Thronfolger wäre Zar geworden und Michail Regent. Wäre der von Nikolai II. gefaßte Entschluß für Gutschkow und Schulgin nicht eine solche Überraschung gewesen, so hätten sie ihn wohl darauf aufmerksam gemacht, daß es unzulässig war, Michail die Krone anzutragen, auf die dieser – da ein lebender gesetzlicher Thronfolger vorhanden war – kein Anrecht hatte.

Diesen Aspekt berühre ich deshalb, weil er nicht nur eine juristische Spitzfindigkeit ist. Die Position der Anhänger der Monarchie wurde dadurch zweifellos erheblich geschwächt. Und zweifellos wurde dadurch auch die Seelenverfassung Michails beeinflußt. Ich weiß nicht, ob die Frage auf der morgendlichen Beratung unter diesem Blickwinkel erörtert worden war, aber es steht außer Zweifel, daß Nikolai II. selbst, wenn auch wohl unbewußt, das meiste dazu beigetragen hat, die Situation zu erschweren und zu verwirren. Zwar ließ er sich, gemäß dem Wortlaut der Verzichtserklärung, von den Gefühlen eines zärtlichen Vaters leiten, der sich nicht von seinem Sohn zu trennen wünschte. Aber so ehrenwert diese Gefühle auch sein mögen, in ihnen kann er natürlich keine Rechtfertigung für sich suchen.

Michails Annahme des Thrones wäre somit, wie die Juristen sagen, ab initio vitiosum, von Anfang an fehlerhaft gewesen. Doch nehmen wir einmal an, daß diese sozusagen formale Seite der Sache ohne Beachtung geblieben wäre. Wie wäre es dann weitergegangen? A priori lassen sich starke Argumente dafür anführen, daß eine Übernahme der Krone durch Michail positive Folgen gehabt hätte.

Vor allem hätte dies die Aufrechterhaltung des Machtapparats und seiner Strukturen bedeutet. Erhalten geblieben wäre auch die Grundlage der staatlichen Ordnung Rußlands, und es wären alle Voraussetzungen vorhanden gewesen, um den konstitutionellen Charakter der Monarchie sicherzustellen. Dazu hätten sowohl die Bedingungen der Thronbesteigung beigetragen als auch Michails persönliche Eigenschaften: Geradheit und unzweifelhafter Adel des Charakters, der zudem frei war von Machtgier und despotischem Gebaren. Fortgefallen wäre die Schicksalsfrage der Einberufung einer Konstituierenden Versammlung mitten im Kriege. Man hätte nicht eine formal mit diktatorischer Vollmacht ausgestattete Provisorische Regierung ins Leben rufen müssen, die faktisch genötigt war, diese Vollmacht erst durchzusetzen und zu festigen, sondern man hätte eine echte konstitutionelle Regierung bilden können, auf der festen Grundlage des Gesetzes, das mit neuem Inhalt versehen worden wäre. Außerdem wäre jene gewaltige Erschütterung der psychischen Verfassung des ganzen Volkes vermieden worden, wie sie durch den Sturz des Thrones hervorgerufen wurde. Mit einem Wort: Der Umsturz hätte sich in gewissen Grenzen gehalten, und vielleicht wäre die internationale Stellung Rußlands erhalten geblieben. Es gab auch Chancen für die Erhaltung der Armee.

Das alles aber ist leider nur die eine Seite der Sache. Es fehlte eine Reihe wesentlicher Voraussetzungen. Hätte Michail den Thron aus den Händen Nikolais angenommen, würde er sogleich diejenigen Kräfte gegen sich gehabt haben, die in den ersten Tagen der Revolution in den Vordergrund traten und sich dadurch zum Herrn der Lage machen wollten, daß sie engsten Kontakt mit den Truppenteilen der Petersburger Garnison aufnahmen. Diese rebellierenhen Truppenteile waren zu jenem Zeitpunkt (3. März) bereits vergiftet. Eine reale Stütze konnte die Garnison also nicht darstellen. Ohne Zweifel hätte es zur Stabilisierung Michails sehr entschlossener Maßnahmen bedurft, die auch vor Blutvergießen, vor der Verhaftung des Exekutivkomitees des Rates der Arbeiter- und Soldatendeputierten und im Falle, daß versucht worden wäre, Widerstand zu leisten, vor der Ausrufung des Belagerungszustandes nicht hätten haltmachen dürfen. Innerhalb einer Woche hätte wahrscheinlich alles wieder seinen Rahmen gefunden. Aber für diese Woche hätte man über Kräfte verfügen müssen, auf die man sich rückhaltlos verlassen und bedingungslos stützen konnte. Solche Kräfte waren nicht vorhanden.

Darüber hinaus war Michail ein Mensch, der sich zu der schwierigen, verantwortungsvollen und gefährlichen Rolle, die er hätte spielen müssen, nur wenig oder überhaupt nicht eignete. Er besaß weder Popularität bei den Massen noch den Ruf eines durch geistige Fähigkeiten sich auszeichnenden Menschen. Sein Name war zwar unbefleckt, und er war an keiner der dunklen Intrigen der Rasputinschen Skandalchronik beteiligt – einige Zeit schien er sogar in Opposition zu stehen –, doch das reichte natürlich alles nicht aus, um das Steuer des Staatsschiffes mit fester und sicherer Hand zu ergreifen. Ich kann diejenigen Elemente nicht sehen, die ihn unterstützt hätten – nicht im Namen ihrer persönlichen, sondern im Namen höherer Interessen. Die Kadetten, die drei Wochen später die republikanische Flagge hißten (darüber werde ich zu gegebener Zeit detaillierter berichten), konnten eine derartige Stütze nicht sein. Die Bürokratie, der Adel, die Hofkreise? Das war alles ganz und gar unorganisiert, völlig durcheinandergeraten und stellte keinerlei Machtpotential dar. Schließlich mußte man mit der allgemeinen Stimmung rechnen, die in diesen Tagen in Petersburg herrschte: Es war der *Umsturzrausch*, der unbewußte Bolschewismus, der auch die nüchternsten Hirne verdreht hatte. In dieser Atmosphäre vermochte die monarchise Tradition – der zudem die Grundelemente inneren Lebens entzogen waren – keine wirksame, einigende und sammelnde Kraft zu sein.

So möchte ich denn das abschließende Ergebnis, zu dem ich bereits seit langem gekommen bin, folgendermaßen formulieren: Wäre die Annahme des Throns durch Michail möglich gewesen, so hätte sie sich als vorteilhaft erwiesen oder doch zumindest Hoffnung auf einen günstigen Ausgang gewährt. Unglücklicherweise aber waren alle Voraussetzungen zusammengenommen von der Art, daß die Annahme des Throns unmöglich war. Um es banal auszudrücken: Es wäre nichts dabei herausgekommen. Vor allem Michail selbst mußte das spüren. Wenn «wir alle gern Napoleons sein wollen», so er doch am allerwenigsten. Interessant ist, daß er die ihm von seinem Bruder zugefügte Kränkung, der ihm den Thron «aufhalsen» wollte, ohne ihn auch nur nach seinem Einverständnis zu fragen, sehr hervorkehrte. Wie er wohl gehandelt hätte, wenn Nikolai ihn vorher nach seinem Einverständnis gefragt hätte?

Ich nehme meine unterbrochene Erzählung wieder auf.

Unter den gegebenen Umständen hatte ich mich selbstverständlich nicht mit Überlegungen darüber zu befassen, ob die getroffene Entscheidung richtig oder falsch war. Eines war für mich klar: Miljukow mußte um jeden Preis in der Provisorischen Regierung gehalten werden, und dann war es nötig, in der aktuellen Sache, derentwegen man mich gerufen hatte, eine völlig klare, bestimmte und präzise Formulierung für den Verzicht des Großfürsten zu finden. Was das erste betrifft, so versprach ich dem Fürsten Lwow, alle Anstrengungen und den ganzen Einfluß, den ich auf Miljukow haben konnte, aufzubieten; dabei dachte ich daran, mich am Abend mit ihm im Taurischen Palais zu treffen. Hinsichtlich des Verzichtsaktes kam mir sogleich der Gedanke, einen so vorzüglichen und gewissenhaften Fachmann für Staatsrecht wie den Baron B. E. Nolde um seine Mitwirkung zu bitten. Mit Einverständnis des Fürsten Lwow rief ich ihn an; dabei stellte sich heraus, daß er ganz in der Nähe war, und zwar im Ministerium für Auswärtige Angelegenheiten. Eine Viertelstunde später kam er. Man ließ uns im Zimmer der Tochter des Fürsten Putjatin Platz nehmen. W. W. Schulgin gesellte sich ebenfalls zu uns. Der Text der Verzichtserklärung wurde dann von uns dreien aufgesetzt, indem wir den Nekrassowschen Entwurf stark veränderten.

Um mit der äußeren Geschichte der Abfassung zu Ende zu kommen, will ich noch sagen, daß ich nach Beendigung unserer Arbeit den aufgesetzten Text abschrieb, der dann von Matwejew dem Großfürsten vorgelegt wurde. Die Änderungen, die dieser vorschlug – und die angenommen wurden –, bestanden darin, daß ein Hinweis auf Gott hinzugefügt wurde und daß in dem Aufruf an die Bevölkerung die von uns vorgesehenen Wörter «befehle ich» durch «bitte ich» ersetzt wurden. Wegen dieser Änderungen mußte ich das historische Dokument noch einmal abschreiben. Mittlerweile war es etwa sechs Uhr abends geworden. M. W. Rodsjanko traf ein. Der Großfürst kam ebenfalls herein und unterschrieb das Dokument in unserer Anwesenheit. Er wirkte etwas verstört und konfus. Ich zweifle nicht daran, daß er sehr niedergedrückt war. Dennoch wahrte er absolute Selbstbeherrschung, und ich konnte, um ehrlich zu sein, nicht glauben, daß er sich in vollem Maße Rechenschaft ablegte über die Bedeutung des Aktes. Bevor sie sich trennten, umarmten er und M. W. Rodsjanko einander und küßten sich, wobei Rodsjanko ihn einen überaus edlen Menschen nannte.

Um die richtige Form für den Verzichtsakt zu finden, mußten zuvor einige präjudizielle Fragen entschieden werden. Die erste betraf die äußere Form des Aktes. Mußte unterstellt werden, daß Michail Alexandrowitsch, als der Akt abgefaßt wurde, bereits Zar war, daß der Akt also ebenso eine Verzichtserklärung war wie das von Nikolai II. unterschriebene Dokument? Einerseits konnte Michails Verzicht bei positiver Beantwortung dieser Frage ebensolche Zweifel hinsichtlich der Rechte der anderen Mitglieder der kaiserlichen Familie hervorrufen, wie sie im Grunde auch aus dem Thronverzicht Nikolais II. resultierten. Andererseits wäre damit die falsche Annahme Nikolais II. sanktioniert worden, daß er im Recht gewesen sei, Michail zum Zaren zu machen. Somit kamen wir zu dem Schluß, daß die Situation folgendermaßen zu behandeln sei: Michail verzichtet auf die Annahme der höchsten Macht. Darauf mußte letzten Endes der juristisch relevante Inhalt des Aktes hinauslaufen.

Unter den augenblicklichen Verhältnissen schien es jedoch erforderlich zu sein, den Akt nicht auf seine negativen Seiten zu beschränken, sondern ihn dazu zu benutzen, alle Vollmachten der Provisorischen Regierung und ihre kontinuierliche Verbindung mit der Staatsduma wenigstens für jenen Teil der Bevölkerung, für den er eine ernsthafte moralische Bedeutung haben konnte, feierlich zu bekräftigen. Das wurde getan mit den Worten «die Provisorische Regierung, die auf Initiative der Staatsduma ins Leben gerufen und mit allen Vollmachten ausgestattet wurde». Der erste Teil der Formel stammt von Schulgin, der zweite von mir. Vom juristischen Standpunkt hätte der Einwand erhoben werden können, daß Michail Alexandrowitsch, da er die höchste Macht nicht angenommen hatte, auch keinerlei verpflichtende und bindende Weisungen hinsichtlich der Grenzen und des Wesens der Vollmachten der Provisorischen Regierung geben durfte. Ich wiederhole jedoch: Für uns war in diesem Fall nicht so sehr die juristische Überzeugungskraft der Formel ausschlaggebend, sondern lediglich ihre moralisch-politische Bedeutung. Und man kommt nicht umhin festzustellen, daß der von Michail unterschriebene Thronverzichtsakt der *einzige Akt* war, der den Umfang der Vollmachten der Provisorischen Regierung bestimmte und damit die Frage nach ihren Funktionsformen entschied, insbesondere (und hauptsächlich) die Frage nach der weiteren Tätigkeit der gesetzgeberischen Institutionen. Bekanntlich sprach die Provisorische Regierung in ihrer ersten Deklaration von sich als von einem «Kabinett», und die Bildung dieses Kabinetts betrachtete man als eine «festere Organisation als die Exekutive». Offenbar war bei der Abfassung dieser Deklaration noch unklar, welche Konturen der provisorische Staatsaufbau annehmen würde. Vom Augenblick des Verzichtsaktes an galt es als ausgemacht, daß der Provisorischen Regierung auch die Legislative in vollem Umfange zukomme. Indessen war (nach den Worten B. E. Noldes) in der Provisorischen Regierung die Frage nach der Verabschiedung von Gesetzen und dem Ergreifen finanzieller Maßnahmen gemäß § 87 des Grundgesetzes aufgeworfen worden.

Es mag seltsam erscheinen, daß ich so detailliert auf den Inhalt des Verzichtsaktes eingehe. Man könnte einwenden, er habe auf die Bevölkerung keinen großen Eindruck gemacht und sei bald vergessen und von den Ereignissen in den Hintergrund gedrängt worden. Vielleicht verhält es sich tatsächlich so. Dennoch steht außer Zweifel, daß der Akt vom 3. März unter allgemein historischem Blickwinkel eine sehr große Bedeutung besaß, daß er sehr wohl ein historischer Akt war und daß seine Bedeutung sich vielleicht erst in der Zukunft erweisen wird. Uns erschien zu diesem Zeitpunkt, das heißt in den ersten Tagen der Revolution, als noch völlig ungewiß war, wie das Land insgesamt und wie die verbündeten Staaten auf die Umwälzung, auf die Bildung der Provisorischen Regierung und überhaupt auf die neue Lage reagieren würden, jedes Wort unendlich wichtig. Und mir scheint, wir hatten recht damit.

Ich habe bereits erwähnt, daß unsere Arbeit sich bis zum Abend hinzog. Als wir auf die Straße traten, war es bereits dunkel. Wenn mich mein Gedächtnis nicht trügt, kehrte ich nicht nach Hause zurück, sondern fuhr direkt in die Staatsduma, um Miljukow aufzusuchen, ihm den Entwurf der Verzichtserklärung zu zeigen und Maßnahmen zu ihrer Verlautbarung in der Presse zu treffen. Vor allem aber mußte ich natürlich mein dem Fürsten Lwow gegebenes Versprechen erfüllen, alles daranzusetzen, um Miljukow zu überzeugen, daß er nicht aus der Provisorischen Regierung austreten dürfe.

Für mich bestand nicht der geringste Zweifel, daß, sollte Miljukow auf seinem Entschluß beharren, sich daraus die ernsthaftesten – vielleicht sogar verhängnisvolle – Komplikationen ergeben würden. Ich spreche gar nicht von dem Eindruck der Uneinigkeit schon von den ersten Schritten an, auch nicht von den Folgen für die Partei, die sofort aus der Bahn geworfen worden wäre, und auch nicht von der schwierigen Lage der verbleibenden konstitutionelldemokratischen Minister – mit dem Austritt Miljukows hätte die Provisorische Regierung ihre stärkste geistige Kraft und den *einzigen* Menschen verloren, der die Außenpolitik zu leiten vermochte und den Europa kannte. Im Grunde wäre dieser Austritt eine wahre Katastrophe gewesen.

Im Taurischen Palais fand ich Miljukow sofort. Über das gleiche Thema hatte an diesem Tage bereits Winawer mit ihm gesprochen, der ihn ebenfalls zu überreden versucht hatte, seinen Entschluß zu ändern. Ich las ihm den Text von Michails Thronverzicht vor. Dieser Text stellte ihn zufrieden und war anscheinend der letzte Anstoß, der ihn dazu bewog, in der Provisorischen Regierung zu bleiben. Wer und wann im gleichen Sinne auf Gutschkow Einfluß nahm, weiß ich nicht.

Bei Miljukow traf ich, wie auch früher schon, Anna Sergejewna. Von ihr erfuhr ich die tragische Nachricht von den Morden in Helsingfors und von der schrecklichen Lage an der Front. Sie selbst schien von diesen Ereignissen völlig deprimiert zu sein. Mich erschütterten sie außerordentlich. In die freudige Jubelstimmung mischten sich sofort düstere, schmerzliche Töne, die nichts Gutes verhießen. Ich muß hierzu bemerken, daß sogleich der Überzeugung Ausdruck gegeben wurde, diese Morde gingen auf das Konto der deutschen Agitation.

In welchem Ausmaß die deutsche Hand aktiv an unserer Revolution beteiligt war, ist eine Frage, die vermutlich niemals eine vollständige und erschöpfende Antwort erhalten wird. In diesem Zusammenhang möchte ich eine sehr grelle Episode anführen, die sich etwa zwei Wochen später in einer der geschlossenen Sitzungen der Provisorischen Regierung abspielte. Es sprach Miljukow, und aus einem Anlaß, an den ich mich nicht mehr erinnere, machte er die Bemerkung, es sei für niemanden ein Geheimnis, daß unter den Faktoren, die zu dem Umsturz beigetragen hätten, deutsches Geld eine Rolle gespielt habe. Ich muß einschränkend sagen, daß ich mich an seine genauen Worte nicht erinnere, doch genau das war sein Gedanke, und er war ziemlich kategorisch zum Ausdruck gebracht worden. Die Sitzung fand spät in der Nacht im Marienpalais statt. Miljukow saß am Tisch, Kerenskij ging, wie es seine Gewohnheit war, ungeduldig und gereizt von einem Ende des Saales zum andern. Als Miljukow die von mir angeführte Äußerung machte, befand Kerenskij sich gerade in der äußersten Ecke des Saales. Urplötzlich blieb er stehen und schrie: «Wie? Was haben Sie gesagt? Wiederholen Sie das!» Und mit raschen Schritten eilte er an seinen Platz am Tisch. Miljukow wiederholte seinen Satz ruhig und mit Nachdruck. Kerenskij wurde buchstäblich zum Satan. Er ergriff seine Aktentasche, schmiß sie auf den Tisch und brüllte: «Nachdem Herr Miljukow sich erdreistet hat, in meiner Anwesenheit die heilige Sache der großen russischen Revolution zu verleugnen, wünsche ich keine Minute länger hierzubleiben.» Bei diesen Worten drehte er sich um und schoß wie ein Pfeil aus dem Saal.

Tereschtschenko und ein weiterer Minister liefen ihm nach, um jedoch bald darauf zurückzukehren und zu berichten, daß es ihnen nicht gelungen sei, Kerenskij aufzuhalten, und daß er nach Hause gefahren sei, nämlich ins Justizministerium, wo er damals wohnte. Ich erinnere mich, daß Miljukow absolute Kaltblütigkeit bewahrte und mir auf meine Worte: «Was für ein empörender und unsinniger Ausfall!» zur Antwort gab: «Ja, das ist der übliche Stil Kerenskijs. Auch in der Duma hat er häufig solche Szenen aufgeführt, indem er bei seinem politischen Gegner irgendeinen Satz herausfischte, den er dann verdrehte und als Waffe benutzte.» Im übrigen äußerte sich keiner der anderen Minister auch nur mit einem Wort zu dem Satz, der Kerenskijs Unwillen hervorgerufen hatte, aber alle fanden, daß man ihn jetzt beruhigen, ihm gut zureden und ihm erklären müsse, daß Miljukows Worte keine generelle Einschätzung der Revolution enthielten. Jemand (ich glaube, Tereschtschenko) sagte, Fürst Lwow sollte zu Kerenskij fahren. Die anderen stimmten dem zu; Miljukow verhielt sich passiv, dieser ganze Zwischenfall war ihm natürlich äußerst zuwider. Fürst Lwow erklärte sich gern einverstanden, zu Kerenskij zu fahren und mit ihm «zu einer Klärung zu kommen». Natürlich war letztlich alles nur ein Bluff, der unangenehme Eindruck indes blieb. Doch hat es auch nur eine einzige geschlossene Sitzung gegeben, die nicht einen solchen Eindruck hinterlassen hätte? Davon später.

An diesem Abend im Taurischen Palais – es war der 3. März – teilte Miljukow mir mit, man rechne mit mir für einen der frei werdenden hohen Posten, und er fragte mich, ob ich einverstanden sei, das Amt des finnländischen Generalgouverneurs anzunehmen. Ich lehnte sogleich und sehr entschieden ab. Neben verschiedenen Erwägungen persönlichen Charakters, vor allem, weil ich Petersburg hätte verlassen müssen, rührte meine ablehnende Haltung aus dem Bewußtsein meiner völligen Inkompetenz zur Leitung der finnländischen Angelegenheiten. Ich hatte mich niemals speziell für sie interessiert, in Finnland besaß ich keinerlei Verbindungen, ja nicht einmal nahe Bekanntschaften, ich hätte mich in den dortigen politischen Stimmungen und Strömungen nur schlecht orientieren können.

Nachdem ich jedweden administrativen Posten abgelehnt hatte, bot ich selbst meine Dienste als «Geschäftsführer der Provisorischen Regierung» an, eine Stellung, die der des früheren Geschäftsführers des Ministerrates entsprach. Ich nahm an, daß dieser äußerlich vielleicht zweitrangige Posten unter den Bedingungen des neuen provisorischen Staatsaufbaus, der im einzelnen noch soviel Unklares und Unbestimmtes aufwies, eine besondere Bedeutung erlangen müßte. Hier mußte der Regierungstätigkeit im Grunde ein fester äußerer Rahmen gegeben werden, hier mußte sie die richtige, einheitliche Form erhalten, und hier mußte schließlich eine ganze Reihe von Fragen gelöst werden, die für sich genommen keinen der Minister interessierten. Ohne mir zu diesem Zeitpunkt bereits Rechenschaft über die Atmosphäre, die mich umgeben sollte, abzulegen, erwartete ich außerdem, da ich zu mehreren Ministern enge Parteibeziehungen unterhielt, daß mir auf den Sitzungen der Provisorischen Regierung eine beratende Stimme eingeräumt werde. Ich werde noch auf die Situation zu sprechen kommen, die sich für mich ergeben und die mich veranlassen sollte, bei der ersten, durch Miljukows und Gutschkows Rücktritt veranlaßten Krise entschlossen meinen Wunsch zu äußern, das Amt des Geschäftsführers niederzulegen.

Miljukow konnte nicht umhin, meinen Argumenten zuzustimmen. Wir unterhielten uns noch über mögliche Kandidaten für den Posten des finnländischen Generalgouverneurs. Von meinem alten Freund M. A. Stachowitsch war damals noch nicht die Rede, und ich weiß nicht, wer diese Kandidatur vorgeschlagen hat, die sich, wenn nicht in jeder, so doch in vieler Hinsicht als guter Griff erweisen sollte. Ich kann mich nicht mehr erinnern, ob die Frage meiner Ernennung zum Geschäftsführer noch am gleichen Abend oder erst am nächsten Morgen positiv entschieden wurde. Jedenfalls war ich bereits am Sonnabend, dem 4. März, auf der Abendsitzung der Provisorischen Regierung zugegen, die im großen Beratungssaal des Innenministers stattfand, im Gebäude des Ministeriums auf dem Alexanderplatz.

In den ersten Tagen der Provisorischen Regierung (am Donnerstag, dem 2., und Freitag, dem 3. März) hatte von einer geordneten Geschäftsführung keine Rede sein können. Um so dringlicher mußte so etwas wie eine Kanzlei improvisiert werden; diese Angelegenheit wurde J. N. Glinka übertragen, der die Geschäfte der Staatsduma leitete. Er zog dazu die Kräfte der Dumakanzlei heran. Ich muß darauf hinweisen, daß das Protokoll der ersten – außerordentlich wichtigen – Sitzung der Provisorischen Regierung, auf der sie die Grundprinzipien ihrer Macht und Politik festlegte, völlig unbefriedigend und sogar unsinnig geführt worden war. Als ich mich mit diesem Protokoll vertraut machte, war ich ziemlich ratlos. Ich sprach darüber mit Miljukow. Er las das Protokoll durch und wertete es noch sehr viel drastischer ab als ich. Es wurde verabredet, daß Miljukow das Protokoll mit nach Hause nimmt und den Verlauf und die Beschlüsse der ersten Sitzung aus dem Gedächtnis wiedergibt; anschließend sollte die Provisorische Regierung in voller Besetzung das Ergebnis prüfen und unterschreiben.

Pawel Nikolajewitsch nahm das Protokoll auch an sich, aber in den zwei Monaten, die er Außenminister war, fand er offenbar nicht die nötige Muße, diese Arbeit zu erledigen. Sooft ich ihn daran erinnerte, lächelte er jedesmal verlegen und versprach, sich in den nächsten Tagen an die Arbeit zu machen, ohne sein Versprechen je zu erfüllen. Damit blieb dieses Protokoll unausgewertet; wie es scheint, hat er es nicht einmal zurückgegeben. So erklärt es sich auch, daß die (gedruckten) Journale der Sitzungen der Provisorischen Regierung mit Nummer zwei beginnen.

Ich will hier kurz darüber berichten, wie ich die Kanzlei der Provisorischen Regierung organisierte. Vor allem mußte die Frage meines Gehilfen geklärt werden, einer Person, zu deren Aufgabenbereich der größte Teil der routinemäßigen Kanzleiarbeit gehörte. Offensichtlich konnte das nur jemand sein, dem ich voll und ganz vertraute, zugleich aber durfte er der Kanzlei des Ministerrates, die sich in die Kanzlei der Provisorischen Regierung zu verwandeln hatte, kein Fremder sein. Es versteht sich von selbst, daß der damalige Gehilfe (oder Genosse) des Geschäftsführers des Ministerrates (I. N. Lodyshenskijs), A. S. Putilow, den ich persönlich nicht kannte und der sich überdies auch nicht der Sympathien seiner Kollegen erfreute, der ersten dieser Anforderungen nicht genügen konnte.

Meine Wahl fiel auf A. M. Onu. Ich kannte ihn seit 1894, hatte fünf Jahre gemeinsam mit ihm in der Staatskanzlei gedient (von 1894 bis 1899, als ich meinen Abschied nahm) und setzte in seine Loyalität und seine Bereitschaft, alle Kräfte für die Arbeit einzusetzen, absolutes Vertrauen. Andererseits verließ ich mich darauf, daß er eine solide Sacherfahrung besaß, da er den Posten eines stellvertretenden Staatssekretärs im Staatsrat innehatte und somit für die Kanzlei kein Homo novus sein würde. In der Kanzlei selbst, wo ich einigen meiner ehemaligen Hörer an der Justizhochschule wiederbegegnete – den Herren Kirschbaum und Freygang –, würde ich vermutlich auf keine besondere Voreingenommenheit gegen mich stoßen. Andererseits konnte ich nicht erwarten, daß sich während der zwei Monate, in denen ich mit der Kanzlei zusammenarbeitete, besonders herzliche Beziehungen herausbilden würden.

Ich muß hier bezeugen, daß die überwiegende Mehrzahl der Kanzleiangestellten voll auf der Höhe ihrer Aufgabe stand, die von ihnen eine ganz außerordentliche Leistungsfähigkeit, Gewissenhaftigkeit und «Diskretion» verlangte. Ich habe die besten Erinnerungen sowohl an unsere gemeinsame Arbeit als auch an unseren Abschied, als ich von ihnen eine mit den wärmsten Worten aufgesetzte Adresse erhielt. Was A. M. Onu betrifft, so wurde ich von seiner Ergebenheit und seiner Arbeitswilligkeit ebensowenig enttäuscht wie von den trefflichen Qualitäten seines Verstandes und seines Herzens. Ich muß hinzufügen, daß unsere persönlichen Beziehungen während der ganzen Zeit die besten waren und blieben und daß ich nichts als größte Dankbarkeit und aufrichtige Hochachtung für ihn aufzubringen vermag. Über meine ihn betreffenden Absichten machte ich ihm noch am Sonnabend telefonisch Mitteilung; er sagte sofort zu.

Nun mußte noch meine eigene Situation geklärt werden. Fraglos war meine Ernennung zum Geschäftsführer der Provisorischen Regierung unvereinbar mit meinem Status als aktiver Offizier. Bereits am Samstagabend unterschrieb A. I. Gutschkow den Befehl, aufgrund dessen ich aus gegebenem Anlaß meinen Abschied bekam. Am Montag, dem 6. März, übernahm ich im Marienpalais die Kanzlei. A. S. Putilow, der mich am Morgen besucht hatte, stellte sie mir vor. Er begrüßte mich mit einer Ansprache, und ich erwiderte ebenso mit einer kurzen Ansprache. Dann kam I. N. Lodyshenskij, und ich hatte mit ihm in seinem ehemaligen Arbeitszimmer ein ziemlich langes Gespräch. Die Übergabe erfolgte sehr korrekt, verbindlich und in gutem Einvernehmen. Dabei stieß ich zum erstenmal auf das Problem der materiellen Versorgung der in den Ruhestand getretenen Beamten, die mehr oder weniger hohe Gehaltsstufen erklommen hatten; sie sollte der Provisorischen Regierung in der Folgezeit noch sehr viele Schwierigkeiten bereiten. Da ich nicht beabsichtige, mich in diesen Aufzeichnungen strikt an die Chronologie zu halten, es auch gar nicht könnte, möchte ich dieses Problem gern an dieser Stelle behandeln.

Bekanntlich wurde während der ersten Tage und auch noch während der ersten Wochen der Revolution in der Presse wie auch in verschiedenen öffentlichen Reden neben dem Thema des «unblutigen» Charakters der Revolution – die in ihrem weiteren Verlauf dann solche Ströme von Blut vergossen hat –, gern auch das Thema ihrer phantastischen Schnelligkeit und jener Unkompliziertheit behandelt, mit der die neue Ordnung von allen jenen Kräften anerkannt wurde, die scheinbar die zuverlässigste und treueste Stütze der alten Ordnung gewesen waren. Zu diesen Kräften gehörte auch die Bürokratie – die gesamtrussische und speziell die Petersburger.

Ich möchte daran erinnern, daß bereits 1905 auf dem ersten Kongreß der landständischen und städtischen Vertreter nach dem 17. Oktober – in Moskau, im Haus der Morosowa in der Woswishenka-Straße – die Forderung nach radikaler Erneuerung der gesamten lokalen Verwaltung (hauptsächlich natürlich der Gouverneure) erhoben und dabei die Überlegung in den Vordergrund gestellt wurde, daß von den Dienern des Absolutismus weder die Bereitschaft noch die Fähigkeit zu erwarten sei, der neuen Ordnung zu dienen; vielmehr würden sie ihr feindselig gegenüberstehen und ein Verhalten an den Tag legen, das im heutigen revolutionären Jargon mit dem Wort «Sabotage» bezeichnet wird. Ich trat damals gegen diese Ansicht auf. Ich wies darauf hin, daß uns kaum genügend ausgebildete Leute mit neuen Ideen zur Verfügung stünden, die in der Lage wären, unverzüglich die komplizierte Staatsmaschine zu übernehmen. Andererseits erinnerte ich scherzhaft an den bekannten Ausspruch Kukolniks: «Wenn der Herrscher befiehlt, kann ich auch Geburtshelfer sein», und versuchte nachzuweisen, daß man bei der Mehrheit der lokalen Verwaltungsbeamten nicht jene feste Überzeugung, jene tiefe Anhänglichkeit an die alten Prinzipien und jene Hartnäckigkeit voraussetzen dürfe, die einem mächtigen mot d'ordre von oben standhielten (natürlich unter der Voraussetzung der Aufrichtigkeit und «Echtheit» dieses *mot d'ordre*).

Dem widersprach damals I. I. Petrunkewitsch. Leider war ich nicht zugegen, als er seine Einwände vorbrachte, wobei er sich das von mir angeführte Zitat sehr gekonnt und geistreich zunutze machte, indem er unter allgemeinem Gelächter erklärte, er möchte nicht die Wöchnerin sein, der ein solcher «Geburtshelfer auf allerhöchstem Befehl» zur Seite stehe; unter den gegebenen Umständen wäre das Los dieser Wöchnerin das Los Rußlands. Bei allem Witz konnte mich der Einwand nicht überzeugen. Denn als Hauptbegründung für die Nichtverwendbarkeit der alten Verwaltungsbeamten wurde nicht ihre mangelnde sachkundige Ausbildung herausgestellt – gibt es bei uns überhaupt viele sachkundig ausgebildete Leute? –, sondern ihre innere Einstellung, ihre Stimmung, und nur in dieser Hinsicht konnte mein Zitat überhaupt einen Sinn haben. Ich wollte sagen – und denke auch heute noch so –, daß die übergroße Mehrheit der Bürokratie mitnichten von dem Drang infiziert ist, *plus royaliste que le roi* zu sein. Sie hätte das *fait accompli* bereitwillig anerkannt und sich der neuen Ordnung unterworfen, ohne sich mit irgendwelcher «Sabotage» zu befassen. Natürlich gab es ebenso wie 1905 auch jetzt, 1917, in den Zentren und auf lokaler Ebene einzelne Leute, deren frühere Tätigkeit und deren prononcierte und eindeutige politische Physiognomie sie prinzipiell und praktisch für die neue Ordnung unannehmbar machten. Diese wenigen Leute mußten natürlich entfernt werden.

Die Provisorische Regierung verfuhr bekanntlich anders. Einer ihrer ersten – und mißglücktesten – Akte war das berühmte Telegramm des Fürsten Lwow vom 5. März, das als Zirkular an alle Vorsitzenden der landständischen Verwaltungsbehörden in den

Gouvernements gerichtet war: «Zwecks Aufrechterhaltung der Ordnung im Lande und im Interesse der Verteidigung des Staates mißt die Provisorische Regierung der Gewährleistung einer kontinuierlichen Tätigkeit sämtlicher Regierungs- und öffentlichen Institutionen die höchste Bedeutung bei und erachtet es deshalb für notwendig, den Gouverneur und den Vizegouverneur ihrer Ämter zu entheben.» Dabei wurde die politische Führung der Gouvernements zeitweise den Vorsitzenden der Gouvernementsverwaltungen als den Gouvernementskommissaren der Provisorischen Regierung übertragen. Abgesehen davon, daß die Vorsitzenden der Verwaltung in zahlreichen Gouvernements von der alten Regierung eingesetzt worden waren, führte die Anordnung zu einem völlig sinn- und grundlosen Austausch der einen Beamten durch die anderen, die durchaus nicht besser waren, und selbst in den alten Landgouvernements führte sie in vielen Fällen zu offenbarem Unsinn. Der Vorsitzende der Verwaltung war nicht selten ein Kandidat der reaktionären Mehrheit, der Gouverneur hingegen eine durchaus annehmbare Person ohne jede reaktionäre Schattierung.

Die Provisorische Regierung mußte sich sehr bald – fast umgehend – davon überzeugen, daß die genannte Maßnahme eine äußerst unüberlegte und leichtsinnige Improvisation gewesen war. Doch was sollte sie tun? In diesem wie auch in vielen anderen Fällen durfte sie nicht dem Essentiellen, nicht den wirklichen und realen Interessen Rechnung tragen, sondern mußte sich den Forderungen der revolutionären Phrase, der revolutionären Demagogie und der vermeintlichen Stimmung der Massen beugen. Diesen Forderungen wurde die gesamte Polizei geopfert, deren Personal – ebenso wie das der Gendarmerie – sich dann einige Monate später ganz natürlich den räuberischsten Bolschewisten anschloß. («Der Fisch strebt dorthin, wo es tief ist, der Mensch, wo es besser ist.»)

Das Ergebnis dieser Politik waren Massenentlassungen und die freiwillige oder unfreiwillige Pensionierung zahlreicher hoher Militär- und Zivilbeamter. Verstärkt wurde dies durch die Aufhebung einer Reihe von Institutionen und schließlich durch die natürliche Einstellung der Arbeit (beispielsweise im Staatsrat). Und so erhob sich die Frage: Wie soll man mit diesem riesigen Heer von Menschen verfahren, die sich nach ihren eigenen Worten wie «Krebse auf der Sandbank» vorkamen? Eine verschwindende Minderheit dieser Leute verdiente keine Beachtung und erweckte keine Sympathien, darunter waren natürlich auch einige, die in materieller Hinsicht gänzlich unversorgt waren. Die überwiegende Mehrheit aber waren Menschen, die den bürokratischen Karren viele Jahre hindurch gewissenhaft geschleppt hatten, oft bereits schon älter und durch große Familien belastet waren, Menschen, denen die Politik zeit ihres Lebens völlig fremd gewesen war, die aber ehrlich und eifrig gearbeitet hatten. Unter den Mitgliedern des Staatsrates waren Leute wie N. S. Taganzew, A. F. Koni und andere, die weniger bekannt, nichtsdestoweniger aber durchaus ehrenhaft und ohne Tadel waren.

Die gegenwärtigen Herren der Lage, die Herren Bolschewisten (deren Stunde übrigens bereits geschlagen hat*), haben sich freilich derartige Fragen niemals gestellt, und allein schon die Tatsache, daß sie gestellt werden konnten, hätte bei den Lenins und Trotzkijs offenen Hohn hervorgerufen. Ihnen ist das Schicksal von einzelnen völlig gleichgültig. «Wo gehobelt wird, da fallen Späne» – das ist die bequeme Antwort auf alles. Sie müssen und sie mußten sich ja auch nicht mit den von uns beschriebenen Schwierigkeiten auseinandersetzen, denn niemand war natürlich so naiv, sich an sie zu wenden in der Erwartung, von ihnen eine gerechte und menschliche Behandlung zu erfahren. Mit völlig ruhigem Gewissen haben sie den gesamten Senat und alle im Justizwesen Beschäftigten auf die Straße gesetzt. Die ausweglose Lage der Menschen, die ihr ganzes Leben gearbeitet hatten und nun auf ihre alten Tage buchstäblich ohne ein Stück Brot dastanden, berührte sie in keiner Weise.

Die Provisorische Regierung war in einer anderen Lage. Da sie nicht die jakobinische Unerschrockenheit besaß, die oftmals mit jakobinischer Verantwortungslosigkeit verbunden ist, sah sie sich bei der Lösung der Frage nach dem Schicksal der Mitglieder der

---

* So konnte man im April 1918 vermuten.

aufgehobenen Institutionen insgesamt, ebenso wie bei der Frage nach dem besonderen Schicksal einzelner, größten Schwierigkeiten gegenüber. Als einen der krassesten Fälle möchte ich das Beispiel der in den Staatsrat berufenen Personen herausgreifen. Unter ihnen gab es Leute, die sich keinerlei Verdienste um das Land erworben hatten, die aus Gründen der Schwarzhunderter-Politik und zwecks Bildung einer reaktionären Mehrheit berufen worden waren. Aber es gab auch, wie ich schon erwähnte, staatsbewußte Leute, wie etwa Koni oder Taganzew, sowie eine Reihe von Personen, für die der Staatsrat die Krönung eines langjährigen und untadeligen Dienstes in der Verwaltung oder im Justizwesen bedeutete. Laut Gesetz erhielten die in den Staatsrat Berufenen ein von der Höchsten Macht individuell festgelegtes Gehalt. Gleichermaßen waren auch die Pensionen für die Mitglieder des Staatsrates nicht generell gesetzlich geregelt. In den ersten Wochen unmittelbar nach dem Umsturz, als sich herausstellte, daß der Staatsrat als Institution bis zur Konstituierenden Versammlung zu völliger Untätigkeit verurteilt war und daß die Konstituierende Versammlung ihn natürlich nicht beibehalten würde (schon gar nicht in seiner jetzigen Form), empfanden die gewissenhaftesten und sensibelsten Mitglieder des Staatsrates die Mißlichkeit ihrer Lage. Vielen schien es moralisch unhaltbar, daß sie für ihre Untätigkeit ein hohes Gehalt bekamen; sie stellten daher die Frage, ob es für sie nicht angebracht sei, in den Ruhestand zu treten. Dabei gingen sie, wie mir aus persönlichen Gesprächen mit einigen von ihnen bekannt ist, von zwei Überlegungen aus.

Die Provisorische Regierung hatte den Staatsrat als Institution nicht von Anfang an aufgehoben. Deshalb mußten die in ihn berufenen Leute, die es für unangebracht hielten, weiterhin die damit verbundenen Privilegien für sich zu nutzen, selbst ihre Rücktrittsgesuche einreichen, das heißt, sie mußten selber die Initiative ergreifen. Wenn ein Teil von ihnen solche Gesuche einreichte und ein anderer nicht, so hätte sich natürlich eine Ungereimtheit ergeben: Im Staatsrat wären Personen verblieben, denen es vor allem um ihre Gehälter und ihre Stellung ging, die Besten hingegen wären entlassen worden. Außerdem mußte ich mir Befürchtungen anhören, an deren Aufrichtigkeit zu zweifeln ich keinerlei Ursache hatte, wenn ich berücksichtige, von wem sie geäußert wurden: wenn viele Personen solche Gesuche gleichzeitig oder unmittelbar nacheinander einreichten, dann könne der Eindruck einer von höchsten Autoritäten ausgehenden Demonstration gegen die Provisorische Regierung entstehen – und das entsprach am allerwenigsten den Absichten dieser Personen. Schließlich, last, not least, erhob sich die Frage nach dem persönlichen materiellen Schicksal, das alle diejenigen beunruhigte, deren Existenz lediglich durch ihre Diäten gesichert war und die weder mit einem neuen Posten noch mit privaten Einkünften rechnen konnten. Ihrer gab es natürlich nicht wenige. Und sie alle fragten, ob ihnen eine Pension ausgesetzt werde und in welcher Höhe.

Gleich zu Anfang setzte die Provisorische Regierung in zwei Fällen Pensionen in Höhe von sieben- bis zehntausend Rubel aus (ich glaube, es handelte sich um W. N. Kokowzow und A. S. Tanejew, aber hier kann ich mich irren). Und sofort wurde diese Tatsache in den Reden aufgegriffen, die während der Kundgebungen vor dem Palais Kschesinskaja gehalten wurden, dem Stabsquartier des Bolschewismus von Anfang an. «Die Provisorische Regierung verteilt Pensionen in Höhe von vielen tausend Rubeln und verschwendet das Geld des Volkes an die Diener des alten Zarenregimes.» Die sozialistischen Zeitungen wiederholten diese Beschuldigungen. Mir sind besonders die niederträchtigen Artikelchen des Herrn Goichbart erinnerlich (leider eines Mitarbeiters der Zeitung «Pravo»), die er in der Zeitung «Nowaja shisn» veröffentlichte. Dieser ganze Lärm beeindruckte die Provisorische Regierung sehr. Und als schließlich das Problem der Mitglieder des Staatsrates in vollem Umfang behandelt werden mußte, da in der Presse und auf Meetings immer wieder lauthals erklärt wurde, die Mitglieder des Staatsrates bekämen immer noch Gehälter, verlor die Regierung zwei ganze Sitzungen mit seiner Erörterung, ohne irgendeine definitive Entscheidung herbeizuführen. Einige Mitglieder des Staatsrates wurden auf eigenen Wunsch in den Senat berufen (und erhielten natürlich Senatorengehälter). Das Schicksal der anderen blieb – solange ich an den Sitzungen teilnahm – unentschieden. Ob später irgendwelche generellen Maßnahmen ergriffen wurden, weiß ich nicht.

Ich möchte in diesem Zusammenhang eine Episode anführen, die mich schmerzlich berührte. N. S. Taganzew, zu dem ich seit zwanzig Jahren freundschaftliche Beziehungen unterhielt, bat mich eines Tages per Telefon, ihn zu besuchen. Es stellte sich heraus, daß er mir ein eigenhändig geschriebenes Abschiedsgesuch, in dem er zugleich um die Gewährung einer Pension bat, persönlich überreichen wollte (später wurde er in das erste Senatsdepartement berufen und war dort Vorsitzender jenes Ressorts, zu dem auch ich gehörte, doch davon später). Als er mir das Papier übergab, vermochte er seiner Bewegung nicht Herr zu werden und schluchzte. «Ja, mein Lieber, es ist sehr schwer!» sagte er. «Habe ich doch mein ganzes Leben auf die Herstellung einer neuen Ordnung gewartet. Alles, was ich, Sohn eines Bauern, der sich als Kaufmann der dritten Gilde einschreiben ließ, um mir eine Ausbildung zu ermöglichen, erreicht habe, habe ich nur durch meine eigene Arbeit erreicht, ich bin niemandem etwas schuldig. Und nun stellt sich heraus, daß niemand mich braucht und ich in meinen ursprünglichen Stand zurück muß.»

Hierher gehört auch eine andere Episode. Ihr Held war ein wenig ehrenwerter Mensch – Lipskij, seinerzeit Gehilfe und rechte Hand des finnländischen Generalgouverneurs; er stand in dem Ruf, einer der militantesten Anhänger Bobrikows zu sein. Die Revolution hatte ihn gänzlich aus der Bahn geworfen; er war, soweit ich mich erinnere, anfangs sogar verhaftet und aus Finnland abgeschoben worden. Seine politische Physiognomie war derart, daß an eine Anstellung mit irgendeinem Gehalt überhaupt nicht zu denken war. Mich kannte er, weil er Ende der neunziger Jahre in der Staatskanzlei gearbeitet hatte. Und nun begannen seine Besuche. Er erzählte mir, daß seine Lage völlig ausweglos sei. Seiner Frau stehe eine schwere Operation bevor, sie müßte in ein Sanatorium gebracht werden; in Petersburg habe er keine Bleibe – «wir sind bei

Bekannten untergekommen» –, die Suche nach einer privaten Anstellung sei vergeblich gewesen. Er bat mich, ihm zu helfen und mich dafür einzusetzen, daß man ihm ein Senatorengehalt aussetze (er war Senator). Was konnte ich ihm sagen? Mir war klar, daß seine Sache hoffnungslos war, rein menschlich sah ich, daß der Mann ohne Hilfe zugrunde gehen mußte. Zu meinen Unvollkommenheiten als Politiker muß ich mein Unvermögen zählen, mir in solchen Fällen nicht sagen zu können: «Anders hat er's nicht verdient...» In einer revolutionären Epoche muß ein Politiker grausam und erbarmungslos sein. Wehe dem, der aufgrund seiner Anlagen dazu unfähig ist!

Ich kehre zu meiner Erzählung zurück.

Am Sonnabend, dem 4. März, bat N. W. Nekrassow mich und N. I. Lasarewskij zu sich ins Verkehrsministerium, damit wir einen Auftrag der Provisorischen Regierung ausführten. Wir sollten den ersten Aufruf der Provisorischen Regierung an das gesamte Land verfassen; darin sollten der Sinn der jüngsten historischen Ereignisse und die profession de foi der Provisorischen Regierung dargelegt werden sowie das politische Programm in bestimmterer und vollständigerer Form, als es in der ersten Deklaration enthalten war, die die Bildung der Provisorischen Regierung unmittelbar begleitet hatte. Gegen zwei Uhr traf ich mich mit N. I., und wir begaben uns gemeinsam in das Ministerium. Dort herrschte eine fieberhafte Geschäftigkeit, Beamte eilten an uns vorbei, und viel Volk saß, stand und lief herum. Nicht ohne Mühe gelang es uns, Nekrassow ausfindig zu machen, der bei irgendeiner Beratung den Vorsitz führte. Wir mußten etwas warten, die Beratung wurde in unserer Anwesenheit beendet, und Nekrassow führte uns über einen Gang aus dem Gebäude des Ministeriums in die Wohnung des Ministers. Dort, im Arbeitszimmer des Ministers, wartete A. A. Dobrowolskij, Mitglied der Staatsduma, auf uns, der auf eigenen Wunsch – und natürlich mit allgemeiner Zustimmung – ebenfalls an der Arbeit teilnehmen wollte.

Nekrassow erläuterte uns die Konzeption des Aufrufs und seine Bedeutung, dann ließ er uns allein. Wir machten uns umgehend an die Arbeit, die bis gegen sechs oder sieben Uhr abends dauerte. Sie ging uns sehr rasch von der Hand; das Ergebnis war ein Entwurf, der sich unter meinen Papieren erhalten hat, aber nie ans Licht der Öffentlichkeit gelangt ist. Diesen Entwurf trug N. W. Nekrassow am nächsten Tag der Provisorischen Regierung vor, stieß dabei aber, wie ich später erfuhr, auf einige partielle Einwände. A. A. Manuilow machte den Vorschlag, ihn F. F. Kokoschkin (der am Vormittag aus Moskau eingetroffen war) zur Überarbeitung zu geben. Der Vorschlag wurde angenommen. Irgendwie ergab es sich, daß Kokoschkin dabei von M. N. Winawer unterstützt wurde und es diesem überlassen blieb, den Text des Aufrufes neu zu schreiben; es war dieser ganz und gar von Winawer verfaßte Text, den Kokoschkin, wie er mir später selbst sagte, der Provisorischen Regierung vorlegte und der von ihr ohne Veränderungen gebilligt wurde. Am Ende desselben Monats wandte sich Winawer in der Zeitung «Retsch» ebenfalls mit einer Art Manifest «an das jüdische Volk»; es begann mit den gleichen Worten: «Großes ist geschehen.»

Am Abend desselben Tages fand die erste Sitzung der Provisorischen Regierung mit meiner Beteiligung – richtiger: in meiner Anwesenheit – im Beratungssaal des Innenministeriums statt. Dort fanden auch die zweite und die dritte Sitzung am 5. und am 6. März statt. Am 7. März wurden die Sitzungen ins Marienpalais verlegt und fanden von nun an, solange ich Geschäftsführer war, ständig dort statt, auch später noch – bis zum Regierungsantritt Kerenskijs, der Mitte Juli ins Winterpalais übersiedelte und die Sitzungen in den Malachitsaal verlegte.

Diese ersten Sitzungen hatten – durchaus verständlich – einen chaotischen Charakter. Sehr viel Zeit wurde mit allen möglichen Kleinigkeiten vertan. Ich erinnere mich, daß Kerenskij bereits auf der ersten Sitzung, am Sonnabend, erklärte, er wolle N. N. Schnitnikow zu seinem Gehilfen ernennen, und ich weiß noch, daß diese unbedeutende Tatsache damals einen großen und äußerst negativen Eindruck auf mich machte. Hier enthüllte sich mir zum erstenmal einer der Hauptcharakterzüge dieses verhängnisvollen Menschen, und zwar sein absoluter Mangel an Menschenkenntnis und seine

Unfähigkeit, Menschen richtig einzuschätzen. Schnitnikow ist eine Persönlichkeit, die zur Genüge bekannt ist. Ein guter und durchaus ordentlicher Mensch, hat er zugleich aber zu jeder Frage eine enge und vorgefaßte Meinung. Weder in der Rechtsanwaltschaft noch in der Stadtduma oder in irgendwelchen anderen Kreisen genoß er – wie allgemein bekannt war – jemals auch nur die geringste Autorität. Und ihn wollte Kerenskij neben sich an der Spitze des gesamten Justizwesens haben! Es versteht sich von selbst, daß er damit nur eines erreicht hätte: seine eigene völlige Diskreditierung wie auch die seines Stellvertreters. Ich kann mich erinnern, daß es einige Mühe kostete, Kerenskij umzustimmen. Aber es muß gesagt werden, daß seine Entschlüsse sich nicht nur durch Plötzlichkeit und Heftigkeit, sondern immer auch durch große Unbeständigkeit und Wankelmütigkeit auszeichneten. Das trat in der Folgezeit noch oft zutage, worüber ich zu gegebener Zeit berichten werde.

In den ersten Tagen blieb die Frage nach dem Schicksal Nikolais II. völlig ungeklärt. Wie man weiß, fuhr er sogleich nach seiner Abdankung ins Hauptquartier. Die Provisorische Regierung zeigte sich in dieser Frage anfangs ziemlich indifferent. Weder am Sonnabend oder Sonntag noch am Montag ging es in den Sitzungen, bei denen ich anwesend war, um irgendwelche Maßnahmen, die zu ergreifen gewesen wären. Es ist freilich möglich, daß die Frage damals schon in privaten Beratungen erörtert wurde. Jedenfalls war es für mich eine große Überraschung, als ich am Dienstag, dem 7. März, ins Arbeitszimmer des Fürsten Lwow im Innenministerium gebeten wurde, wo ich außer den Mitgliedern der Provisorischen Regierung auch die Mitglieder der Staatsduma Werschinin, Gribunin und – wie mir scheint – Kalinin antraf. Es stellte sich heraus, daß die Provisorische Regierung beschlossen hatte, Nikolai II. gefangenzusetzen und ihn nach Zarskoje Selo zu bringen. Auch die Zarin sollte als Gefangene betrachtet werden. Mir wurde aufgetragen, ein entsprechendes Telegramm an General Alexejew zu redigieren, der damals Chef des Stabes des Oberkommandierenden war. Das war der erste von mir beglaubigte Erlaß der Provisorischen Regierung, der mit meiner Gegenzeichnung erschien.

Zweifellos mußte die Frage, was mit Nikolai II. zu geschehen habe, unter den gegebenen Umständen größte Schwierigkeiten bereiten. Unter normalen Bedingungen hätte seiner Ausreise nach England wahrscheinlich nichts im Wege gestanden, und unsere Bündnisbeziehungen wären eine Garantie dafür gewesen, daß konspirative Versuche, Nikolai II. wieder zu inthronisieren, nicht zugelassen worden wären. Hätte die Regierung unverzüglich, am 3. oder 4. März, mehr Findigkeit und Umsicht an den Tag gelegt, wäre es vielleicht gelungen, von England die Zustimmung zur Übersiedlung Nikolais nach dort zu bekommen, so daß er sofort hätte ausreisen können. Ich weiß nicht, ob damals Schritte in diese Richtung unternommen worden sind, glaube es aber nicht.

Die Abreise Nikolais II. ins Hauptquartier hatte im Exekutivkomitee des Rates der Arbeiter- und Soldatendeputierten große Gereiztheit und eine entsprechende Agitation hervorgerufen; daraufhin war der demonstrative Beschluß der Provisorischen Regierung gefaßt worden. Denn tatsächlich gab es keinerlei Grund – weder formaler noch sachlicher Art –, Nikolai II. zum Gefangenen zu erklären. Seine Abdankung war – formal – nicht erzwungen gewesen. Ihn für diese oder jene seiner Handlungen als Zar zur Verantwortung zu ziehen, wäre sinnlos gewesen und hätte den Axiomen des Staatsrechtes widersprochen. Natürlich hatte die Regierung unter diesen Umständen das Recht, Maßnahmen zur Kaltstellung Nikolais II. zu ergreifen, sie hätte mit ihm eine Übereinkunft über einen bestimmten Wohnsitz für ihn treffen und die Bewachung seiner Person anordnen können. Wahrscheinlich wäre eine Reise nach England auch für Nikolai selbst am erstrebenswertesten gewesen. Dagegen wurde durch seine Gefangennahme ein Knoten geschürzt, der bis heute unaufgelöst blieb.*

Doch nicht genug damit. Ich persönlich bin überzeugt, daß diese «Schläge gegen einen Daniederliegenden» – die Verhaftung des ehe-

---

* Mai–Juni 1918. Spätere Anmerkung (16./29. Juli 1918): Am 16. Juli wurde dieser Knoten in Jekaterinburg von dem «Genossen» Beloborodow durchgehauen.

maligen Zaren – eine Rolle gespielt und die aufrührerischen Leidenschaften noch zusätzlich angeheizt haben. Sie verlieh der «Abdankung» den Charakter eines «Sturzes», denn die Verhaftung war durch nichts motiviert. Deshalb bedrängte und beunruhigte der Aufenthalt Nikolais II. in Zarskoje Selo, zwei Schritte von der Hauptstadt und vom brodelnden Kronstadt entfernt, die Provisorische Regierung ständig – nicht, weil sie irgendwelche Versuche zur Restauration für möglich hielt, sondern im Gegenteil, weil sie Lynchjustiz und eine blutige Abrechnung befürchtete. Es gab Augenblicke, in denen unter dem Eindruck der ständig zunehmenden aufrührerischen Agitation solches unmittelbar bevorzustehen schien.

Wie dem auch sei, nach der Ankunft Nikolais II. in Zarskoje Selo erwies sich jeder weitere Weg als abgeschnitten, jetzt war es völlig unmöglich, den ehemaligen Zaren kurz entschlossen über die Grenze zu bringen. Sehr viel später, als Kerenskij bereits Premierminister war, wurde beschlossen, die gesamte Zarenfamilie nach Tobolsk zu verfrachten; diese Angelegenheit wurde sehr konspirativ behandelt, und zwar in einem Maße, daß, wie es scheint, nicht einmal alle Mitglieder der Provisorischen Regierung davon unterrichtet wurden.

Am Abend des 7. März führte die Provisorische Regierung ihre Sitzung erstmals, wie ich bereits erwähnte, im Marienpalais durch. In den ersten Wochen wurden die Sitzungen zweimal am Tage anberaumt, um 16 Uhr und um 21 Uhr. In Wirklichkeit begann die Nachmittagssitzung (wie auch die am Abend) stets mit großer Verspätung und dauerte jeweils bis 20 Uhr. Die Abendsitzung endete stets tief in der Nacht. Gewöhnlich war ihre zweite Hälfte geschlossen, das heißt, die Kanzleibeamten entfernten sich, ich blieb als einziger.

An dieser Stelle möchte ich etwas über den äußeren Verlauf der Sitzungen der Provisorischen Regierung sagen, deren Zeuge ich während der ersten beiden Monate der Revolution war.

Die Sitzungen begannen also jedesmal mit sehr großer Verspätung. Ich wartete solange in meinem Dienstzimmer, mit irgendeiner Arbeit oder dem Empfang der Tag für Tag sehr zahlreichen Besucher beschäftigt. Sobald sich so viele Minister versammelt hatten, daß die Sitzung eröffnet werden konnte, wurde ich benachrichtigt. Am pünktlichsten waren Fürst Lwow, ebenso I. W. Godnjow (der Staatskontrolleur) und auch A. A. Manuilow. Zuweilen begannen die Sitzungen mit dem Quorum jener Minister, denen es um dringende Angelegenheiten von nicht sehr großer Bedeutung ging. Diese wurden nach kurzem Vortrag sofort entschieden. Es gelang nicht, von vornherein eine bestimmte Tagesordnung festzulegen, denn die Angelegenheiten, die vorgetragen werden sollten, mußten zuvor dem Geschäftsführer mitgeteilt werden. Während der ersten Sitzungen, die sehr chaotisch verliefen, trugen die Minister zwar ihre Angelegenheiten vor, aber der eine oder andere Beschluß darüber wurde protokollarisch nur sehr vage festgehalten. Ich erreichte, daß in der Regel jede Vorlage, die bei der Provisorischen Regierung eingebracht wurde, mit einem Beschlußentwurf endete, der natürlich entsprechend dem Verlauf und dem Ausgang der Diskussion abgeändert werden konnte.

Was die Diskussionen betrifft, die während der Sitzungen geführt wurden, so wurde von vornherein beschlossen, sie nicht zu protokollieren und auch Meinungsverschiedenheiten bei Abstimmungen nicht zu vermerken, besondere Meinungen sollten ebenfalls nicht ins Journal eingetragen werden usw. Es kam darauf an, alles zu vermeiden, was die Einheit der Regierung und ihre gemeinsame Verantwortung für jeden der angenommenen Beschlüsse hätte beeinträchtigen können. Die Anfertigung eines detaillierten Protokolls jeder Sitzung hätte außerdem auch eine Reihe von Schwierigkeiten mit sich gebracht. Besonders zu Anfang beurteilten die Mitglieder der Provisorischen Regierung die Anwesenheit von Kanzleibeamten auf den Sitzungen in der Regel mit Mißtrauen und Argwohn. Eine detaillierte Protokollierung alles dessen, was gesprochen wurde, hätte nur Proteste und Forderungen nach Überprüfung hervorgerufen, und letzten Endes wäre angesichts der vielen Fragen, die auf jeder Sitzung verhandelt wurden, nicht ein einziges Journal beendet worden.

Es muß im übrigen gesagt werden, daß die Diskussionen während der offenen Sitzungen mit wenigen Ausnahmen nicht sehr interessant waren. Die Minister kamen stets in höchstem Grade erschöpft zur Sitzung. Die Arbeit eines jeden von ihnen überstieg freilich die normalen Kräfte eines Menschen. Oftmals wurden auf den Sitzungen sehr spezielle Fragen behandelt, die den meisten fremd waren, und die Minister saßen häufig im Halbschlummer da, nur gerade so dem Vortrag lauschend. Nur auf den geschlossenen Sitzungen sowie auf den gemeinsamen Sitzungen mit der «Kontaktkommission» des Exekutivkomitees des Rates der Arbeiter- und Soldatendeputierten ging es lebhaft zu und wurden leidenschaftliche Reden gehalten.

Hier war meine Lage besonders prekär, und ich spürte sofort, daß meine Rolle stark von dem abwich, was ich mir ausgemalt hatte, als ich den vergleichsweise zweitrangigen Posten eines Geschäftsführers annahm. Es handelte sich um folgendes.

In der Regierung gab es Freunde von mir – persönliche und politische –, es gab zufällige Bekannte und schließlich auch Leute, denen ich zum erstenmal begegnete. Zur ersten Gruppe rechnete ich Miljukow, Schingarjow, Nekrassow, Manuilow und in gewisser Weise Fürst Lwow. Zur zweiten Kerenskij, Gutschkow und Tereschtschenko. Zur dritten Konowalow, W. N. Lwow und I. W. Godnjow. Aus der zweiten Gruppe kannte ich am besten M. I. Tereschtschenko, allerdings war diese Bekanntschaft rein gesellschaftlicher Art. Meine Vorstellung von ihm war die eines glänzenden und im Umgang sehr angenehmen jungen Mannes, eines Musik- und Theaterliebhabers und eines Beamten für besondere Aufträge bei Teljakowskij. Der Sprung auf den Posten des Finanzministers in der Provisorischen Regierung war natürlich sehr groß, und es fiel mir schwer, die neue Rolle Tereschtschenkos mit meiner alten Vorstellung von ihm in Einklang zu bringen. Zugleich aber hatte ich durchaus keinen Grund, ein anderes Verhalten von ihm zu erwarten als uneingeschränktes Entgegenkommen. Gutschkow kannte ich aus der Zeit der allgemeinen landständischen Kongresse im Jahre 1905. Er brachte mir sofort volles Vertrauen entgegen und verhielt sich sehr zuvorkommend. Dasselbe muß ich auch von den drei Personen der dritten Gruppe sagen. Ohne Zweifel hätte ich mich, wäre nicht Kerenskij gewesen, in der Provisorischen Regierung völlig frei gefühlt und wäre nicht zum Schweigen verurteilt gewesen, zur Rolle eines passiven Zuhörers und Zeugen, die ich schließlich nicht mehr ertragen konnte.

In diesem Zusammenhang möchte ich die Eindrücke zusammenfassen, die ich von Kerenskij und anderen gewonnen habe. Ich will keine erschöpfende Charakteristik von ihnen geben, dazu verfüge ich vor allem nicht über genügend Material. Immerhin aber bin ich allen diesen Leuten zwei Monate lang Tag für Tag begegnet; ich sah sie in sehr wichtigen und verantwortungsvollen Augenblicken und konnte sie eingehend beobachten; deshalb, so nehme ich an, entbehren selbst meine fragmentarischen Eindrücke nicht eines gewissen Interesses und können, wenn diese meine Notizen einmal in der einen oder anderen Form benutzt werden, die große Masse historischen Materials über die russische Revolution des Jahres 1917 und ihre führenden Persönlichkeiten ergänzen.

A tout seigneur tout honneur. Ich beginne mit Kerenskij.

Sieben Monate sind vergangen, seit ich Kerenskij das letzte Mal gesehen habe, aber es kostet mich nicht die geringste Mühe, mir seinen äußeren Habitus ins Gedächtnis zu rufen. Ich lernte ihn vor etwa acht Jahren kennen. Unsere Begegnungen waren flüchtig und rein zufällig: auf dem Newskij-Prospekt, bei irgendeiner Trauerfeier und ähnlichen Gelegenheiten. Ich hörte über ihn (noch vor seiner Wahl in die Staatsduma), daß er begabt, aber kein großes Kaliber sei. Er trug eine gewisse Dandyhaftigkeit zur Schau, besaß ein glattrasiertes Schauspielergesicht, kniff fast ständig die Augen zusammen und hatte ein unangenehmes Lächeln, das besonders die obere Zahnreihe entblößte – das alles zusammengenommen war wenig anziehend. Jedenfalls gab es weder an ihm selbst noch in dem, was über ihn zu hören war, irgend etwas, was auch nur im entferntesten seine zukünftige Rolle erahnen ließ, ja es war überhaupt nichts an ihm, was auf ihn aufmerksam gemacht hätte. Er war einer von vielen, keineswegs erstrangigen Verteidigern in

Alexander Kerenskij, Ministerpräsident der zweiten und dritten Koalitionsregierung vom 24. Juli bis 25. Oktober 1917

politischen Prozessen. Im großen Publikum bemerkte man ihn erst, als er in der Staatsduma seine Reden hielt.

Dort freilich geriet er aufgrund der Parteiverhältnisse faktisch in die vordersten Reihen, und da er die farblose Gesellschaft, die ihn in der Duma umgab, um Hauptes länge überragte – denn er war kein übler, bisweilen sogar ein glänzender Redner, und Anlässe zu entsprechenden Auftritten gab es mehr als genug –, so war es nur natürlich, daß man ihn in vier Jahren kennenlernte und wahrzunehmen begann. Trotz allem aber hatte er niemals einen echten, großen, allgemein anerkannten Erfolg. Niemandem wäre es in den Sinn gekommen, ihn als Redner in eine Reihe neben Maklakow oder Roditschew zu stellen oder seine Autorität als Parlamentarier mit der Autorität Miljukows oder Schingarjows zu vergleichen. Seine Partei war in der Vierten Duma unbedeutend und von geringem Einfluß. Seine Einstellung zum Krieg deckte sich im Grunde mit der der Zimmerwalder. Alles das trug nicht im entferntesten dazu bei, seinem Namen irgendeine Aureole zu verleihen.

Kerenskij selber spürte das, und da seine Eigenliebe kolossal und krankhaft war und sein Dünkel ebenso, war es nur natürlich, daß sich in ihm schwere Aversionen gegen seine wichtigsten politischen Gegner festsetzten, und damit ließ sich das Bestreben zu aufrichtiger und einträchtiger Zusammenarbeit nur schwer vereinbaren. Ich kann bescheinigen, daß Miljukow seine *bête noire* im wahrsten Sinne des Wortes war. Kerenskij ließ keine Gelegenheit aus, sich mißgünstig, ironisch und mitunter geradezu haßerfüllt über ihn auszulassen. Bei aller krankhaften Hypertrophie seines Eigendünkels konnte es ihm nicht verborgen bleiben, daß zwischen ihm und Miljukow Welten lagen. Miljukow war überhaupt nicht zu vergleichen mit seinen übrigen Kollegen im Kabinett, weder intellektuell noch als Mensch; er verfügte über fast unerschöpfliche Kenntnisse und war von umfassendem Verstand. Späterhin werde ich zu bestimmen versuchen, worin meiner Meinung nach seine Mängel als Politiker lagen. Miljukow besaß jedoch einen gewaltigen Vorzug: das war seine Haltung in der Hauptfrage, jener Frage, von deren Lösung der gesamte Verlauf der Revolution abhing, der Kriegsfrage. Diese Haltung war völlig klar, bestimmt und konsequent, während die Haltung des «Garanten der Demokratie» zweideutig, unentschieden und im Grunde verlogen war. Bei Miljukow gab es niemals auch nur einen Schatten von Kleinlichkeit und Ruhmsucht, überhaupt wirkten sich seine persönlichen Gefühle und Beziehungen so gut wie gar nicht auf sein politisches Verhalten aus; es wurde niemals durch sie bestimmt. Ganz im Gegensatz zu Kerenskij, der nur aus persönlichen Impulsen bestand.

Man kann sich kaum vorstellen, wie sich jene schwindelnde Höhe, auf die Kerenskij in den ersten Wochen und Monaten der Revolution emporgetragen wurde, auf seine Psyche auswirken mußte. In seinem Innern kam er trotz allem nicht umhin, sich einzugestehen, daß die ganze ihm entgegengebrachte Verehrung, seine Idolisierung, nichts anderes war als eine Massenpsychose, daß er keine Verdienste und keine geistigen oder sittlichen Qualitäten aufzuweisen hatte, die ein solches hysterisches Verhalten hätten rechtfertigen können. Zweifellos war er in seinem Innern bereits in den ersten Tagen «angeschlagen», da die Geschichte ihm, einem kleinen Mann, zufällig eine Rolle aufgenötigt hatte, eine Rolle, in der es ihm bestimmt war, so ruhmlos zu scheitern, ohne eine Spur zu hinterlassen.

Ich habe gerade gesagt, daß in der Idolisierung Kerenskijs eine bestimmte Psychose der russischen Gesellschaft zum Ausdruck kam. Das ist vielleicht zu milde ausgedrückt. Kam man doch in der Tat nicht umhin, sich zu fragen, was für ein politisches Gepäck derjenige mitbrachte, den man als «Helden der Revolution» anzuerkennen beschlossen hatte, was für einen Aktivposten er aufweisen konnte. Unter diesem Aspekt ist es jetzt, da «die Blüten entblättert, die Feuer verloschen sind», interessant, noch einmal in der Presse die *faits et gestes* Kerenskijs während der acht Monate, seine Reden und Interviews nachzulesen. Sollte er wirklich der Held der ersten Monate der Revolution gewesen sein, so wäre damit über diese Revolution ein hinlänglich hartes Urteil gesprochen.

Mit der eben erwähnten krankhaften Ruhmsucht verband sich

bei Kerenskij eine weitere unangenehme Eigenschaft: Schauspielerei und Vorliebe für die Pose sowie für jederlei Pracht und Pomp. Seine Schauspielerei zeigte sich, wie ich mich erinnere, sogar im engen Kreis der Provisorischen Regierung, wo sie, so hätte man annehmen müssen, besonders unnütz und peinlich war, da sich alle gut kannten und keiner dem anderen etwas vormachen konnte. Eine dieser schauspielerischen Einlagen – den Zusammenstoß mit Miljukow, als dieser sich über die Rolle des deutschen Geldes in der russischen Revolution äußerte – habe ich bereits wiedergegeben.

Diejenigen, die auf der sogenannten Staatskonferenz im Moskauer Großen Theater im August 1917 zugegen waren, haben natürlich die Auftritte Kerenskijs nicht vergessen: den ersten, mit dem die Konferenz begann, und den letzten, mit dem sie zu Ende ging. Auf diejenigen, die ihn hier zum erstenmal sahen oder hörten, machte Kerenskij einen deprimierenden und abstoßenden Eindruck. Wenn er sprach, war das nicht die ruhige und bedeutungsvolle Rede eines Staatsmannes, sondern das ununterbrochene hysterische Geschrei eines dem Größenwahn verfallenen Psychopathen. Man spürte den angestrengten, nichts unversucht lassenden Wunsch, Eindruck zu machen, zu imponieren. In der zweiten, abschließenden Rede verlor er offenbar ganz und gar die Selbstbeherrschung und redete völligen Unsinn, den man dann sorgfältig aus dem Stenogramm tilgen mußte. Bis zum Schluß gab er sich niemals Rechenschaft über seine Lage. Vier oder fünf Tage vor dem bolschewistischen Oktoberaufstand fragte ich ihn bei einer unserer Begegnungen im Winterpalais, wie er über die Möglichkeit einer bolschewistischen Aktion denke, von der damals alle sprachen. «Ich wäre bereit, einen Bittgottesdienst abhalten zu lassen, damit es zu so einer Aktion käme», antwortete er mir. «Sind Sie denn überzeugt, daß Sie mit ihr fertig werden könnten?» – «Ich verfüge über mehr Kräfte, als dazu nötig sind. Sie werden endgültig zerschlagen werden.»

Das einzige Kapitel in dieser ganzen traurigen Geschichte, welches das Gesamturteil über Kerenskij zu mildern imstande wäre, ist die Rolle, die er während unserer letzten Offensive (am 18. Juni) gespielt hat. In meiner Rede auf der Moskauer Konferenz wies ich auf diese Rolle hin, wobei ich vielleicht sogar übertrieb. Zweifellos aber kamen in diesem Fall bei Kerenskij echtes Feuer und patriotischer Enthusiasmus zum Durchbruch – doch leider war es zu spät...

Außerordentlich interessant war Kerenskijs Verhältnis zum Exekutivkomitee des Rates der Arbeiter- und Soldatendeputierten. Er glaubte tatsächlich, daß die Provisorische Regierung im Besitz der obersten Macht sei und daß das Exekutivkomitee nicht das Recht habe, sich in ihre Tätigkeit einzumischen. Er verhielt sich feindselig und war voller Verachtung gegen Steklow-Nachamkis, der während des ersten Monats die *porte-parole* des Exekutivkomitees auf den gemeinsamen Sitzungen der Provisorischen Regierung und der Kontaktkommission war. Nicht selten brachte er nach Beendigung der Sitzung und *à part* auch während der Sitzung seinen Unwillen über die zu große Weichheit des Fürsten Lwow im Umgang mit Steklow zum Ausdruck. Selber aber vermied Kerenskij entschieden jede Polemik mit ihm, nicht ein einziges Mal machte er den Versuch, die Position der Provisorischen Regierung zu verteidigen. Er schien immer zu lavieren, immer seine eigene Stellung als «Garant der Demokratie» wahren zu wollen, eine im Grunde verlogene Stellung, durch die die Provisorische Regierung nicht selten in größte Schwierigkeiten geriet.

In meinen persönlichen Beziehungen zu Kerenskij gab es mehrere Stadien. Ganz zu Anfang, als ich meinen Posten als Geschäftsführer antrat, hegte er großes Mißtrauen gegen mich. Offenbar glaubte er, das konstitutionell-demokratische Element in der Provisorischen Regierung könnte durch mich gestärkt werden, und war bemüht, mich daran zu hindern, eine politische Rolle zu spielen. Ich war mir sehr wohl bewußt, daß jeder Versuch meinerseits, an der Beratung der einen oder anderen Frage teilzunehmen, sei es auch nur in den geschlossenen Sitzungen der Provisorischen Regierung, den scharfen Protest Kerenskijs – im Namen der Prärogative der Provisorischen Regierung – hervorrufen und mich in eine äußerst peinliche Lage bringen mußte.

Es zeigte sich bald, daß meine Rolle, und zwar nur wegen Kerenskij, weit hinter dem zurückblieb, was ich erwartet hatte, und so stellte ich mir immer wieder die Frage, ob ich auf meinem Posten bleiben sollte. Und wenn ich diese Frage nicht sogleich negativ beantwortete und erst ausschied, als es zur ersten Krise kam und die Provisorische Regierung nach dem Rücktritt Miljukows (und Gutschkows) durch Tschernow, Zereteli, Skobelew und Peschechonow erweitert wurde, so tat ich das ausschließlich im Interesse der Sache, die ich wohlgeordnet und übersichtlich hinterlassen wollte. Später, als sich Kerenskij davon überzeugte, daß ich keinerlei persönliche Absichten hegte, änderte er sein Verhalten. Das kam nicht nur darin zum Ausdruck, daß er mir einen Ministerposten vorschlug, sondern auch im ganzen persönlichen Umgang. Schließlich, in der allerletzten Zeit, versuchte Kerenskij, durch mich Einfluß auf die Partei der Volksfreiheit zu nehmen und sich deren Unterstützung im Rat der Russischen Republik zu sichern. Darüber werde ich noch berichten.

Nach allem, was ich hier gesagt habe, wird mich kaum jemand der Voreingenommenheit bezichtigen, wenn ich dennoch nicht in jenen Chor von Beschimpfungen und Verfluchungen einstimmen kann, der jetzt jede Erwähnung Kerenskijs begleitet. Ich will nicht in Abrede stellen, daß er in der Geschichte der russischen Revolution eine wahrhaft verhängnisvolle Rolle gespielt hat, doch geschah das deshalb, weil eine unbegabte, gedankenlose, aufständische Elementargewalt eine zu schwache Persönlichkeit zufällig auf eine unangemessene Höhe emporgehoben hatte. Das Schlechteste, das man über Kerenskij sagen könnte, ließe sich über die Grundeigenschaften seines Verstandes und seines Charakters sagen. Trotzdem kann man über ihn dieselben Worte wiederholen, die er unlängst – mit einem erstaunlichen Mangel an Fingerspitzengefühl und elementarem Takt – über Kornilow geäußert hat: Er hat sein Vaterland «auf seine Weise» geliebt; in ihm brannte in der Tat revolutionäres Pathos, und es gab Augenblicke, da unter der Maske des Schauspielers ein echtes Gefühl zutage trat.

Wir erinnern uns an seine Rede über die aufständischen Sklaven, an seinen Verzweiflungsschrei, als er jenen Abgrund ahnte, in den eine entfesselte Demagogie Rußland hineinzog. Zwar spürte man dabei weder echte Kraft noch das klare Gebot der Vernunft, aber es war doch ein aufrichtiges, wenn auch fruchtloses Aufbegehren. Kerenskij stand im Banne seiner talentlosen Freunde und seiner Vergangenheit. Er war organisch außerstande, geradezu und kühn zu handeln, und bei aller Selbstsicherheit und Eigenliebe besaß er nicht jene ruhige und unbeugsame Überzeugung, wie sie wahrhaft starken Menschen eigen ist. «Heldenhaftes» im Sinne Carlyles hatte er entschieden nicht aufzuweisen. Der dunkelste Punkt in seiner kurzen Karriere ist die Geschichte seiner Beziehungen zu Kornilow, aber darüber will ich nicht sprechen, da ich über sie nur soviel weiß, wie allgemein bekannt ist.

Auf Kerenskij werde ich im Verlauf meiner Erzählung noch mehrfach zurückkommen müssen. Einstweilen lasse ich es bei dem bewenden, was ich geschrieben habe, und wende mich einer anderen Person zu, auf die ganz Rußland so kolossale Erwartungen gesetzt hatte, die dann nicht erfüllt wurden.

Ich kannte den Fürsten G. J. Lwow seit der Zeit der Ersten Duma. Obgleich er sich zur Partei der Volksfreiheit rechnete, erinnere ich mich nicht, daß er irgendeinen tätigen Anteil am Parteileben, an den Sitzungen der Fraktion oder des Zentralkomitees genommen hätte. Ich glaube nicht gegen die Wahrheit zu verstoßen, wenn ich sage, daß er im Ruf eines sehr anständigen und ordentlichen Menschen stand, daß man ihm aber keine besondere politische Kraft nachsagte. Nach der Auflösung der Ersten Duma war er ebenfalls in Wyborg, nahm aber weder an den Beratungen teil noch unterschrieb er den Aufruf. Ich erinnere mich, daß er im gleichen Hotel wohnte wie ich und A. D. Protopopow und daß er unmittelbar nach seiner Ankunft krank wurde, so daß er bis zur Abreise aus Wyborg sein Zimmer nicht mehr verließ. Protopopow schrieb die Krankheit der Aufregung zu, die von ihm Besitz ergriffen hatte. Ähnlich wie viele von uns war er innerlich nicht von dem Aufruf überzeugt, glaubte nicht an ihn und hielt ihn für einen Fehler; er war sich jedoch seiner Ohnmacht bewußt, ihn nicht verhindern zu können, da er keinen annehmbaren und klaren

Handlungsplan besaß. Ich erinnere mich an sein bleiches, verstörtes Gesicht und seine hilflose Figur. Danach war ich ihm elf Jahre nicht begegnet. Wie alle anderen hielt auch ich ihn für einen ausgezeichneten Organisator und setzte große Hoffnungen auf seine gewaltige Popularität im landständischen Rußland und in der Armee. Weiter oben habe ich bereits von dem Eindruck gesprochen, den ich von der ersten Begegnung mit dem Fürsten Lwow im Taurischen Palais am Tage der Konstituierung der Provisorischen Regierung hatte. Ich möchte sagen, dieser Eindruck war prophetisch. Allerdings hatte sich Fürst Lwow in den Tagen darauf äußerlich verwandelt, es brannte eine fieberhafte Energie in ihm und offenbar auch – zumindest in der ersten Zeit – der Glaube, in Rußland Ordnung herstellen zu können.

Die Aufgabe des Ministerpräsidenten in der ersten Provisorischen Regierung war in der Tat äußerst schwierig. Sie erforderte höchstes Taktgefühl und die Fähigkeit, sich die Menschen unterzuordnen, sie zu vereinigen und zu führen. Vor allem erforderte sie einen streng festgelegten, systematisch zu realisierenden Plan. In den ersten Tagen nach dem Umsturz war die Autorität der Provisorischen Regierung und des Fürsten Lwow selbst sehr groß. Es galt also, sich diesen Umstand zunutze zu machen, vor allem im Interesse der Festigung und Stärkung der Macht. Es galt zu begreifen, daß sämtliche zersetzenden Kräfte bereitstanden, ihr zerstörerisches Werk zu beginnen und dabei den kolossalen Umschwung in der Psychologie der Massen auszunutzen, der den politischen Umschwung notwendigerweise begleitete und der so vollständig und allumfassend war. Fürst Lwow mußte energische und über Autorität verfügende Mitarbeiter finden und sich entweder selbst ganz dem Innenministerium widmen oder – falls es sich als unmöglich erweisen sollte, die Verpflichtungen des Innenministers mit dem Amt des Premiers richtig zu verbinden – für diesen Posten einen geeigneten Stellvertreter finden.

Ich möchte nichts Abfälliges und schon gar nichts Übles über D. M. Schtschepkin oder über den Fürsten Urussow sagen, aber ich denke, daß von ihnen kaum zu erwarten war, was Fürst Lwow selbst nicht bieten konnte. Schtschepkin war ein höchst gewissenhafter und fleißiger Arbeiter, ein wunderbarer Mensch, voller Energie und *bonne volonté*. Aber er vermochte weder durch Erfahrung noch durch gesellschaftliche Autorität, noch durch seine Persönlichkeit zu imponieren; er selbst war sich dessen sehr wohl bewußt, und in seinen Handlungen war er durch dieses Bewußtsein gehemmt. Fürst Urussow hatte über den neuen Verhältnissen offensichtlich ganz und gar den Kopf verloren, er vermochte sich nur schlecht zu orientieren und fühlte sich völlig fehl am Platz. Er hatte unter Bedingungen Karriere gemacht, die denen, unter denen er sich nun plötzlich befand, diametral entgegenliefen. Er ging wie ein bleicher Schatten umher, auch er von den besten Absichten beseelt, aber außerstande, sie zu verwirklichen. Er hätte Gehilfe oder Ausführender sein können, doch Entschlossenheit, Initiative, Kreativität waren von ihm nicht zu erwarten.

Der Umstand, daß das Innenministerium – mit anderen Worten, die gesamte Verwaltung und die gesamte Polizei – völlig unorganisiert blieb, spielte in dem allgemeinen Auflösungsprozeß Rußlands eine große Rolle. In der ersten Zeit gab es noch eine seltsame Zuversicht, daß sich alles von selbst regeln und einen organisierten Verlauf nehmen werde. Ähnlich wie man die Revolution idealisierte (die «große», «unblutige»), idealisierte man auch die Bevölkerung. Man war beispielsweise so naiv zu glauben, die riesige Hauptstadt mit ihrem Bodensatz, den stets zu Ausschreitungen bereiten, lasterhaften und verbrecherischen Elementen, könne ohne Polizei auskommen bzw. mit so abstoßenden und unsinnigen Surrogaten wie der improvisierten und großzügig entlohnten Miliz, in die sich professionelle Diebe und flüchtige Sträflinge einschreiben ließen. Der allrussische Feldzug gegen die Stadtpolizisten und Gendarmen führte sehr rasch zu logischen Konsequenzen. Der Apparat, der immerhin funktionierte, wenn auch nur notdürftig, wurde völlig zerschlagen. Die entlassenen Stadtpolizisten und Gendarmen füllten in der Regel die Reihen der Bolschewisten. Und allmählich entwickelte sich in Petersburg und Moskau die Anarchie. Unmittelbar nach dem bolschewistischen Umsturz nahm sie schreckliche

Ausmaße an. Der Umsturz selbst aber war nur deshalb möglich und so leicht zu bewerkstelligen gewesen, weil das Bewußtsein von der Existenz einer Macht, die bereit war, die bürgerliche Ordnung entschlossen zu verteidigen und zu bewahren, verlorengegangen war.

Es wäre freilich im höchsten Grade ungerecht, die ganze Verantwortung für das, was geschah, dem Fürsten Lwow anzulasten. Eines aber muß gesagt werden, so hart ein solches Urteil auch klingen mag: Fürst Lwow hat nicht nur nichts gegen die zunehmende Auflösung getan, sondern nicht einmal den Versuch unternommen, etwas dagegen zu tun. Er saß auf dem Kutschbock, machte aber keinen Versuch, die Zügel zu ergreifen. Wie viele quälende Sitzungen habe ich erlebt, auf denen die ganze Schwäche der Provisorischen Regierung, ihre Uneinigkeit und innere Zwietracht, die versteckte und offene Feindschaft der einen gegen die anderen mit unerbittlicher Klarheit zutage traten, und ich vermag mich an keinen einzigen Fall zu erinnern, wo seitens des Ministerpräsidenten ein Machtwort ergangen wäre, wo er sich einmal entschieden und bestimmt geäußert hätte. Dabei war Fürst Lwow buchstäblich von morgens bis abends umlagert. Ununterbrochen lief ein ganzer Strom dringender Telegramme mit Forderungen nach Anweisungen, Erklärungen und sofortiger Durchführung unaufschiebbarer Maßnahmen von allen Enden Rußlands bei ihm ein. Bei allen möglichen Anlässen, ernsthaften und nichtigen, wandte man sich an Lwow als Regierungsoberhaupt und Innenminister, ständig wurde er ans Telefon gerufen, man kam zu ihm ins Ministerium und ins Marienpalais gefahren.

Anfangs versuchte ich, für meinen täglichen Vortrag eine bestimmte Stunde festzulegen und dabei alle erforderlichen Anweisungen zu erhalten, doch sehr bald mußte ich mich davon überzeugen, daß diese Versuche völlig umsonst waren, und in den seltenen Fällen, da sie Erfolg hatten, erwiesen sie sich als gänzlich nutzlos. Niemals war es möglich, von ihm eine feste und bestimmte Entscheidung zu erhalten, am ehesten war er geneigt, der Entscheidung zuzustimmen, die man ihm vorschlug. Ich möchte sagen, er war die Verkörperung der Passivität. Ich weiß nicht, ob es bewußte Politik war oder ob sich seine Passivität aus dem Bewußtsein seiner Kraftlosigkeit ergab, aber manchmal hatte es den Anschein, als hinge Lwow einem mystischen Glauben an, daß alles irgendwie von selbst ins rechte Lot komme. In anderen Augenblicken schien er mir von völliger Hoffnungslosigkeit gezeichnet, so, als sei er von dem Bewußtsein durchdrungen, auf den Verlauf der Ereignisse schlechterdings keinen Einfluß nehmen zu können, als hätte er sich dem Fatalismus ergeben und spielte nur äußerlich die Rolle weiter, die ihm – unabhängig von seinen eigenen Wünschen und Bestrebungen – zugefallen war.

Bei der Wahl Lwows zum Ministerpräsidenten – und bei der Entlassung Rodsjankos – hatte Miljukow eine aktive Rolle gespielt, und später mußte ich von Pawel Nikolajewitsch hören, daß er sich nicht selten die quälende Frage gestellt habe, ob es nicht besser gewesen wäre, Lwow in Ruhe zu lassen und Rodsjanko auf diesen Posten zu holen, einen Mann, der jedenfalls fähig war, entschlossen und mutig zu handeln, der eine eigene Meinung hatte und sie vertreten konnte.

Einen deprimierenden Eindruck machte auf mich auch das Verhältnis des Fürsten Lwow zu Kerenskij. Meine Kanzleigehilfen empörten sich nicht selten, weil sie bei dem Fürsten ein mangelndes Bewußtsein seiner eigenen Würde als Regierungsoberhaupt zu erkennen glaubten. Das Verhältnis zu Kerenskij ähnelte deshalb häufig einer Art ängstlicher Liebedienerei. Natürlich lagen hier keinerlei persönliche Motive vor. Fürst Lwow kannte keine, jeder Ehrgeiz war ihm fremd, und er klammerte sich auch nicht an die Macht. Ich glaube, er war zutiefst glücklich an dem Tag, als er von ihrer Last befreit wurde. Um so erstaunlicher ist, daß er sich nicht jene sittliche Autorität zunutze zu machen verstand, durch die er an die Macht gelangt war. Im Ton eines Machthabers sprach in der Provisorischen Regierung nicht er, sondern Kerenskij.

Der natürlichen Reihenfolge nach muß ich jetzt über Gutschkow sprechen, doch das fällt mir am schwersten.

Vor allem hatte ich nur wenig Gelegenheit, Gutschkow in der

Provisorischen Regierung näher kennenzulernen. Sehr oft war er abwesend, da er sich auf Reisen an die Front und ins Hauptquartier befand. Später – Mitte April – war er krank. Vor allem aber war er während der ganzen Zeit, da er den Posten des Kriegs- und Marineministers innehatte, für einen außenstehenden Beobachter fast undurchschaubar. Wenn ich jetzt auf diese Wahnsinnszeit zurückblicke, neige ich zu der Annahme, daß Gutschkow tief in seinem Innern die Sache von Anfang an als verloren betrachtete und nur *par acquit de conscience* nicht zurücktrat. Jedenfalls sprach aus keinem andern eine so tiefe Enttäuschung und Skepsis, sobald die Rede auf die Armee und die Flotte kam. Wenn er mit seiner leisen und weichen Stimme zu sprechen begann und dabei mit leichtem Silberblick in unbestimmte Richtung schaute, erfaßte mich ein Grauen und das Bewußtsein völliger Hoffnungslosigkeit. Alles schien dem Untergang geweiht.

Die erste Sitzung, in der es um nichts anderes als um die Lage an der Front ging, muß am 7. März stattgefunden haben, am Abend des gleichen Tages, da die Sitzungen der Provisorischen Regierung ins Marienpalais verlegt wurden. Ich vermag dieses Datum deswegen zu rekonstruieren, weil auf dieser Sitzung der Aufruf an die Armee und die Bevölkerung beschlossen wurde, der am 10. März erschien und mit dessen Abfassung ich beauftragt worden war; ich schrieb ihn am folgenden Tag, dem 8., und am 9. wurde er auf der Nachmittagssitzung beraten und fast ohne Änderungen angenommen. (Aus irgendeinem Grunde ist er nicht in den von der Staatskanzlei herausgegebenen Sammelband aufgenommen worden und hat sich nur im Mitteilungsblatt der Provisorischen Regierung und in den Zeitungen erhalten.)

Ich erinnere mich, daß auf dieser Sitzung zwei Aspekte hinsichtlich der Bedeutung der Ereignisse für unsere militärischen Operationen vorgebracht wurden. Der eine war der in Reden und Nachrichten offiziell zum Ausdruck gebrachte, wonach es einen kausalen Zusammenhang zwischen der schlechten Kriegführung der Zarenregierung und der Revolution gab. In der Revolution sei der Protest gegen das glücklose, unfähige, verräterische (Stürmer)

Verhalten dieser Zarenregierung gleichsam geballt zum Ausdruck gekommen. Die Revolution mußte alles ändern, sie mußte eine vollständigere, aufrichtigere und deshalb fruchtbarere Verbindung zwischen uns und unseren Verbündeten, den großen europäischen Demokratien, herstellen. Unter diesem Aspekt konnte die Revolution als positiver Faktor für die Kriegführung betrachtet werden. Der Kommandeursbestand würde vermutlich erneuert werden, es würden sich begabte und energische Generäle finden, und die Disziplin würde rasch wiederhergestellt werden.

Mit Betrübnis muß ich feststellen, daß die Auffassungen unserer Partei die ganze Zeit darauf gerichtet waren, diesen offiziellen Optimismus zu unterstützen. Manch einer, wie beispielsweise A. I. Schingarjow, erhielt sich diesen Optimismus sehr lange – bis zum Herbst 1917. Ich glaube, man verkannte die Bedeutung, die der Krieg als Faktor der Revolution hatte, und wehrte sich gegen die Folgen, die die Revolution in bezug auf den Krieg haben mußte – das eine wie das andere spielte in der Geschichte des Jahres 1917 eine verhängnisvolle Rolle. Ich erinnere mich daran, wie ich bei einer unserer gemeinsamen Autofahrten Miljukow gegenüber meine Überzeugung zum Ausdruck brachte (es war noch zu der Zeit, als er Außenminister war), daß eine der Hauptursachen der Revolution die Kriegsmüdigkeit sei sowie der Unwille, den Krieg fortzusetzen. Miljukow war entschieden anderer Ansicht. Im wesentlichen äußerte er sich folgendermaßen: «Wer weiß, vielleicht hält sich bei uns alles noch irgendwie durch den Krieg und würde ohne ihn nur schneller zusammenbrechen.»

Freilich wäre es einem bei dem Gedanken, daß nur der Krieg Rußland zugrunde richte, auch nicht leichter ums Herz geworden. Selbst der Weiseste hätte weder damals noch später einen Modus gefunden, ihn ohne kolossale Einbuße für Rußland – sowohl moralischer als auch materieller Art – zu beenden. Wenn jedoch in den ersten Wochen klar erkannt worden wäre, daß der Krieg für Rußland hoffnungslos zu Ende war und daß alle Versuche, ihn zu verlängern, zu nichts führen würden, hätte es in dieser Hauptfrage eine andere Orientierung geben und – wer weiß – die Katastrophe vielleicht abgewendet werden können. Ich will damit nicht sagen, daß einzig und allein die Revolution die Armee zersetzt hat, und weniger als jeder andere bin ich geneigt, die verderbliche Rolle jener sogleich einsetzenden verbrecherischen und verräterischen Propaganda zu verharmlosen. Auch bin ich weniger als jeder andere geneigt, die Schlaffheit und Gleichgültigkeit der Provisorischen Regierung gegenüber dieser Propaganda zu rechtfertigen. Und trotzdem bin ich zutiefst davon überzeugt, daß eine einigermaßen erfolgreiche Kriegführung einfach unvereinbar war mit den Aufgaben, die infolge der Revolution im Lande selbst entstanden waren, sowie mit den Bedingungen, unter denen diese Aufgaben gelöst werden mußten.

Mir scheint, auch Gutschkow war sich dessen bewußt. Ich erinnere mich an seine Rede auf der Sitzung am 7. März, die ganz auf das Thema abgestimmt war: «Es geht nicht um Fettlebe, es geht um das Leben!» Von dieser Rede ging eine solche Hoffnungslosigkeit aus, daß ich ihm nach der Sitzung auf seine Frage, was meine Meinung sei, antwortete, seine Beurteilung der Lage, wenn sie denn richtig sei, lasse keine andere Schlußfolgerung zu als die Notwendigkeit eines Separatfriedens mit Deutschland. Gutschkow stimmte dem zwar nicht zu, konnte eine solche Schlußfolgerung aber auch nicht widerlegen. An diesem denkwürdigen Abend schlug er mir nach der Sitzung vor, mit ihm in die Wohnung des Kriegsministers zu fahren (die er zu jener Zeit bereits bewohnte) und bei seinem Gespräch über eine direkte Leitung mit General Alexejew zugegen zu sein. «Wir wollen sehen, was er uns sagen wird.»

Was General Alexejew berichtete, klang im höchsten Grade düster. In dem kolossalen Durcheinander, das in den ersten Tagen der Revolution entstanden war, hatte er sofort die Elemente fortschreitender Zersetzung und die gewaltige Gefahr erkannt, von der die Armee bedroht war. Gutschkow teilte ihm den voraussichtlichen Inhalt des Aufrufes mit und fragte ihn, ob er annehme, daß dieser Aufruf etwas nützen könne. Alexejew bejahte. Bei dieser Gelegenheit möchte ich darauf hinweisen, daß fast gleichzeitig mit dem von mir geschriebenen Aufruf ein ähnlicher, im Kriegsministerium abgefaßter und auch ein Truppenbefehl erschien. Sie alle entwickelten die gleichen Gedanken, blieben aber alle völlig ergebnislos.

Gutschkow – und das ist charakteristisch – gelangte als erstes Regierungsmitglied zu der Überzeugung, daß die Arbeit der Provisorischen Regierung hoffnungslos und nutzlos sei und daß man «zurücktreten müsse». Über dieses Thema sprach er mehrmals in der zweiten Aprilhälfte. Jedesmal forderte er, daß die Provisorische Regierung ihre Vollmachten niederlege, wobei er sich mit der Diagnose der Lage und der Prognose der Zukunft selbst das Epitaph schrieb. Die bekannte Erklärung der Provisorischen Regierung vom 23. April (auf die ich noch zu sprechen komme) geht auf diese Gespräche zurück. «Wir müssen Rechenschaft darüber ablegen, was wir getan haben und warum wir nicht weiterarbeiten können. Wir müssen eine Art politisches Vermächtnis schreiben.» Die Erklärung vom 23. April hatte jedoch eine andere Tonart und kam zu anderen Schlußfolgerungen. Ich glaube, daß sie jener letzte Tropfen war, der das Faß zum Überlaufen brachte und Gutschkows Entschluß bewirkte, aus der Provisorischen Regierung auszuscheiden.

In den zwei Monaten, in denen Gutschkow den Posten des Kriegsministers innehatte, blieb seine Rolle in der Provisorischen Regierung unklar. Auf den Sitzungen war er, wie ich bereits sagte, nur selten anwesend. Noch seltener ergriff er das Wort. Bei aufkommenden Konflikten bemühte er sich um einen Ausgleich; doch bei dem denkwürdigen Zusammenstoß zwischen Kerenskij und Miljukow über die Frage der Kriegsziele und die Aufgaben der Außenpolitik blieb er im Hintergrund und unterstützte weder die eine noch die andere Seite. Überhaupt schien er sich mit Vorbedacht im Hintergrund zu halten. Sein Ausscheiden aus der Provisorischen Regierung kam überraschend. Ich erinnere mich, daß Nekrassow dieses Ausscheiden einen «Schlag in den Rücken» nannte. Doch Gutschkow selbst gab sich entschieden Mühe zu beweisen, daß Fürst Lwow mit dem Rücktritt des Kriegsministers hätte rechnen müssen, da er, Gutschkow, kategorisch und rechtzeitig darauf aufmerksam gemacht habe.

Eine außerordentlich charakteristische Figur in der Provisorischen Regierung war I. W. Godnjow, der Staatskontrolleur. Ihn kannte ich überhaupt nicht, nicht einmal vom Sehen; zum ersten Mal traf ich ihn auf den Sitzungen der Provisorischen Regierung. Da ich seinem Namen ständig in den Dumaberichten begegnet war, und zwar im Zusammenhang mit verschiedenen juristischen Fragen sowie mit Auseinandersetzungen über Gesetzesauslegungen, hatte ich mir von ihm eine Vorstellung gemacht; ich vermutete in ihm einen Kenner unseres Rechts, einen Menschen, der, wenn er vielleicht auch keine juristische Spezialausbildung erhalten, sich doch die entsprechenden Kenntnisse in der Praxis angeeignet hatte und sich in juristischen Fragen auskannte. Außerdem nahm ich an, daß Godnjow eine der großen politischen Figuren der Staatsduma war.

Ich erinnere mich gut an den Eindruck, den er bei unserer ersten Begegnung auf mich machte. Er selbst wie auch sein ganzes Benehmen und natürlich am meisten die Art und Weise, wie er an die eine oder andere politische oder juristische Frage heranging, trugen den Stempel einfältigsten Philistertums und tiefsten Provinzialismus, es lag darin etwas in höchstem Grade Naives und Beschränktes. Sein Respekt vor dem Legalitätsprinzip hatte etwas Ehrbares, ja Rührendes, aber da er völlig unfähig war, sich in den ständigen Konflikten zwischen der neuen Ordnung und den unabänderlichen Regeln der grundlegenden Gesetze zurechtzufinden, geriet er bei jedem Schritt in eine Sackgasse, war von quälender Ratlosigkeit geplagt und regte sich rechtschaffen auf. Als politische Größe verhielt er sich völlig passiv; auch geriet er jedesmal außer sich, wenn es innerhalb der Regierung zu heftigen Wortgefechten und Auseinandersetzungen kam. Ein durchaus redlicher Mensch, von den besten Absichten erfüllt und die aufrichtigste Hochachtung verdienend, war er in der Provisorischen Regierung das personifizierte Mißverständnis und blieb offenbar nur aufgrund des Trägheitsgesetzes auf seinem Posten und weil es dafür keinen Wunschkandidaten gab. Als sich (im Juli) die Kandidatur Kokoschkins anbot, gab Godnjow, der widerspruchslos mit Zereteli und Skobelew zusammengesessen hatte, ebenso widerspruchslos und wahrscheinlich erleichterten Herzens sein Amt ab.

Der Oberprokurator des Heiligen Synods, W. N. Lwow, war wie Godnjow von den besten Absichten beseelt und beeindruckte ebenfalls durch Naivität, dazu aber auch noch durch ein unwahrscheinlich leichtsinniges Verhalten – nicht gegenüber seinen speziellen Aufgaben, sondern im Hinblick auf die allgemeinen Herausforderungen, vor die sich die Provisorische Regierung jeden Tag gestellt sah. Er trat stets mit großem Eifer und großer Begeisterung auf und rief damit jedesmal größte Heiterkeit nicht nur bei den Regierungsmitgliedern, sondern auch bei den Kanzleibeamten hervor.

Ich kann nicht umhin, hier eine Episode einzuflechten, die sich erst sehr viel später zugetragen hat, die aber doch einiges zur Charakteristik W. N. Lwows beiträgt.

Es war in der letzten Augustdekade (1917), am Dienstag jener Woche, an deren Ende Kornilow gegen Petersburg heranrückte. Am Morgen rief Lwow mich an und sagte, er habe ein wichtiges und eiliges Anliegen, über das er mit Miljukow als dem Vorsitzenden des Zentralkomitees und auch mit Winawer als dessen Kollegen zu sprechen versucht habe; er habe aber weder den einen noch den andern erreichen können (anscheinend waren sie fortgefahren), deshalb wende er sich an mich und bitte mich, einen Zeitpunkt zu bestimmen, an dem er sich mit mir treffen könne. Wir verabredeten, daß er um sechs Uhr abends zu mir kommen sollte. Ich verspätete mich etwas, und als ich zu Hause anlangte, saß Lwow bereits bei mir im Arbeitszimmer. Er trug eine geheimnisvolle, sehr bedeutsame Miene zur Schau. Ohne ein Wort zu sprechen, hielt er mir ein Papier entgegen, auf dem etwa folgendes geschrieben stand (ich konnte den Text nicht abschreiben, aber ich erinnere mich sehr deutlich): «Der General, der Ihr Visavis am Tisch war, bittet Sie, die der Konstitutionell-Demokratischen Partei angehörenden Minister aufzufordern, an dem und dem Tag im August (angegeben war das Datum, an dem fünf Tage später der Aufmarsch Kornilows erfolgte, ich glaube, es war der 28. August; im Moment kann ich es nicht genau rekonstruieren, nach den Zeitungen aber dürfte das nicht schwierig sein) zurückzutreten, einerseits um der Regierung neue Schwierigkeiten zu bereiten, andererseits aber auch im Interesse der eigenen Sicherheit.» Es waren einige Zeilen in der Mitte des Blattes, ohne Unterschrift.

Ich begriff nicht und fragte Lwow, was dieses Rätsel zu bedeuten habe und was eigentlich von mir verlangt werde. «Nur, die Minister der Konstitutionell-Demokratischen Partei davon in Kenntnis zu setzen.» – «Aber», sagte ich, «solche anonymen Hinweise und Aufforderungen werden in deren Augen kaum von Bedeutung sein.» – «Fragen Sie mich nicht weiter, ich habe nicht das Recht, irgend etwas hinzuzufügen.» – «Aber dann, ich wiederhole, sehe ich nicht, welchen praktischen Gebrauch ich von Ihrer Mitteilung machen soll.» Nach ein paar geheimnisvollen Sätzen und Andeutungen erklärte Lwow schließlich, daß er offen sprechen wolle, aber mein Ehrenwort verlange, daß das Gesagte unter uns bleibe, «sonst könnte man mich selbst verhaften». Ich erwiderte, daß ich mir das Recht vorbehalten möchte, das, was ich von ihm erfahre, Miljukow und Kokoschkin mitzuteilen, womit er sich sofort einverstanden erklärte. Dann sagte er mir folgendes: «Von hier werde ich zu Kerenskij fahren und ihm ein Ultimatum überbringen: Es wird ein Umsturz vorbereitet; das Programm für eine neue Macht mit diktatorischen Vollmachten ist bereits ausgearbeitet. Kerenskij soll der Vorschlag gemacht werden, dieses Programm anzunehmen. Falls er ablehnt, kommt es zum endgültigen Bruch mit ihm, und dann bleibt mir, der ich Kerenskij nahestehe und ihm gewogen bin, nur noch übrig, mich um die Rettung seines Lebens zu kümmern.»

Auf meine weiteren Fragen nach den Zusammenhängen schwieg Lwow hartnäckig; er habe ohnehin schon zuviel gesagt. Soweit ich mich erinnere, fiel der Name Kornilows nicht, aber es stand fest, daß das Ultimatum vom Hauptquartier ausging. Damit endete unser Gespräch, und Lwow fuhr zu Kerenskij. Soweit sich aus den Meldungen schließen läßt, die später veröffentlicht wurden, hielt sich Lwow bei diesem ersten Gespräch mit Kerenskij ganz und gar nicht an den Plan, von dem er zu mir gesprochen hatte. Er stellte keinerlei Ultimatum (das geschah erst Ende der Woche, nachdem

Lwow nach Moskau gefahren und wieder zurückgekehrt war), sondern sprach lediglich über verschiedene Thesen und Forderungen, die von verschiedenen gesellschaftlichen Gruppierungen ausgingen. So jedenfalls gab Kerenskij das Gespräch wieder, und Lwow widersprach dem nicht. Ich hatte danach leider keine Gelegenheit mehr, mich mit Lwow zu treffen, und der ganze Vorfall ist mir bis heute nicht so recht klar.

Entweder hatte Lwow sein Vorhaben auf dem Weg ins Winterpalais völlig geändert, oder Kerenskij hatte bereits seit fünf Tagen gewußt, was da vorbereitet wurde. Ich persönlich neige eher zu der zweiten Annahme. Leider habe ich jetzt, da ich diese Zeilen schreibe*, Kerenskijs Buch noch nicht gelesen, in dem er sein Wissen über die Kornilow-Affäre darlegt und es mit allen möglichen späteren Zusätzen ausschmückt. Doch wenn derart verantwortungsvolle Aufträge tatsächlich einem Menschen wie W. N. Lwow übertragen wurden, so zeugt das lediglich davon, daß die Initiatoren des Umsturzes eine sehr schlechte Menschenkenntnis besaßen und außerordentlich leichtsinnig handelten. Miljukow äußerte später die Vermutung, Lwow habe sich bei der ganzen Geschichte «grausam verrechnet». Ich wiederhole: Für mich bleibt sie rätselhaft. Ich muß ergänzen, daß ich noch am gleichen Abend Kokoschkin über mein Gespräch berichtete und auch unseren anderen Ministern (Oldenburg und Kartaschow), mit denen ich mich fast täglich in der Wohnung A. G. Chruschtschows traf. Ich erinnere mich, daß ich sie bat, auf Kerenskijs Verhalten bei der Abendsitzung zu achten. Kerenskij, stellten sie später übereinstimmend fest, habe sich genauso verhalten wie immer.

Zur Charakteristik W. N. Lwows noch ein Zusatz: Als Miljukow die Provisorische Regierung auf zwei Sitzungen mit unseren «Geheimverträgen» bekanntmachte, konnte nichts aufrichtiger, unmittelbarer und naiver sein als Lwows Unwille. Er qualifizierte diese Verträge als räuberisch und gaunerhaft und sprach sich, wie ich glaube, dafür aus, sich sofort davon zu distanzieren. Besonders

* Ende Juli 1918

empört war er über Italien und die «Annexionen» (damals war das noch kein geflügeltes Wort), die es sich ausbedungen hatte. Mit ebensolcher Direktheit sprach er über die «Idioten und Schurken», die im Synod saßen. Seine Reden waren von einer fast komischen Verzweiflung erfüllt. Unbestritten besaß W. N. Lwow manche positiven Züge: Er war kein politischer Intrigant, er gab sich ganz und gar der Aufgabe hin, die er sich gestellt hatte: der Gesundung der obersten Kirchenleitung. Unglücklicherweise war er dieser Aufgabe entschieden nicht gewachsen. Ebenso wie Godnjow trat er widerspruchslos seinen Platz ab, als dieser für einen anderen benötigt wurde. Ungeachtet der ganzen Energie, die er während der fünf Monate, da er den Posten des Oberprokurators innehatte, aufwandte, weiß ich nicht, ob seine Tätigkeit irgendwelche Spuren in der «Verwaltungsbehörde der orthodoxen Konfession» hinterlassen hat.

Ich habe bereits davon gesprochen, wie sehr mich das Auftauchen M. I. Tereschtschenkos auf dem Posten des Finanzministers überraschte. Anfangs wollte ich nicht einmal glauben, daß es sich um denselben glänzenden jungen Mann handelte, der einige Jahre zuvor am Petersburger Horizont erschienen war, in Theaterkreisen Eingang fand, als leidenschaftlicher Musikliebhaber und Kunstmäzen bekannt wurde und zu Beginn des Krieges dank seines kolossalen Reichtums und seiner Beziehungen eine führende Rolle beim Roten Kreuz spielte. Später stand er an der Spitze des Kiewer Kriegsindustriekomitees, und auf einem in Petersburg stattfindenden Kongreß hielt er eine Rede, die man als Rede eines «reumütigen Kapitalisten» einstufen konnte. Das war sein einziger öffentlicher Auftritt, von dem ich gehört hatte. Ich wußte nicht, daß er in offenbar recht engen Beziehungen zu Gutschkow und Nekrassow stand und sich des Wohlwollens Rodsjankos erfreute. Auch weiß ich bis heute nicht genau, wer seine Kandidatur vorgeschlagen hat. Er soll sich heftig dagegen gewehrt haben. Gegenwärtig erinnert man sich an ihn vor allem als an den Außenminister, der diesen Posten sechs Monate lang innehatte, von Anfang Mai bis Ende Oktober, also bis zum Sturz der Provisorischen Regierung.

Als Finanzminister hat Tereschtschenko während der zwei Monate, die er diesen Posten bekleidete, wie es scheint, keine besonderen Spuren hinterlassen. Er war hauptsächlich mit der Ausgabe der berühmten Freiheitsanleihe befaßt. Ich erinnere mich, daß seine Vorträge in der Provisorischen Regierung immer sehr klar waren, knapp und bündig. Über seine Eigenschaften als Finanzminister möchte ich eigentlich nicht urteilen. Er erfaßte schnell die äußere Seite einer Sache, vermochte sich zu orientieren, verstand es, auf Menschen zuzugehen und mit ihnen über Dinge zu sprechen, die ihnen angenehm waren und ihren Ansichten entsprachen. In seiner Tätigkeit als Außenminister setzte er sich zum Ziel, die Politik Miljukows fortzusetzen, aber so, daß der Rat der Arbeiter- und Soldatendeputierten ihm nicht hineinreden konnte. Er wollte alle blenden, und eine Zeitlang gelang ihm das auch. Im September 1917 erwarteten die Sozialisten nichts mehr von ihm, sie waren enttäuscht; Suchanow-Gimmer hatte bereits sehr viel früher in der Zeitschrift «Nowaja shisn» eine Kampagne gegen ihn begonnen. Im Juli und August bildete Tereschtschenko gemeinsam mit Nekrassow und Kerenskij das Triumvirat, das die gesamte Politik der Provisorischen Regierung bestimmte, und in dieser Phase ist er für die Schwäche und Heuchelei, für die Prinzipienlosigkeit und Unfruchtbarkeit der Politik mitverantwortlich, die ewig lavierte, ewig den Kompromiß suchte, auch dann, wenn der Ausweg nur im Verzicht auf den Kompromiß, in Entschiedenheit und Festigkeit bestehen konnte. Im Oktober, spätestens als der «Rat der Russischen Republik» gebildet wurde, brach Tereschtschenko demonstrativ mit den Sozialisten. Ich war unverhofft Zeuge seiner stürmischen Auseinandersetzung mit Kerenskij, den er bedrängte, ihn vom Portefeuille des Außenministers zu befreien, wobei er auf mich als seinen Nachfolger hinwies. Aber da war alles viel zu spät.

M. I. Tereschtschenko hatte ein trauriges Schicksal. Er wollte allgemeine Sympathie und allgemeines Wohlwollen erringen. Dabei schlug er nirgends, in keiner gesellschaftlichen oder politischen Gruppierung dauerhaft Wurzeln, niemandem war er teuer, keiner schätzte ihn hoch. *Ce n'était un caractère.* Bemerkenswert ist allenfalls, daß die diplomatischen Vertreter unserer Verbündeten für Tereschtschenko weitaus größere Sympathien hegten als für Miljukow. Seine *souplesse*, seine Weltläufigkeit, sein Mangel an festen Überzeugungen und durchdachten Plänen, sein völliger Dilettantismus in den Fragen der Außenpolitik – das alles machte ihn unter den gegebenen Umständen zu einem außerordentlich bequemen Gesprächspartner. Und solange die Provisorische Regierung existierte, bestand unsere gesamte internationale Politik lediglich aus Gesprächen.

Gegen Ende der Provisorischen Regierung, nach dem Ausscheiden N. W. Nekrassows, wurde Tereschtschenko von glühendem Haß gegen die Sozialisten ergriffen. Er wechselte die Front. Ich habe Grund zu der Annahme, daß dieser Gesinnungswandel unter dem Eindruck der Kornilow-Affäre zustande gekommen ist. Ich weiß nicht, wie Tereschtschenko sich zu der Zeit, da sich diese Affäre entwickelte, verhalten hat, aber ich war sehr erschüttert von dem Selbstmord Krymows, mit dem er befreundet war. Das von der gesamten «sozialistischen Front» gegen Kornilow in die Wege geleitete Kesseltreiben war für Tereschtschenko sehr bedrückend und unangenehm und empörte ihn: Davon sprach er auch zu mir. Auf dieser Grundlage, so glaube ich, kam es auch zu einer gewissen Abkühlung zwischen ihm und Kerenskij. Gleichzeitig glaubte er bis zum Schluß – oder wollte es doch – an die Möglichkeit einer Wiedergeburt der Armee und der Wiederherstellung der Front. Über dieses Thema sprach ich mit ihm im September oder Oktober 1917. Er versicherte kategorisch, daß Alexejew zum Frühjahr 1918 eine neue Armee aufstellen könne. Als der letzte Kriegsminister der Provisorischen Regierung, General Werchowskij, in der Militärkommission des Rates der Republik unumwunden erklärte, Rußland könne nicht mehr weiterkämpfen, reagierte Tereschtschenko sehr heftig. Sein Zusammenstoß mit Werchowskij auf der Kommissionssitzung war eine der denkwürdigsten Episoden der letzten Lebenstage der Provisorischen Regierung. Leider muß man zugeben, daß Werchowskij im Grunde recht hatte.

Wenn ich meine Meinung über Tereschtschenko resümiere, so

kann ich sagen, daß er bei all seinen hervorragenden Fähigkeiten und seiner unzweifelhaften *bonne volonté* nicht auf der Höhe der ihm zugefallenen politischen Aufgabe stand und auch nicht stehen konnte. Er war, ebenso wie die meisten anderen Minister, seiner Rolle nicht gewachsen. Ebensowenig wie sie vermochte er «Rußland zu retten». Und in den Monaten März bis Oktober 1917 hätte Rußland buchstäblich gerettet werden müssen.

Zu den mir weniger bekannten Mitgliedern der Provisorischen Regierung gehörte schließlich noch A. I. Konowalow, Minister für Handel und Industrie. Ich traf ihn das erste Mal im Taurischen Palais, während der ersten Tage der Revolution, und beobachtete ihn in meiner Zeit als Geschäftsführer der Provisorischen Regierung. Danach verlor ich ihn gänzlich aus den Augen und begegnete ihm erst wieder in der letzten Phase der Provisorischen Regierung, als er stellvertretender Vorsitzender war.

Er ist ein Mensch, über den ich persönlich nichts Negatives sagen könnte. Sowohl auf dem Posten des Handelsministers als auch später, als er es zu seinem Unglück für seine patriotische Pflicht hielt, dem Drängen Kerenskijs nachzugeben und erneut ins Kabinett einzutreten – in der verantwortungsvollen und schwierigen Position von Kerenskijs Stellvertreter –, befand er sich ständig in einer Märtyrerrolle und litt sehr. Ich nehme an, er glaubte keine Minute an die Möglichkeit eines glücklichen Ausgangs der Situation. Als Industrieminister sah er deutlicher und aus größerer Nähe den katastrophalen Verlauf unseres wirtschaftlichen Ruins. Später, als stellvertretender Vorsitzender, stieß er mit sämtlichen negativen Seiten von Kerenskijs Charakter zusammen.

Bereits im Oktober 1917 war sich Konowalow vollständig darüber im klaren, daß der Krieg für Rußland zu Ende war. Als um diese Zeit – sogar schon etwas früher, im September, nach der letzten Kabinettsumbildung – in der Wohnung des Fürsten Grigorij Nikolajewitsch Trubezkoi (in der Sergijewskij-Straße, im Haus Weiner, wo wir im Winter 1906/07 wohnten) eine Beratung stattfand, an der Neratow, Baron Nolde, Rodsjanko, Sawitsch, Maklakow, M. Stachowitsch, Struwe, Tretjakow, Konowalow und ich teilnahmen (ich glaube, alle aufgezählt zu haben; Miljukow nahm nicht teil, er war zu dieser Zeit auf der Krim, wohin er sich nach der Kornilow-Affäre begeben hatte), um die Frage zu erörtern, ob es möglich und nötig sei, die künftige Politik Rußlands auf den allgemeinen Frieden hin zu orientieren, unterstützte Konowalow auf das entschiedenste den Standpunkt Baron Noldes, der in einem detaillierten, tiefschürfenden und scharfsinnigen Vortrag nachwies, daß gerade eine solche Orientierung unumgänglich sei. Unglücklicherweise war es dazu bereits viel zu spät.

Das alles betrifft jedoch den zweiten Abschnitt von Konowalows Tätigkeit. Ich erinnere mich nicht, daß er im ersten Kabinett der Provisorischen Regierung eine bemerkenswerte Rolle gespielt hätte. Meistens, so scheint mir, beklagte er sich; er beklagte sich darüber, daß die Provisorische Regierung sich viel zuwenig mit dem Verfall der Industrie befasse, der nicht täglich, sondern stündlich fortschreite, einem Verfall, der in maßlos sich steigernden Forderungen der Arbeiter zum Ausdruck kam. Redegewandt war er nicht, er sprach außerordentlich einfach und aufrichtig, sozusagen treuherzig, aber mir scheint, daß in dem, was er im Kabinett vorbrachte, früher als bei anderen panische Angst anklang. Auch in Privatgesprächen berührte er oftmals diese Themen, er schien Billigung und Unterstützung zu brauchen. Für mich stellt es ein unlösbares Rätsel dar, wie A. I. Konowalow ein zweites Mal in die Provisorische Regierung unter Kerenskijs Vorsitz eintreten konnte. Offensichtlich hielt er es für seine patriotische Pflicht, sich ihr nicht zu verweigern, und glaubte, es werde ihr gelingen, bis zur Konstituierenden Versammlung durchzuhalten. Diese Fata Morgana – die Konstituierende Versammlung – weckte damals in vielen Köpfen gänzlich unerfüllbare Hoffnungen. Was dies für die Tätigkeit der Provisorischen Regierung bedeuten sollte, darüber werde ich gesondert sprechen.

Zum letzten Mal traf ich A. I. Konowalow unter tragischen Umständen, und zwar an dem Tage, da die Provisorische Regierung gestürzt wurde, am 26. Oktober. Auch über diesen Tag werde ich zu gegebener Zeit noch ausführlicher berichten.

Bis jetzt habe ich die Charakteristik und die Rolle jener Personen in der Provisorischen Regierung umrissen, die nicht meine Partei- und Gesinnungsgenossen waren. Mit einigen von ihnen schloß ich unter diesen Umständen zum ersten Mal Bekanntschaft. Nunmehr bleibt noch einiges über vier konstitutionell-demokratische Minister zu sagen: Miljukow, Schingarjow, Nekrassow und Manuilow, die ich alle seit langem kannte, wenn ich auch nur Miljukow persönlich nahestand.

Am wenigsten kannte ich Manuilow. Das erklärt sich daraus, daß Manuilow Moskauer ist; auf den Sitzungen des Zentralkomitees nahm er keinen besonders regen Anteil, und außerhalb dieser Sitzungen begegnete ich ihm fast nie. Auch während der beiden Monate, da ich mit den Geschäften der Provisorischen Regierung befaßt war, blieb Manuilow die ganze Zeit im Schatten. Er nahm sehr selten, fast niemals an den leidenschaftlichen politischen Diskussionen teil, die auf den geschlossenen Sitzungen geführt wurden. Ich möchte daran erinnern, daß Miljukow in der während des ersten Monats aufkommenden grundsätzlichen Kontroverse – über die Außenpolitik und die Einstellung zu den Kriegszielen – von Manuilow nur sehr schwach unterstützt wurde, ja ich möchte sagen, daß es eine wirkliche Unterstützung von seiner Seite überhaupt nicht gegeben hat. Andererseits erkannte Manuilow wohl früher als andere die Hoffnungslosigkeit der Provisorischen Regierung, und früher als andere sprach er davon, daß die Provisorische Regierung angesichts der unmöglichen Arbeitsbedingungen, wie sie durch die Kontrolle und die ständige Einmischung des Rates der Arbeiter- und Soldatendeputierten entstanden waren, zurücktreten müsse.

Bei seiner speziellen Tätigkeit als Minister der Volksbildung zeichnete sich Manuilow nicht durch jene Autorität aus, die von ihm zu erwarten gewesen wäre. Es ist leicht möglich, daß das nicht seine Schuld war und nicht an ihm persönlich lag. Unter anderen, normaleren Bedingungen hätten seine Qualitäten aus ihm einen vorbildlichen Volksbildungsminister gemacht, da es keinen Zweifel an seinen weitherzigen Anschauungen, seinen großen Kenntnissen und seinen Erfahrungen als Politiker und Verwaltungsfachmann geben kann. Aber im Grunde war er keine kämpferische Natur, kein Kämpfer. Auch früher schon hatte er den Rücktritt als politisches Mittel gewählt. Das mag unter Kasso vielleicht richtig gewesen sein, aber hier und in diesem Augenblick wurde etwas anderes verlangt. Manuilow wäre vielleicht durchaus geeignet gewesen für den Posten des Landwirtschaftsministers – obgleich es mir so vorkommt, als ob er seinem Temperament und seiner Mentalität nach überhaupt nicht in den revolutionären Augenblick hineinpaßte. Er imponierte niemandem. Umgekehrt wurde seine ausgeglichene Natur, die Natur eines geistigen Europäers, zutiefst von jener Atmosphäre hemmungslosen demagogischen Radikalismus angewidert, in der alle möglichen Tscharnolusskijs ihr Unwesen trieben. Ich erinnere mich an seine Verzweiflung während des Lehrerkongresses. Gerade auf dem Gebiet der Volksbildung kamen die unheilvollen Seiten unseres Jakobinerradikalismus besonders deutlich zum Vorschein, und wenn dieses Gebiet schließlich den Herrn Lunatscharskij zum Führer bekam, so läßt sich hier wohl am ehesten sagen: *Tu l'as voulu, Georges Dandin!*

Manuilow hatte eine besonders «schlechte Presse». Er wurde von rechts und von links angegriffen: von rechts wegen seiner Untätigkeit und Apathie angesichts der wachsenden revolutionären Welle und wegen der Orthographiereform (an der er bekanntlich keinen Anteil hatte; diesen Unfug hat die Akademie der Wissenschaften zu verantworten). Von links warf man ihm Bürokratismus vor, die Konservierung der Kanzleiroutine und die Heranziehung von Leuten des alten Regimes. Besondere Gereiztheit rief die Ernennung Gerassimows hervor. Manuilow war außerstande, sich zu wehren und zu polemisieren. Er ließ den Kopf hängen und gab sich der Verzweiflung hin. Im Grunde war er wohl völlig im Recht, da er die Lage als hoffnungslos erkannte. Aber auch in diesem Fall hätte er anders handeln müssen: entschlossener, ja ich möchte sagen, demonstrativer. Bei all seinen Vorzügen blieb er eine irgendwie farblose Erscheinung, und wenn seine Ernennung von allen begrüßt worden war, so riefen sein Rücktritt und seine Ablösung durch S. F. Oldenburg auf keiner Seite Bedauern hervor, ja selbst in den mit ihm sympathisierenden Kreisen bewertete man diesen Umstand eher positiv als negativ.

Am schwersten fällt es mir, über Nekrassow zu sprechen. Bereits zu Beginn meiner Aufzeichnungen habe ich erwähnt, daß ich aufgrund meiner langen Abwesenheit aus dem Zentralkomitee nur sehr schlecht über die dort (und in der Staatsduma) entstandenen persönlichen Beziehungen unterrichtet war. Ich war bereits längere Zeit als Geschäftsführer der Provisorischen Regierung tätig, als ich ein Gespräch mit A. I. Schingarjow hatte, der mir die Augen öffnete. Er erzählte mir von jenem «unterirdischen Krieg», den Nekrassow schon seit langem gegen Miljukow führte. Erst jetzt begriff ich vieles im Verhalten Nekrassows, den ich bislang nach alter Erinnerung für einen der ergebensten Freunde Miljukows gehalten hatte. Dennoch blieb mir unklar, wonach Nekrassow strebte. Indes trat sein Hang zu den Sozialisten mit jedem Tag deutlicher hervor, auch seine Annäherung an Kerenskij, auf den er mehr und mehr Einfluß erlangte und mit dem er immer häufiger das gleiche Lied sang.

Zwar kenne ich Nekrassow nicht gut genug, um mit Sicherheit über ihn urteilen zu können, aber ich fürchte, daß er sich, solange er an der Macht war, vor allem und am stärksten vom Ehrgeiz leiten ließ. Er war bestrebt, die Hauptrolle zu spielen, und er erreichte sein Ziel, aber nur, um Kerenskij zu seinem schändlichen Verhalten in der Kornilow-Affäre zu inspirieren und danach mit beschädigter politischer Reputation von der Bühne abzutreten, von früheren Freunden – sogar einem ihm so ergebenen und nahestehenden Mann wie I. P. Demidow – mit dem Beinamen «böser Genius der russischen Revolution» bedacht. Dabei gehört Nekrassow meiner tiefen Überzeugung nach zu den wenigen großen Persönlichkeiten, die in den letzten Jahren in der politischen Arena hervorgetreten sind. Er verfügt über großartige fachliche Fähigkeiten, vermag sich zu orientieren, hat einen weiten Horizont und eine praktische Auffassungsgabe. Klug, listig und beredt, versteht er es, aufrichtig und treuherzig zu erscheinen, wann immer es erforderlich ist. Doch offensichtlich stehen seine ethischen Qualitäten – ich spreche natürlich nicht von seinen persönlichen, sondern seinen öffentlichen und politischen – nicht auf der gleichen Höhe mit seinen intellektuellen. Ich möchte gern glauben, daß er letzten Endes den Sieg jener Ideen anstrebte, die ihn mit seinen Parteigenossen verbanden. Aber er wählte dazu einen ungewöhnlich kurvenreichen Weg und geriet schließlich in eine Sackgasse. Ich kann mir vorstellen, daß er in diesem Augenblick (1918) einer der unglücklichsten Menschen und daß seine politische Karriere ein für allemal beendet ist. Vertrauen ruft er bei niemandem mehr hervor, Vertrauen aber ist in jedem Fall eine absolut notwendige Voraussetzung für jeden Politiker. Eine einmal an den Tag gelegte Heuchelei wird niemals vergessen. Und Nekrassow hinterließ den Eindruck der Heuchelei – einer Maske, die sein wahres Gesicht verhüllte. Das fällt besonders deshalb auf, weil seine Manieren durch ihre scheinbare Gutherzigkeit bestechen. *Faux bonhomme* – wie die Franzosen es treffend ausdrücken: wohl die unangenehmste Sorte eines Menschen im allgemeinen und eines Politikers im besonderen.

Wenn man schließlich berücksichtigt, daß das konstitutionelldemokratische Element in der Provisorischen Regierung vor allem von Miljukow verkörpert wurde, muß man sagen, daß einzig und allein Schingarjow rückhaltlos, von ganzem Herzen und bis zum Schluß den Parteiführer unterstützte und ihm eine Hilfe war.

Da ich diese Zeilen schreibe, ist bereits mehr als ein halbes Jahr seit dem tragischen Tod Schingarjows vergangen, doch noch immer fällt es mir schwer, selbst in diesen Aufzeichnungen, völlig frei über den Verstorbenen zu sprechen. Zu hoch war der Preis, den er für sein heldenhaftes Leben gezahlt hat. Trotzdem will ich mich bemühen, auch hier die ganze Wahrheit zu schreiben, wie sie sich mir darstellt. Und diese Wahrheit besteht darin, daß Schingarjow sein ganzes Leben lang derselbe blieb, der er unter normalen Bedingungen gewesen wäre: ein russischer Provinzintelligenzler, ein Vertreter des dritten Standes, sehr begabt, sehr fleißig, mit heißem Herzen, kristallklaren Motiven und von großer geistiger Spannkraft, überaus gewinnend und sympathisch als Mensch, aber letzten

Endes nicht für den Staat als Ganzes «berechnet», sondern für ein Gouvernement oder einen Kreis. Ganz zufällig wurde er Finanzfachmann. Aufgrund seines Talentes und seines Fleißes eignete er sich auf diesem Gebiet soviel an, daß er von der Dumatribüne herab erfolgreich im Namen der Opposition auftreten und so manchen Sieg erringen konnte. Aber als wirklicher Kenner – als Theoretiker oder Praktiker – vermochte er keineswegs zu imponieren. Zu offensichtlich war sein Dilettantismus, seine ungenügende Schulung und sein beschränkter Horizont.

Dank seiner persönlichen Eigenschaften und seines erstaunlichen Charmes war Schingarjow in der Duma einer der populärsten und beliebtesten Abgeordneten. Die Presse beschäftigte sich mit ihm. Die Regierung mußte stark mit ihm rechnen. Viele Leute wandten sich täglich aus dem einen oder anderen Grund an ihn. In der Partei besaß er eine gewaltige Popularität. Wenn sie Miljukows Popularität nachstand, so vielleicht nur in dem Sinn, daß man Miljukow als Verstandesmensch, als geistigen Führer und als Staatsmann höher stellte; Schingarjow hingegen wurde mehr geliebt, besonders in der Provinz, wo seine Reden, Vorträge und Vorlesungen immer außerordentlichen Anklang fanden. Der Mittelstand fühlte sich geistig mehr zu Schingarjow hingezogen als zu Miljukow. Er war ihnen näher und schien ihnen einer ihresgleichen zu sein.

Als Redner stand Schingarjow natürlich Maklakow ebenso nach wie Roditschew, wenn der in Form war. Kraft war bei ihm äußerst selten zu spüren. Auch Bildhaftigkeit und Klarheit ließen seine Reden vermissen. Er konnte weder fesseln noch ins Herz treffen, schon gar nicht erschüttern. Außerdem spürte man in seinen Reden – die obendrein immer sehr wortreich waren – nicht jenen gewaltigen Reichtum an Ideen und Kenntnissen, den man so deutlich bei Miljukow wahrnahm. Er bezauberte nicht wie Maklakow, erregte nicht und spannte die Nerven nicht wie Roditschew. Aber er sprach leicht und frei, sein Gedankengang war immer klar und verständlich, nicht selten war seine Polemik erfinderisch und geistreich, seine Art zu sprechen und seine Stimme nahmen sehr für ihn ein. Auch wenn man ihm als Redner nicht immer die volle Aufmerksamkeit schenkte, so hatte man doch fast nie das Gefühl, daß ihm zuzuhören keinen Sinn habe. Dostojewskij sagt in den «Dämonen», daß man keinem Redner länger als zwanzig Minuten zuhören könne. Für unser Provinzpublikum trifft das ganz und gar nicht zu. Es liebt den Wortreichtum und betrachtet die Langeweile, die es empfindet, als Beweis für die Ernsthaftigkeit und den Wert der Rede oder des Vortrags. Nicht umsonst hatten solche grauen Unbegabtheiten wie Gredeskul in der Provinz stets gewaltige Erfolge.

Gegen Ende der Vierten Duma stand Schingarjows Autorität in hohem Ansehen. Und für jeden objektiven Beobachter war deutlich, wie sehr sein Selbstgefühl und seine Selbstsicherheit zugenommen hatten, besonders nach der Auslandsreise von Mitgliedern der Duma im Frühjahr 1916. Man konnte spüren, daß Schingarjow leicht schwindlig geworden war von der Höhe, auf die er, der bescheidene Landarzt, nicht durch einen zufälligen Erfolg, nicht von fremder Hand, sondern durch eigene Arbeit emporgetragen worden war. Ohne die Staatsduma hätte Schingarjow das ehrliche und anständige Leben eines intelligenten und fleißigen Mannes von lokaler Bedeutung geführt. Die Staatsduma hatte ihn in die ersten Reihen gestellt und alle darauf vorbereitet, in Schingarjow einen der unbestrittenen Kandidaten für ein Ministerportefeuille zu sehen, sobald erst die alte Bürokratie gestürzt sein würde. Und hier versank er sogleich im Meer einer die Kräfte eines einzelnen Menschen übersteigenden und nicht zu bewältigenden Arbeitsfülle. Er vertraute nur wenigen und verließ sich nur auf wenige. Er wollte sich mit allem persönlich befassen, doch das war physisch unmöglich. Er arbeitete vermutlich 15 bis 18 Stunden am Tag, war sehr bald übermüdet und verlor schnell seine Munterkeit und Lebensfreude. Auf den Sitzungen der Provisorischen Regierung sprach er sehr viel, aber gerade hier zeigte sich, daß seine Kräfte nicht ausreichten. In den Sitzungen fühlte er sich wie auf der Tribüne der Staatsduma, er sprach lange und schrecklich wortreich, wurde selbst müde und ermüdete auch die anderen bis aufs äußerste. Dabei konnte man ihn durch nichts mehr beleidigen als durch die Worte:

«Andrej Iwanytsch, geht es nicht etwas kürzer?» Er erwiderte in solchen Fällen: «Ich brauche auch überhaupt nicht zu sprechen», woraufhin er sich dann nötigen ließ.

Kerenskij und dem ganzen sozialistischen Sumpf stand er negativ und feindselig gegenüber, aber er war nicht nur außerstande, energisch gegen sie zu kämpfen, sondern er spielte den Sozialisten im Gegenteil noch in die Hände durch solche Maßnahmen wie die Schaffung der Landkomitees, denen die unbearbeiteten Gutsländereien übergeben wurden, sowie (bereits als Finanzminister) die durch nichts gerechtfertigte und völlig unangemessene Erhöhung der Einkommensteuer; damit schuf er sich unversöhnliche Feinde unter den Landeigentümern und den vermögenden Klassen generell. An sein Gesetz über die Einführung des Getreidemonopols glaubte er selbst nicht recht. Nebenbei gesagt: Die in diesem Gesetz festgeschriebenen Preise änderten sich bis zur letzten Minute unaufhörlich. Wie es scheint, mußte man am Ende in vielen Fällen den Dingen ihren Lauf lassen. In allgemeinen politischen Fragen und in der Außenpolitik stand Schingarjow fest auf seiten Miljukows, aber ich vermag mich an keine starken oder markanten Reden von ihm zu erinnern.

Nach seinem endgültigen Ausscheiden aus der Provisorischen Regierung wurde Schingarjow überaus reizbar, gallig, ja ich möchte sagen: boshaft. Im Zentralkomitee war es schwierig, mit ihm zu streiten, da er auf jeden Einwand empfindlich reagierte, als sei dieser gegen ihn persönlich gerichtet. Bisweilen sprach er außerordentlich heftig. Persönliche Schicksalsschläge, die ihn während dieser Zeit trafen (der Tod seiner Frau), trugen zur Zerrüttung seiner ohnehin schon strapazierten Nerven bei. Er wurde schwierig im Umgang, und nur gegen wenige – darunter gegen mich – behielt er sein früheres Verhalten und seine früheren Umgangsformen unverändert bei. N. I. Lasarewskij erzählte mir, daß es sehr schwierig sei, mit Schingarjow zusammenzuarbeiten. Nach N. I.s Worten war er ungewöhnlich reizbar und mißtraute allen in seiner Umgebung mit Ausnahme eines kleinen Kreises ihm nahestehender und von ihm persönlich ausgewählter Personen. Sein Tod im

Januar 1918 ist eine der tragischsten und zugleich sinnlosesten Episoden in der blutigen Geschichte des Bolschewismus.

Wie ich wohl schon sagte, besteht kein Zweifel daran, daß die intellektuell und politisch machtvollste Größe in der Provisorischen Regierung Miljukow war. Ich halte ihn überhaupt für einen der bemerkenswertesten Menschen in Rußland und will versuchen, ihn etwas detaillierter zu charakterisieren.

Ich hatte viel und oft Gelegenheit, Miljukow zu hören: im Zentralkomitee, auf Parteikongressen und Versammlungen, auf Meetings und bei öffentlichen Vorlesungen sowie in staatlichen Institutionen. Seine Qualitäten als Redner hängen eng mit den Grundzügen seiner geistigen Persönlichkeit zusammen. Am erfolgreichsten ist er immer dann, wenn die eine oder andere Situation polemisch analysiert werden muß. Ironie und Sarkasmus stehen ihm uneingeschränkt zur Verfügung. Mit seinen großartigen, durch Logik und Klarheit bestechenden Gedankenreihen vermag er seinen Gegner zu vernichten. Auf Meetings gelang es den Rednern der gegnerischen Parteien niemals, ihn in Verlegenheit oder aus der Fassung zu bringen. Um die äußere Form seiner Rede kümmert er sich wenig. Sie hat nichts Bildhaftes an sich, keine plastische Schönheit. Aber sie weist auch niemals das auf, was die Franzosen *du remplissage* nennen. Wenn er in seinen Reden und Schriften mitunter wortreich ist, so nur deshalb, weil er einen Gedanken mit erschöpfender Gründlichkeit zum Ausdruck bringen muß. Doch auch hier zeigt sich seine völlige Mißachtung äußerer Gegebenheiten, gepaart mit seltener Unermüdlichkeit. Zu später nächtlicher Stunde, nach einem ganzen Tag hitziger Diskussionen, beginnt er, sobald die Reihe an ihm ist, ruhig und methodisch zu sprechen, und sogleich verschwinden für ihn alle nebensächlichen Überlegungen: Ihn interessiert nicht die Müdigkeit der Zuhörer, er achtet nicht darauf, daß sie vielleicht einfach nicht imstande sind, seinen Gedanken zu folgen. Auch in seinen Zeitungsartikeln läßt er rein journalistische Überlegungen beiseite. Wenn er zweihundert Zeilen braucht, so schreibt er zweihundert Zeilen, aber wenn seine Gedanken und seine Argumentation sich darin nicht unterbringen lassen, so macht es ihm überhaupt nichts aus, wenn sich ein Leitartikel über drei Spalten hinzieht.

Miljukow lebt und lebte wie viele andere in einer für seine persönlichen Talente äußerst ungünstigen Zeit. Auf Geheiß des Schicksals kam Miljukow zu einer Zeit nach oben, als vor allem eines gefordert war: eine starke, nicht schwankende und auch vor den entschiedensten Maßnahmen nicht zurückschreckende Macht, ein Höchstmaß an Einigkeit und Solidarität unter den Mitgliedern der Regierung und volles Vertrauen untereinander. Er fand sich an die Spitze eines Amtes versetzt, das die Außenpolitik bestimmte, dabei bestand in den Ansichten über die Voraussetzungen dieser Politik zwischen ihm und derjenigen Strömung, die sich in Kerenskij verkörperte, eine tiefe Diskrepanz. Kerenskij bekannte sich in meiner Anwesenheit wenn nicht direkt zu den Zimmerwaldern, so doch jedenfalls zu jenen Elementen, die Zimmerwald geistig nahestanden. Miljukow führte in der Presse ebenso wie in der Staatsduma von Anfang an einen heftigen Kampf gegen Zimmerwald. Der Idee eines Friedens ohne Annexionen und Kontributionen stand er absolut fremd und feindlich gegenüber. Er war der Meinung, es wäre von unserer Seite unsinnig und einfach verbrecherisch, im Namen der humanitären und kosmopolitischen Ideen des internationalen Sozialismus auf die «gewaltigste Kriegsbeute» – so hatte Grey Konstantinopel und die Dardanellen genannt – zu verzichten. Vor allem aber glaubte er, daß diese Beute unseren Händen tatsächlich noch nicht entglitten war. Das hängt zusammen mit seinen allgemeinen Anschauungen über die Bedeutung der Revolution für den Krieg. Hier liegt der Schlüssel zu der von Rußland durchlebten Tragödie.

Es ist gut bekannt, wie Miljukow sich angesichts des drohenden Kriegsausbruchs im Juni und Juli 1914 verhielt. Er schrieb darüber als über eine schreckliche und furchtbare Gefahr, in der gewaltige Katastrophen lauerten. Freilich legten weder er noch sonst jemand von den Politikern sich Rechenschaft darüber ab – und sie wären dazu auch gar nicht imstande gewesen –, wie sehr der Krieg Europa verwandeln und was er aus Rußland machen würde. Vor allem aber hätte niemand auf der ganzen Welt, hätte man ihm 1914 gesagt, daß die damals dreizehnjährigen Kinder noch eingezogen werden würden, dies geglaubt; daß der Krieg nach vier Jahren noch in vollem Gange sein und daß auch zu diesem Zeitpunkt wenig Aussicht auf sein nahes Ende bestehen würde, schien unvorstellbar. Dennoch war Miljukow sich durchaus bewußt, welches Risiko mit der europäischen Kriegserklärung für Rußland verbunden war und wie wenig Aussicht bestand, daß die «historische Macht», die sich als so hoffnungslos unfähig und grenzenlos unbegabt erwiesen hatte, Rußland friedlich zu regieren, zur Höhe jener Aufgaben emporwachsen könnte, die vor ihr standen. Deshalb rief er in einer Artikelserie in der Zeitung «Retsch» mit seiner ganzen Überzeugungskraft zu Kaltblütigkeit, Selbstbeherrschung und Mäßigung auf. Gut bekannt ist auch, mit welcher Bosheit damals unsere militante nationalistische Presse mit dem «Nowoje wremja» an der Spitze über ihn herfiel. Es ging um das «Eintreten für Serbien», und da Miljukow als bulgarophil galt und folglich als serbophob, sah man in seinen Äußerungen eine feindliche Einstellung gegen das «kleine Serbien» – oder schrieb sie ihm doch zu – sowie Gleichgültigkeit gegenüber dem internationalen Prestige Rußlands. Es begann eine wütende Hetze, die die Schließung der Zeitung «Retsch» (allerdings nur kurzzeitig) am Tage der Kriegserklärung zur Folge hatte.

Der Krieg begann, und sogleich nahm Miljukow eine ganz eindeutige Position ein. Sowohl in der Staatsduma als auch in der Partei und in der Zeitung «Retsch» begann er eine energische Kampagne zur Steigerung der Kriegsbegeisterung. Die Devise «Krieg bis zum siegreichen Ende» gehört einer späteren Zeit an, ihre Wurzeln aber reichen bis in die ersten Kriegstage zurück. Als klar wurde, daß England sich Frankreich und Rußland anschließen würde, gewann die Überzeugung, daß es möglich sei, den Krieg schnell zu beenden und Deutschland zu schlagen, gänzlich die Oberhand. Ich erinnere mich lebhaft, wie ich im August oder September beim Mittagessen in einem Restaurant Graf P. N. Ignatjew, einen alten Freund von mir, traf, der mir allen Ernstes und offenbar von der Realisierbarkeit des Planes überzeugt, erzählte, daß Rennenkampf direkt auf Berlin marschieren werde, dabei die Festungen und Verteidigungsanlagen umgehend; er setze seinen Kopf zum Pfand, daß er in zwei Monaten in Berlin sein werde. Ich erinnere mich auch, wie ich das erste Mal aus Staraja Russa, wo mein Regiment aufgestellt wurde, an A. I. Kaminka schrieb, daß ich mich von Tag zu Tag mehr von der Ungeheuerlichkeit des begonnenen Unternehmens und von der Unmöglichkeit, es rasch zu realisieren, überzeugen müsse. Doch unsere ersten Erfolge in Ostpreußen und dann auch in Galizien beflügelten unsere Hoffnungen, und erst die schrecklichen Überraschungen in der zweiten Hälfte des Winters 1914/15 machten offenbar, wie oberflächlich sie waren. Zugleich änderte die Staatsduma jäh ihre Taktik gegenüber der Regierung. *Mot d'ordre* im Herbst 1914 war die Unterstützung des Kabinetts, etwas in der Art der französischen «Union Sacré». Zum Frühjahr 1915 hin aber zeigte sich, daß die Unterstützung Suchomlinows, Maklakows und Schtscheglowitows nur bedeuten konnte, Rußland bewußt einer Niederlage, ja einer Katastrophe entgegenzuführen. Und nun begann der Kampf. Verlauf und Peripetien dieses Kampfes sind bekannt. Bekannt ist auch die Rolle, die Miljukow dabei spielte, und hier zeigte sich von Anfang an jenes tragische Mißverständnis, das sich auf den gesamten Verlauf der russischen Revolution auswirken und zum Untergang Rußlands führen sollte.

Mit welchem Ziel wurde dieser Kampf geführt? Offenbar vor allem und sozusagen ex professo mit dem Ziel, daß in Rußland eine Regierung ans Ruder käme, die die bereits begangenen Fehler und Irrtümer zu berichtigen sowie die Versorgung und Auffüllung der Armee zu organisieren imstande wäre. Mit anderen Worten, der Kampf hatte zum Ziel, eine Macht zu etablieren, die besser und geschickter Krieg zu führen vermochte. Indes gewannen alle Umbesetzungen in der Regierung mehr und mehr den Charakter eines verrückten Ministerkarussells. Anständige und tüchtige Leute wie Fürst Schtscherbatow oder Poliwanow blieben nicht lange auf ihren Posten. An ihrer Stelle wurden entweder so unbedarfte Talentlosigkeiten wie General Schuwajew oder so unheilvolle Figuren wie Alexej Chwostow und später Stürmer ernannt. Man spürte den Hauch von Wahnsinn und Tod. Hinter den Kulissen trieben Rasputin, Fürst Andronnikow und andere finstere Gestalten ihr Unwesen. Der Zar hatte sich vom Beginn des Krieges bis zur Katastrophe, die ihn in den ersten Märztagen des Jahres 1917 ereilte, absolut keine Rechenschaft über die verhängnisvolle Bedeutung der Ereignisse abgelegt.

Wer in den Wintern 1915/16 und 1916/17 in Petersburg gelebt hat, kann sich gut daran erinnern, wie das Bewußtsein einer unausweichlichen Katastrophe sich von Tag zu Tag steigerte. Wie man mir erzählte, soll Roditschew bereits im Jahre 1914 auf einer Sitzung des Zentralkomitees der Konstitutionell-Demokratischen Partei unmittelbar nach Kriegsbeginn (ich war zu der Zeit bereits in Staraja Russa) ausgerufen haben: «Ja, glauben Sie etwa, daß man mit diesen Dummköpfen siegen kann?» Allmählich wurde deutlich, daß der Wahnsinn unserer Innenpolitik, jener Geist verantwortungslosen Abenteurertums und völliger Mißachtung der Interessen des Vaterlandes, wie er in der Umgebung des Thrones herrschte, der dem ganzen Lande völlig entfremdet und von einem schwachen, unbedeutenden und heuchlerischen Menschen besetzt war, daß das alles entweder zum Abschluß eines Separatfriedens oder zum Umsturz führen mußte. Und die fortschrittliche öffentliche Meinung in Rußland, die seit langem den Glauben an Nikolai II. verloren hatte, kam allmählich zu der Einsicht, daß man, wie Kokoschkin in seiner Rede über die Republik und die Monarchie so treffend gesagt hatte, unmöglich gleichzeitig für den Zaren und für Rußland sein konnte, daß für den Zaren zu sein nur bedeuten konnte, gegen Rußland zu sein.

Am 1. November 1916 hielt Miljukow seine berühmte Rede über das Thema: «Dummheit oder Verrat?» Unmittelbar gegen Stürmer gerichtet, zielte diese Rede doch sehr viel höher: Der Name der Kaiserin Alexandra Fjodorowna wurde direkt erwähnt. Alle können sich daran erinnern, was für einen gewaltigen Eindruck die Rede machte, aber vermutlich legten sich nicht alle

Rechenschaft über ihre Folgen ab. Erst sehr viel später, bereits nach dem Umsturz, machte besonders unter den Freunden Miljukows die Behauptung die Runde, daß der Beginn der russischen Revolution mit seiner Rede vom 1. November anzusetzen sei. Miljukow selbst, glaube ich, sah das anders. Er kämpfte für ein von breiten gesellschaftlichen Kreisen getragenes Ministerium, für die Isolierung und Entmachtung des Zaren (es hatte sich nun einmal herausgestellt, daß dieser Zar in keinem Fall und unter keinen Umständen ein positiver Faktor für die Regierung des Landes und die Kriegführung sein konnte), für die Möglichkeit einer aktiven und verantwortungsvollen Teilnahme kreativer Kräfte an den Staatsangelegenheiten. Ich glaube, im Winter 1916/17 wurde ihm klar, daß im Verhältnis zu Nikolai II. eine entsprechende Wende eintreten müsse. Aber ich vermute, daß er wie viele andere eher an etwas wie eine unserer Palastrevolutionen im 18. Jahrhundert dachte und sich keine Vorstellung vom Ausmaß der bevorstehenden Erschütterungen machte.

Andererseits wurde Miljukows Grundposition in der Kriegsfrage immer bestimmter, und immer enger schloß er sich der Position unserer Verbündeten an, insbesondere Englands; gegen Deutschland wurde er immer unversöhnlicher. Ich erinnere mich gut, was für einen Eindruck er auf mich und einige Bekannte machte, die an dem Tag, da über den Telegraphen die Nachricht von den ersten deutschen Friedensvorschlägen eintraf, zum Mittagessen bei I. W. Gessen versammelt waren. Für uns war das von aufwühlender Bedeutung, vor allem deshalb, weil darin das Licht einer schwachen und sehr fernen, aber doch einer Hoffnung auf Frieden aufblitzte. Unter diesem Gesichtspunkt verstanden wir die Nachricht in erster Linie. Miljukow verabfolgte uns sofort und entschlossen eine eiskalte Dusche. Ruhig, ja heiter erklärte er, die deutschen Vorschläge seien nur insofern von Bedeutung, als sie von Deutschlands schwieriger Lage zeugten; nur in diesem Sinne seien sie zu verstehen und zu begrüßen, die einzig mögliche Reaktion aber sei ihre kategorische und möglichst schroffe Ablehnung. Offensichtlich war dieses Verhalten von dem innigsten Glauben an ein «siegreiches Ende» diktiert, von der Überzeugung, daß Rußland den Krieg bis zu einem solchen Ende führen müsse, um seine Früchte genießen zu können.

Miljukow hat unlängst in einem Brief die Mentalität, von der die führenden Kreise in Europa beherrscht werden, selbst als «militärisches Hasard» bezeichnet. Ich glaube, seit Beginn des Krieges liegt dieses Hasard der gesamten internationalen Politik zugrunde. Der Eintritt Italiens, später Rumäniens und zuletzt Amerikas wurde keineswegs durch richtig verstandene und legitime nationale Interessen diktiert und noch weniger durch Erwägungen oder Motive politischer Ethik, sondern einzig und allein durch das Hasard, das im Innern eines Menschen vor sich geht, der an einem ungeheuren Spiel mit kolossalen Einsätzen teilnehmen kann und weiß, daß es nur von ihm abhängt, ob er an diesem Spiel teilnimmt und sich damit bei der künftigen Verteilung einen Anteil an der Beute sichert. Die bekannten Verträge mit Italien und Rumänien haben keine andere Bedeutung: es sind Verträge über die Beuteverteilung. Natürlich erstrebten sie diese Beute im Namen nationaler und nicht irgendwelcher persönlicher Interessen. Natürlich dachte auch Miljukow, der sich bis zum Schluß an die Zusage hielt, Rußland werde Konstantinopel und die Dardanellen erhalten, nur an das Wohl des Landes. Letzten Endes aber lassen sich alle Eroberungsgelüste mit einem solchen Hinweis rechtfertigen.

In seinem wahren Verhältnis zum Krieg stand Miljukow Romain Rolland immer sehr viel näher als Barrès und der Action française. Die Ideen und Stimmungen, von denen Miljukow in den Jahren 1914 bis 1917 beherrscht wurde, waren oberflächlicher Natur, und auch er selbst empfand sie als etwas ihm Fremdes; der Ausweg aus dem Umkreis dieser Ideen und Stimmungen mußte von ihm denn auch als «geistige» Befreiung verstanden werden. Ich kann mir vorstellen, daß diese Befreiung in der Rückkehr zu jenen objektiven Kriterien besteht, die nicht dem einen oder anderen Nahziel der praktischen Politik untergeordnet sind, sondern den grundlegenden Ideen der Gerechtigkeit, der Humanität und der Ablehnung von Gewalt und Blutvergießen.

Wie dem auch sei, aus allem, was ich hier gesagt habe, ergibt sich bereits eindeutig die Unausweichlichkeit zukünftiger Konflikte sowohl innerhalb der Provisorischen Regierung selbst als auch zwischen ihr und den Elementen in ihrer Umgebung, die mit der revolutionären Bewegung im eigentlichen Wortsinn auf das engste verbunden waren. Die einflußreichste Figur in der Provisorischen Regierung war der «Garant der Demokratie» – Kerenskij. Wenn es jemandem in den Sinn gekommen wäre, an dem Tag, als die Provisorische Regierung gebildet wurde, Kerenskij zum Kriegsminister zu berufen, so nehme ich an, daß sogar er trotz seiner grenzenlosen Selbstsicherheit in Verwirrung geraten wäre. Auch alle anderen hätten einen solchen Vorschlag für einen Witz gehalten. Es kam indes so, daß Kerenskij zwei Monate später der «von der Vorsehung bestimmte» Kriegsminister war. In noch höherem Grade kann dasselbe über den Oberkommandierenden gesagt werden. Ich erinnere mich an eine lange Sitzung im Marienpalais, die der Erörterung und Entscheidung der Frage gewidmet war, wen man dazu ernennen sollte, Alexejew (der zu jener Zeit Chef des Stabes des Oberkommandierenden war) oder Brussilow. Für letzteren trat besonders Rodsjanko ein. Ich kann mir vorstellen, welche Wirkung es unter diesen Umständen hervorgerufen hätte, wenn die Kandidatur Kerenskijs vorgeschlagen worden wäre. Wahrscheinlich wäre es als schlechter Scherz aufgenommen worden. Aber auch das wurde einige Monate später Wirklichkeit. Mir scheint, es gibt kein besseres Kriterium dafür, mit welcher Heftigkeit die Zimmerwalder Ideen und die damit im Zusammenhang stehende Zersetzung unserer Armee die Oberhand gewannen, als diese beiden Ernennungen. Im Grunde aber lagen die Keime der künftigen Auflösung bereits darin beschlossen, daß die Hauptfrage – das Verhältnis zum Krieg – bei der Zusammenstellung der Provisorischen Regierung umgangen wurde: Wie hätte sonst zugelassen werden können, daß in ihr neben Miljukow auch Kerenskij saß, dessen Ansichten aus seinen Reden zur Genüge bekannt waren?

Es ist bemerkenswert, daß die mit dem Krieg im Zusammenhang stehenden Fragen der Außenpolitik in den ersten Tagen, ja in den ersten Wochen der Provisorischen Regierung überhaupt nicht auf die Tagesordnung gesetzt wurden. So blieb der tiefe innere Widerspruch verdeckt, der darin bestand, daß der Umsturz, der faktisch das Ergebnis einer militärischen Meuterei war, im Grunde zur Zersetzung der Disziplin und zur Auflösung zunächst der Petersburger Garnison führen mußte; anschließend mußte die Auflösung in dem Maße um sich greifen, wie diese Garnison zur Pflanzstätte des Bolschewismus und zum Infektionsherd wurde. Tatsächlich aber sollte die Revolution laut offizieller Ideologie unsere militärische Kraft steigern, da die Truppen von nun an nicht mehr für das verhaßte System der Selbstherrschaft, sondern für das befreite Rußland kämpften. Bekanntlich glaubten anfangs viele naive Menschen – und schrieben es sogar in den Zeitungen –, Deutschland sei durch den patriotischen Aufschwung der russischen Revolution völlig durcheinandergeraten; angeblich habe es anfangs große Hoffnungen auf diese Revolution gesetzt, müsse sich jetzt aber davon überzeugen, daß die «bewußte» russische Armee, die sich die Freiheit erkämpft habe, für die Deutschen weitaus schrecklicher sei und so weiter. Ich weiß nicht, ob wirklich jemand diesen Unsinn geglaubt hat, aber, ich wiederhole es, er wurde nicht nur in den Zeitungen dargelegt, sondern oftmals und beharrlich auch offiziell aufgetischt (beispielsweise auf den Empfängen der Botschafter und der zahlreichen Militärabordnungen, die seit Ende März eintrafen).

Indessen begann unmerklich und langsam eine Aushöhlung der Devise «Krieg bis zum siegreichen Ende», und zwar im Namen einer anderen: «Friede ohne Annexionen und Kontributionen». Allmählich wurden innerhalb der Provisorischen Regierung Klagen darüber laut, daß Miljukow eine eigene internationale Politik betreibe und dazu noch völlig selbständig. Die innere Divergenz begann offenkundig zu werden, anfangs allerdings noch recht undeutlich und unentschieden. Wenn ich mich nicht irre, wurde die Frage erstmals scharf gestellt nach einem in der Presse erschienenen Gespräch mit Miljukow über die Aufgaben des Krieges (in der Nummer vom 23. März der Zeitung «Retsch»). Etwa eine Woche zuvor war der berüchtigte Aufruf des Rates der Arbeiter- und Soldatendeputierten an die Völker der ganzen Welt veröffentlicht worden (14. März), worin die Anführer des Exekutivkomitees erstmals ihr wahres Gesicht zeigten. Man kann sich in der Tat nichts Gegensätzlicheres vorstellen als diese beiden Dokumente. Ich weiß nicht, ob Kerenskij erst unter dem Einfluß seiner Freunde oder unmittelbar durch die Veröffentlichung des Miljukow-Gespräches in den Zustand höchster Erregung geriet. Wie mir scheint, war er gerade aus Moskau zurückgekehrt. Ich erinnere mich lebhaft daran, wie er eine Nummer der Zeitung «Retsch» mit zur Sitzung brachte und – bevor Miljukow eintraf – in der ihm eigenen Manier, unnatürlich lachend und mit den Fingern auf die Zeitung klopfend, vor sich hin sprach: «Nein, nein, dieser Streich wird nicht durchgehen.» Auf eine entsprechende Frage erklärte Miljukow, sein Gespräch sei als Gegengewicht zu einem Interview Kerenskijs veröffentlicht worden, das, wenn ich mich nicht irre, in Moskauer Zeitungen erschienen war.

Ich kann mich nicht erinnern, ob Kerenskij auf dieser oder einer anderen etwa um die gleiche Zeit stattfindenden Sitzung Miljukow in heftiger Form zu beweisen versuchte, daß der Außenminister, der unter dem «Zarismus» (einer der widerlichen und dem Geist der russischen Sprache fremden Ausdrücke des revolutionären Jargons) keine eigene Politik betreiben konnte und durfte, sondern nur die Politik des Kaisers, auch jetzt keine eigene Politik machen dürfe, sondern nur die Politik der Provisorischen Regierung. «Wir sind für Sie Kaiser und Zar.» Miljukow, äußerlich kaltblütig, innerlich aber stark erregt, erwiderte darauf annähernd folgendes: «Ich war und bin der Meinung, daß die Politik, die ich betreibe, die Politik der Provisorischen Regierung ist. Wenn ich mich irre, so soll mir das geradeheraus gesagt werden. Ich verlange eine klare Antwort, und entsprechend dieser Antwort werde ich wissen, was ich weiterhin zu tun habe.» Das war eine energische und entschlossene Herausforderung, und dieses Mal paßte Kerenskij. Durch den Mund des Fürsten Lwow bestätigte die Provisorische Regierung, daß Miljukow keine eigenmächtige Politik betreibe, sondern eine, die den

Anschauungen und Plänen der Provisorischen Regierung entspreche. Ein Ausweg aus der mißlichen Lage wurde insofern gefunden, als künftighin in der Regel keine einzelnen politischen Interviews gegeben werden sollten. Gleichzeitig wurde der Wunsch laut, Miljukow solle die Provisorische Regierung möglichst bald in einem detaillierten Vortrag mit der internationalen Lage in allen ihren Einzelheiten und vor allem mit den berühmten «Geheimverträgen» bekannt machen. Das geschah dann bereits in der ersten Aprilhälfte; aber vorher noch, Ende März, wurde die Deklaration der Provisorischen Regierung über die Aufgaben des Krieges veröffentlicht.

Die Initiative zu dieser Deklaration ging von Zereteli aus. Er war Mitte März aus der Verbannung zurückgekehrt, und nach dem 20. erschien er in der Kontaktkommission, wo er Steklow ablöste. Von Anfang an – wahrscheinlich bereits auf der ersten Sitzung, an der er teilnahm – lancierte er mit besonderer Hartnäckigkeit den Gedanken, daß man sich, ohne Zeit zu verlieren, mit einer feierlichen Erklärung an die Armee und die Bevölkerung wenden solle, in der erstens ein entschiedener Bruch mit den imperialistischen Bestrebungen verkündet werden und zweitens die Verpflichtung enthalten sein müsse, unverzüglich Schritte zur Herstellung des allgemeinen Friedens zu unternehmen. Er versuchte zu beweisen, daß, wenn die Provisorische Regierung eine solche Deklaration abgebe, in der Armee ein ungeahnter Bewußtseinsaufschwung eintrete und daß dann er und seine Gesinnungsgenossen mit voller Überzeugung und sicheren Erfolgsaussichten imstande wären, die Armee um die Provisorische Regierung zu scharen, die dann sogleich eine gewaltige moralische Kraft erlangen werde. «Geben Sie eine solche Erklärung ab», sagte er, «und alle werden Ihnen wie *ein* Mann folgen.» Ich erinnere mich, daß sein Ton und seine Art damals noch bestechend wirkten. Man spürte eine leidenschaftliche, echte Überzeugung. Miljukow wandte sich hauptsächlich gegen den zweiten Punkt und bemühte sich nachzuweisen, daß es völlig unzulässig und bestenfalls vergeblich sei, sich unter den gegebenen Umständen mit einem Appell zu Friedensgesprächen an die Verbündeten zu wenden. Zereteli beharrte jedoch auf seinem Standpunkt, dabei wirkten seine Beteuerungen etwas komisch, daß, wenn nur der Hauptgedanke, die Direktive akzeptiert werde, Miljukow schon die geeigneten diplomatischen Methoden zu finden wisse, mit deren Hilfe sich diese Direktive verwirklichen lasse. Doch in diesem zweiten Punkt machte Miljukow keinerlei Zugeständnisse. Ebenso entschlossen widersetzte er sich in der Frage der Annexionen und Kontributionen.

Heute frage ich mich: Wäre es nicht besser gewesen, wenn Miljukow damals tatsächlich ein Ultimatum gestellt hätte, nicht nur aus Anlaß dieser unglückseligen Worte, sondern auch im Hinblick auf den darin enthaltenen Gedanken, der dann in der Deklaration schließlich doch, wenn auch in etwas abgemilderten und bewußt zweideutig gehaltenen Formulierungen, Platz fand?

Für mich ist diese Frage rückschauend auch persönlich von Bedeutung. Wie schon beim ersten Mal, als Michails wegen ein Rücktritt Miljukows drohte, so schien mir auch jetzt, daß dieser Rücktritt angesichts der internationalen Lage und der Beziehungen unserer Verbündeten zu uns verhängnisvolle Folgen haben müßte. Meiner Meinung nach mußte man nötigenfalls allergrößte Zugeständnisse machen, um Miljukow in der Provisorischen Regierung zu halten. Hier hielt ich einen gewissen Machiavellismus für möglich.

Ich erinnere mich, daß Miljukow und ich vom Kongreß der Partei der Volksfreiheit, der am 25. März im Zuschauersaal des Michailtheaters eröffnet worden war, unmittelbar ins «Europäische Hotel» fuhren und dort beim Frühstück die Deklaration besprachen und korrigierten. Ich versuchte, ihn dazu zu bringen, denjenigen Passagen in der Deklaration zuzustimmen, in denen erklärt wurde, was Rußland vom Krieg *nicht* wollte und in denen «Annexionen und Kontributionen» nur allegorisch figurierten. Ich sagte, diese Worte ließen eine sehr weitherzige und subjektive Auslegung zu und entsprächen, soweit sie einen Verzicht auf Eroberungspolitik enthielten, auch unseren Anschauungen; sie besagten jedoch keineswegs, daß wir uns in Zukunft, auf einer Friedenskonferenz, an sie gebunden fühlen müßten, falls der Krieg zu unseren Gunsten ausgehen sollte. Ich erinnere mich, daß wir den Text einige Male umänderten, bis wir diejenigen Formulierungen fanden, mit denen Miljukow sich zufriedengab, wenn auch nicht ohne eine gewisse Reservatio mentalis. Doch wenn man die Deklarationen Wilsons miteinander verglich, beispielsweise diejenige, der die Überzeugung zugrunde lag, daß der gegenwärtige Krieg nicht damit enden dürfe, daß irgend jemand gesiegt habe, mit denjenigen, die Amerikas Kriegserklärung inszenierten und begleiteten – gab es zwischen ihnen etwa keine deutlichen Widersprüche? Natürlich darf man sich nicht einbilden, daß eine einfache Regierungserklärung, die keinen Vertragscharakter besitzt, für alle nachfolgenden Regierungen verbindlich ist. Aber auch die Regierung, die eine bestimmte Deklaration herausgibt, ist selbst nur soweit an sie gebunden, als darin gewisse unverbrüchliche Prinzipien ihrer Politik enthalten sind. Seit langem steht fest, daß ein derartiges «Prinzip» – «ohne Annexionen und Kontributionen» – unmöglich ist, daß es zweideutig ist und eine Reihe von Fragen praktisch unbeantwortet läßt. Nicht umsonst arbeitete die spätere Terminologie den Ausdruck «Desannexion» aus.

Die Umwandlung der Dardanellen und des Bosporus in eine russische Durchfahrt wäre natürlich nur schwer mit einer strengen Auslegung der Deklaration vereinbar gewesen. Wenn jedoch Umstände eingetreten wären, unter denen eine solche Umwandlung möglich geworden wäre – wer hätte sich dann an den Wortlaut der Deklaration erinnert und wer hätte sich unterfangen, damit gegen Rußland zu argumentieren? Etwas anderes wäre es gewesen, wenn die russische Regierung expressis verbis auf die möglichen Vorteile verzichtet hätte, die ihr durch internationale Verträge garantiert waren, und diesen Verzicht den anderen Vertragspartnern erklärt hätte. Das aber hatte Miljukow nicht getan und hätte es auch nicht tun können. Er selbst hatte auf dem Parteikongreß, der seinem Rücktritt folgte, völlig aufrichtig und sehr überzeugend festgestellt und nachgewiesen, daß er keine konkreten Zugeständnisse gemacht und durch nichts den Interessen Rußlands geschadet habe. Andererseits läßt sich nur schwer leugnen, daß diese ganze Position etwas Künstliches an sich hatte. Diese Künstlichkeit bestand übrigens nicht in dieser oder jener Auslegung einzelner Formulierungen der Deklaration, sondern darin, daß zwischen Miljukows Einstellung zum Krieg und dessen Zielen und derjenigen, die von den sozialistischen Gruppen, unter deren Einfluß Kerenskij stand, vertreten wurde, tatsächlich ein Abgrund gähnte. Ich erinnere mich an einen Fall, wo diese Künstlichkeit besonders deutlich hervortrat und besonders schmerzhaft empfunden wurde. Es war einige Tage nach dem Empfang, den die Provisorische Regierung einer Delegation französischer und englischer Sozialisten gegeben hatte. Miljukows Rede war ganz in dem ihm eigenen Ton gehalten und entsprach tatsächlich den Leitlinien der russischen Außenpolitik während des Krieges. Nach Miljukow sprach Kerenskij. Er sprach Russisch, Miljukow übersetzte die Rede ins Englische (und einer der Franzosen aus dem Englischen ins Französische). Und hier konnte man in der Tat einen klaffenden Widerspruch konstatieren, sowohl im Ansatz als auch in der ganzen Haltung. Hier wurde klar, daß in der Provisorischen Regierung selbst zwei einander feindliche Hauptströmungen existierten. Es stand außer Zweifel, daß die künstliche Koalition Kerenskij–Miljukow früher oder später – eher früher als später – auseinanderbrechen mußte.

Hier finde ich auch die Antwort auf die Frage, die ich oben gestellt habe: Wäre es nicht besser gewesen, wenn Miljukow noch vor der Deklaration vom 28. März ein Ultimatum gestellt hätte und aus der Provisorischen Regierung ausgeschieden wäre, ohne die Ereignisse vom 20. bis 23. April, das heißt die durch die Note des Außenministers vom 18. April hervorgerufene Truppenkundgebung abzuwarten? Ich denke, daß Miljukow aus den gleichen Erwägungen, die ihn in die Provisorische Regierung hatten eintreten lassen, auch in ihr hätte bleiben und bis zum Ende im Interesse der Sache, der er diente, hätte kämpfen müssen. Die Revolution zeitigte von Anfang an Kompromisse und künstliche Koalitionen. Kompromißlerisch war das Verhältnis der Provisorischen Regierung zum Rat der Arbeiter- und Soldatendeputierten, ein Kompromiß war auch die Koexistenz zweier Personen im Kabinett, die absolut nicht Hand in Hand zu gehen bereit waren – Kerenskij und Miljukow. Diese Kompromisse erwiesen sich als faul und konnten den katastrophalen Verlauf der russischen Revolution nicht aufhalten. Aber sie waren unter den gegebenen Umständen unausweichlich, auf sie zu verzichten hätte für uns Konstitutionelle Demokraten bedeutet, uns auf den Standpunkt zu stellen: «Je schlimmer, um so besser», oder zumindest unsere Hände in Unschuld zu waschen. Um so bitterer hätten wir uns unserer Mitverantwortung für die weiteren Ereignisse bewußt werden müssen.

In dem, was ich bisher über Miljukows Rolle in der Provisorischen Regierung gesagt habe, habe ich nur jene Seite berührt, die die internationale Politik betraf. Allerdings bleibt das in meiner Erinnerung zumindest auch die prägnanteste Seite. Ich kann mich nicht erinnern, daß Miljukow jemals innenpolitische Fragen aufgeworfen oder daß er auf diesem Gebiet entschiedene Maßnahmen gefordert hätte. Offenbar baute auch er mehr als nötig auf den Staatsinstinkt des russischen Volkes und sein gesundes Verständnis der eigenen Interessen. Er begriff nicht und wollte nicht begreifen oder sich damit abfinden, daß der dreijährige Krieg dem russischen Volk fremd geblieben war, daß es ihn unwillig führte, nur unter Prügeln, ohne daß es seine Bedeutung oder seine Ziele verstand, daß es erschöpft war und daß in der begeisterten Anteilnahme, mit der es die Revolution begrüßte, die Hoffnung zum Vorschein kam, daß sie die baldige Beendigung des Krieges zur Folge haben werde. Er wußte nicht, einen wie fruchtbaren Boden in der russischen Armee jene giftige Saat fand, die verantwortungslose Agitatoren von den ersten Tagen an offen in sie hineinstreuten. Deshalb trat er auch nicht entschlossen und ultimativ der Einschleusung der Passagiere des berühmten plombierten Waggons nach Rußland entgegen.

Es ist in der Tat so, daß die Provisorische Regierung über diese Passagiere die größten Illusionen hegte. Man glaubte, daß allein schon die Tatsache des «Imports» von Lenin & Co. durch die Deutschen sie in den Augen der öffentlichen Meinung diskreditieren und jeden Erfolg ihrer Propaganda verhindern müsse. Und tatsächlich hatte das Thema des «plombierten Waggons» auf allen möglichen Kundgebungen stets großen Erfolg. Aber das hielt die wilde und zerstörerische Propaganda mit Hilfe der «Prawda», der «Okopnaja prawda» und einer Reihe anderer anarchistischer Blätter nicht auf. Jetzt zeigen uns die Herren Bolschewisten, wie eine skrupellose Macht die gegnerische Presse ohne alle Umschweife mundtot machen kann. Der Provisorischen Regierung waren die Hände gebunden aufgrund ihrer Proklamationen über die Freiheit des Wortes sowie ihrer ganzen Ideologie. Der Zeitungspropaganda schaute sie völlig passiv zu. Zum Teil kam in dieser Passivität auch das Bewußtsein ihrer Schwäche zum Ausdruck, das die Provisorische Regierung daran hinderte, entschlossene Maßnahmen gegen Aktionen von geradezu kriminellem Charakter zu ergreifen wie etwa die Besetzung des Palais Kschesinskaja und seine Verwandlung in eine Zitadelle und öffentliche Lehrkanzel des zügellosesten Bolschewismus. Jetzt fällt es freilich leicht, der Provisorischen Regierung wegen dieser Passivität Vorwürfe zu machen. Doch wenn man sich gedanklich in jene Epoche zurückversetzt und sich die Stimmung vergegenwärtigt, die damals vorherrschte, dann wird klar, daß die Regierung nicht anders handeln konnte, wollte sie nicht riskieren, völlig isoliert dazustehen. Wer hätte sie dann noch unterstützt? Die Petersburger Garnison gehorchte ihr nicht. Die «bourgeoisen» Klassen, unorganisiert und nicht militant, wären zwar auf ihrer Seite gewesen, aber sie hätten sich auf platonische Sympathiebezeugungen beschränkt. Doch hier genügten solche Sympathiebezeugungen nicht, selbst wenn sie von sehr vielen Bevölkerungsgruppen ausgingen.

Unlängst hatte ich Gelegenheit, mit Miljukow über diese Themen zu sprechen. Wir berührten dabei auch die Frage, ob die Provisorische Regierung die Katastrophe hätte verhindern können, wenn sie gleich zu Anfang die Machtfrage scharf gestellt, sich auf die Staatsduma gestützt, keine politische Rolle des Rates und des Exekutivkomitees zugelassen und im Falle von Widerstand seine Anführer verhaftet hätte. Ich hielt und halte das für eine rein theoretische Möglichkeit. Miljukow behauptete jedoch, daß die Garnison in den ersten Tagen des Umsturzes in den Händen der Staatsduma gewesen sei und daß die Situation, wäre dieser erste Moment nicht verpaßt worden, hätte gerettet werden können. Offenbar hatte das auch mit Michail zu tun. Hätte die Dynastie sich auf dem Thron gehalten, wären Macht und Prestige erhalten geblieben. Aber ich sehe nicht, wie die Provisorische Regierung das ohne Monarchen hätte erreichen können. Welche Kräfte waren denn vorhanden, die ihr Prestige und ihre Autorität hätten stützen können? Und vor allem: Wie wäre sie mit der Kriegsfrage fertig geworden, diesem Schleifstein der ganzen Revolution?

Ich erinnere mich gut, daß Miljukow mehrfach die Forderung erhoben hat, einen härteren und entschlosseneren Kampf gegen die zunehmende Anarchie zu führen. Das taten auch andere. Aber ich erinnere mich nicht, daß irgendwann bestimmte und praktische Maßnahmen vorgeschlagen und von der Provisorischen Regierung diskutiert worden wären. Das Fehlen einer gut organisierten Polizei und einer der Regierung bedingungslos ergebenen Militärmacht wirkten lähmend auf sie. Hier lag der Keim der Auflösung, und gegen ihre Zunahme vermochte auch die gewaltige Energie, die die Provisorische Regierung bei ihrer Verwaltungsgesetzgebung an den Tag legte, nichts auszurichten. Und außerdem waren sämtliche Minister so sehr von ihren jeweiligen Ämtern in Anspruch genommen, daß keiner von ihnen Zeit hatte, das, was die anderen Ämter betraf, praktisch zu durchdenken und irgendwelche konkreten Maßnahmen vorzuschlagen. Auf einzelnen Sitzungen wurden nur allgemein politische Fragen behandelt. So machte Miljukow beispielsweise des öfteren darauf aufmerksam, daß mit dem unerhörten Skandal Schluß gemacht werden müsse, der sich ungehindert vor dem Kschesinskaja-Palais und in ihm abspielte. Aber wie? Auf diese Frage wußte er keine Antwort.

Die Geschichte seines Rücktritts hat Miljukow wahrscheinlich bereits ausführlich in dem fertiggestellten ersten Band seiner Geschichte der russischen Revolution dargelegt. Tatsächlich hatten bei diesem Rücktritt die Sozialisten ihre Hände mit im Spiel, wobei sie in diesem Fall die Unterstützung von Albert Thomas fanden, der am 9. April in Petersburg eintraf. Ich weiß nicht mehr, ob mir Miljukow noch vor Thomas' Ankunft oder erst in der zweiten Aprildekade bei einem meiner vormittäglichen Besuche sagte, er überlege tatsächlich, ob es nicht besser für ihn sei, das Portefeuille des Außenministers Tereschtschenko zu übergeben («Er ist auf diesem Gebiet wenigstens nicht ganz ungebildet und kann sich zumindest mit den Botschaftern unterhalten»), damit Manuilow die Finanzen übernehme (oder auch Schingarjow die Finanzen und Manuilow die Landwirtschaft) und ihm, Miljukow, das Portefeuille des Volksbildungsministers übergebe. Ich unterstützte diesen Gedanken jedoch nicht, und Miljukow gab ihn auch bald selbst wieder auf.

Genau zu diesem Zeitpunkt kehrte Tschernow nach Rußland zurück, und die Kampagne gegen Miljukow setzte mit aller Macht ein. Auf der gemeinsamen Sitzung der Provisorischen Regierung mit dem Komitee der Staatsduma und dem Exekutivkomitee des Deputiertenrates, auf der außenpolitische Fragen beraten wurden, gab Tschernow eine Erklärung darüber ab, daß es für Rußland an der Zeit sei, aufzuhören, mit Europa in der Sprache einer «armen Verwandten» zu sprechen; mit den ihm eigenen Faxen und Verrenkungen und seinem süßlichen Lächeln erklärte er geradeheraus, daß er und seine Freunde P. N. Miljukow grenzenlos achteten, daß sie seine Beteiligung an der Provisorischen Regierung für notwendig hielten, daß er ihrer Meinung nach aber seine Talente auf einem anderen Posten besser entfalten könnte, beispielsweise als Volksbildungsminister.

Zur gleichen Zeit ereignete sich der krasse Zwischenfall mit Kerenskij im Zusammenhang mit einem von diesem dem Pressebüro übergebenen offiziösen Kommuniqué, daß die Veröffentlichung einer Regierungserklärung über die Außenpolitik bevorstehe. Daß Kerenskij dieses Kommuniqué übergeben habe, erfuhr ich von L. Lwow (der in dem Büro die Hauptrolle spielte). Ich wußte sehr gut, daß in der Provisorischen Regierung von so etwas nie die Rede gewesen war, und betrachtete Kerenskijs Schritt als einen unzulässigen, üblen Streich, um nicht zu sagen, als eine Provokation. Ich machte Miljukow auf der gerade stattfindenden Sitzung der Provisorischen Regierung sofort darüber Mitteilung. Als die Sitzung beendet werden sollte, stellte Miljukow die Frage, wer dieses bewußt der Wirklichkeit widersprechende Kommuniqué der Presse übergeben habe. Kerenskij geriet in leichte Verwirrung und versuchte sich herauszuwinden, indem er sagte, daß er nicht für die Form geradestehen könne, in der die Presse seine Worte wiedergegeben habe, doch schließlich erklärte er, daß er unter den gegenwärtigen Umständen eine solche Regierungserklärung für notwendig halte. Daraufhin sagte Miljukow zu Fürst Lwow, daß er, falls Kerenskij das Kommuniqué nicht widerrufe, unverzüglich seinen Rücktritt einreichen werde. Da es bereits spät war und alle müde waren, wurde beschlossen, die Frage auf der Abendsitzung zu behandeln. Dort kam es zu einer sehr stürmischen Auseinandersetzung, bei der Kerenskij sich völlig isoliert sah, da sogar seine treuesten Anhänger die von ihm gewählte Methode als unzulässig und unmöglich betrachteten. Er mußte zurückstecken und gab telefonisch (von meinem Arbeitszimmer aus) die geforderte Gegendarstellung ab.

Gleichzeitig kam jedoch zur Sprache, daß die Deklaration über die Kriegsziele den Verbündeten offiziell nicht mitgeteilt worden war, sondern sozusagen als Dokument für den inneren Gebrauch betrachtet wurde, was ihre Bedeutung natürlich herabminderte. Daher wurde die Forderung erhoben, die diplomatischen Vertreter offiziell über die Ansicht der Provisorischen Regierung in dieser Frage zu unterrichten. Dagegen war schwer etwas einzuwenden, und Miljukow mußte zustimmen; daraufhin wurde beschlossen, daß die Note des Außenministers im gesamten Kabinett der Provisorischen Regierung beraten werden sollte, was auch geschah. A. I. Gutschkow war zu dieser Zeit krank, seine Herztätigkeit hatte nachgelassen, und die Sitzungen fanden ohne ihn statt. Ich erinnere mich sehr deutlich, daß der von Miljukow vorgelegte Entwurf bei seiner ersten Lesung allen, selbst Kerenskij, ohne Zweifel akzeptabel schien, ja mehr noch, daß man den Eindruck hatte, Miljukow zeige hier ein Maximum an Nachgiebigkeit und Entgegenkommen. Darum kam die Diskussion anfangs kaum in Gang, doch dann fing Kerenskij an, einzelne Formulierungen zu kritisieren, und schlug eine äußerst verunglückte Variante vor, womit er allen die Stimmung verdarb; der übliche persönliche Antagonismus gab sich in lautem Ton und heftigen Ausfällen zu erkennen. Dennoch gelang es schließlich, die Meinungsverschiedenheiten zu umgehen und sich auf einen Text zu einigen, und zwar auf den, der dann veröffentlicht wurde. Miljukow, so erinnere ich mich, unterstrich am Ende der Sitzung, daß die gesamte Regierung mit diesem Dokument solidarisch sein müsse und daß er die Verantwortung für seinen Inhalt auf sich nehme. Kerenskij widersprach nicht. Offenbar obsiegten bei ihm in diesem Fall der gesunde Menschenverstand und die vernünftige Einstellung zur Sache über seine Parteischeuklappen. Andererseits hielt er es unter den gegebenen Umständen vermutlich nicht für möglich, seine Freunde zu konsultieren, von denen er freilich glaubte, daß die Note auch für sie durchaus annehmbar war. Sie wurde in der Nummer vom 20. April veröffentlicht.

Dann kam es zu den bekannten Ereignissen, die in den damaligen Zeitungen ausführlich dargelegt sind. Da die Demonstrationen gegen Miljukow gerichtet waren, war die Provisorische Regierung genötigt, offiziell zu erklären, daß sie die Note ohne Einwände gebilligt habe. Im Grunde war die ganze Demonstration eine einzige Farce und rief sehr eindrucksvolle Gegendemonstrationen hervor. Aber es kam zu einer erbitterten und angespannten Stimmung. Wahrscheinlich verstärkte auch der Umstand, daß Kerenskij gezwungen war, sich in der Frage der Note formal mit Miljukow zu solidarisieren, ihren persönlichen Antagonismus. Die Sozialisten setzten ihre Arbeit hartnäckig fort*, Thomas spielte eine zweideutige Rolle und sprach sich über Miljukow verächtlich und feind-

---

* Zu dieser Zeit beschloß die Provisorische Regierung, ihr Kabinett mit Sozialisten aufzufüllen (s. die Deklaration vom 23. April). Miljukow war prinzipiell dagegen und stimmte dem Text der Deklaration nur sehr unwillig zu. Darüber berichte ich noch gesondert.

selig aus. Da aber Miljukow zu diesem Zeitpunkt beschlossen hatte, nicht nachzugeben, war klar, daß die Krise nunmehr auf Betreiben der Provisorischen Regierung ausbrechen mußte. Und sie brach aus. Welche Rolle dabei die übrigen konstitutionell-demokratischen Minister spielten, will ich jetzt nicht erörtern. Miljukow wurde das Portefeuille des Volksbildungsministers angeboten, er lehnte kategorisch ab und verließ die Sitzung bereits nicht mehr als Minister.

Am nächsten Morgen war ich mit Winawer im Auftrag des Zentralkomitees bei ihm, und wir redeten lange und beharrlich auf ihn ein, zu bleiben und das Portefeuille des Volksbildungsministers zu übernehmen. Wir glaubten, daß der Rücktritt Miljukows und die gleichzeitige Aufnahme der Sozialisten in die Regierung der Anfang des Zusammenbruchs sein mußten. Wir waren der Meinung, daß, falls Miljukow in der Regierung bliebe, sei es auch als Volksbildungsminister, er doch die Möglichkeit haben müsse, die Außenpolitik zu beeinflussen und ständig über sie auf dem laufenden zu sein. Das wäre machbar gewesen im Zusammenhang mit dem damals entstandenen Projekt der Schaffung eines besonderen Gremiums, das innerhalb der Provisorischen Regierung gebildet werden und für die Verteidigungsfragen sowie für allgemeine Fragen der internationalen Politik zuständig sein sollte. Dieses Gremium war gegen Miljukow geplant worden. Wir schlugen ihm vor, es sich unter den veränderten Bedingungen im Interesse der Sache zunutze zu machen und in der Regierung zu bleiben, dabei aber sein weiteres Verbleiben an die Bedingung zu knüpfen, daß er Mitglied dieses Gremiums werde. Miljukow wollte nichts davon wissen. Anfangs stritt er mit uns, doch dann, als die Argumente erschöpft waren, sagte er wörtlich folgendes: «Möglicherweise sind Ihre Beweisgründe richtig, aber eine innere Stimme sagt mir, daß ich ihnen nicht folgen darf. Wenn ich ein so klares und bestimmtes – wenn auch unmotiviertes – Bewußtsein von dem habe, wie ich mich verhalten sollte, so folge ich dem. Anders kann ich nicht handeln.» Damit war uns klar, daß die Frage erledigt war, und wir zogen uns zurück. Von diesem Augenblick an begann im wesentlichen der Bruch zwischen Miljukow und der Provisorischen Regierung.

Ich erwähnte bereits den Aufruf vom 23. April, in dem versprochen worden war, daß man sich an die Sozialisten mit dem Vorschlag wenden werde, sie an der Regierung zu beteiligen. Dieser Aufruf war eine Weiterentwicklung jener Idee – auf der Gutschkow und später auch Manuilow fast von Anfang an bestanden –, daß die Provisorische Regierung zurücktreten müsse, nachdem sie dem Lande gesagt habe, was von ihr getan worden sei und warum sie weitere Bemühungen für fruchtlos halte: eine Art Epitaph oder politisches Vermächtnis. Der Aufruf aber sagte faktisch nichts über einen Rücktritt der Regierung. Er enthüllte in der Tat ein vollständiges Bild dessen, was im Lande vor sich ging, und kam zu dem Schluß: entweder Zusammenbruch und Vernichtung der «Errungenschaften der Revolution» oder Unterstützung der Macht durch die zu freiwilliger Unterordnung aufgerufene Bevölkerung.

Die Abfassung dieses Dokuments war Kokoschkin übertragen worden. Miljukow behauptete später, daß sich Kokoschkins Text, dank Kerenskij, in eine abstrakte soziologische Abhandlung verwandelt habe, bar jeder praktischen Wirkungskraft. Das ist etwas übertrieben. Von Kerenskij – und nicht einmal von ihm, sondern von der Redaktion der Zeitung «Delo naroda» – stammten nur einige wenige Zeilen, die allerdings ziemlich nebulös und abstrakt die Ursachen des entstandenen Wirrwarrs darlegten, dessen Wurzeln sie darin sahen, daß die alten gesellschaftspolitischen Stützen zusammengebrochen waren, bevor ein neuer Zusammenhalt entstehen und sich festigen konnte. Das war freilich «Soziologie», aber eine völlig harmlose, und nicht sie war es, die den Grundton des Aufrufes ausmachte. Wenn er ein schwaches Dokument war – und ich halte ihn für eines der schwächsten –, dann nicht, weil Kerenskij oder gar Kokoschkin dafür verantwortlich waren. Er war schwach in seinem Grundton, und es läßt sich nicht bestreiten, daß seine Ideologie – die die *freiwillige* Unterordnung der Bürger unter die von ihnen gewählte Macht in den Vordergrund stellte – der Ideologie des Anarchismus sehr verwandt war.

Der Kern des Aufrufes lag jedoch nicht in diesen Vorstellungen, sondern in dem Appell an die Sozialisten. Anscheinend glaubte die Provisorische Regierung selbst nicht, daß sie reagieren würden. Aber die Sozialisten begriffen, daß eine weitere Verweigerung sich n ein starkes Argument gegen sie verkehren und ihre Lage als «verantwortungslose Kritiker» und «Kontrolleure» aufs äußerste erschweren mußte. Und so nahmen sie Ministerposten an. Von nun an konnte man sagen, daß die Tage der von der «siegreichen Revolution» eingesetzten Provisorischen Regierung gezählt waren, daß wir in die Periode aller möglichen Ministerkrisen eingetreten waren, von denen eine jede die Macht schwächte, und daß es auf dem Wege zum Triumph der bolschewistischen Bestrebungen kein Halten mehr gab. Wäre Milkujow nicht in den ersten Maitagen zurückgetreten – mit Zereteli und Skobelew hätte er ohnehin nicht mehr zusammengehen können.

Die «Kontaktkommission», die ich bereits mehrmals erwähnt habe, war am 10. März vom Rat der Arbeiter- und Soldatendeputierten gebildet worden, in ihrer ersten Zusammensetzung gehörten ihr Tschcheïdse, Skobelew, Steklow-Nachamkis, Filippowskij und Suchanow an. Ende März trat Zereteli an die Stelle Steklows. Wenn mein Gedächtnis mich nicht trügt, waren sie übrigens in der ersten Zeit gemeinsam dabei. Tschernow tauchte bedeutend später auf. Während der ersten Wochen der Provisorischen Regierung fanden Sitzungen in der Kontaktkommission häufig statt, etwa dreimal wöchentlich, manchmal auch öfter, immer abends, ziemlich spät, nach Beendigung der Sitzung der Provisorischen Regierung, die dann jedesmal abgekürzt wurde. Die Hauptperson auf diesen Sitzungen war Steklow. Ich lernte ihn damals erst kennen und ahnte weder, daß er Jude war, noch, daß sich hinter seinem wohlklingenden Pseudonym ein absolut nicht wohlklingender Familienname verbarg. Um so weniger konnte mir die Geschichte bekannt sein – sie wurde später von Lwow enthüllt –, zu welchen erniedrigenden, alleruntertänigsten Fürbitten Nachamkis seine Zuflucht genommen hatte, um sein Pseudonym zu «legalisieren» und auf diese Weise offiziell seinen Familiennamen zu ersetzen.

Wie dem auch sei, schon bei der ersten Begegnung machte mir sein Gehabe, das ganz und gar zu seinem Familiennamen paßte, in dem die Wörter «nachal» (Frechling) und «cham» (Flegel) organisch miteinander vereint waren, den abstoßendsten Eindruck. Er sprach im Ton eines Menschen, der überzeugt davon war, daß die Provisorische Regierung nur von seinen Gnaden lebe und nur, solange es ihm gefiele. Er spielte gleichsam die Rolle eines Erziehers, der darauf zu achten hatte, daß der ihm anvertraute Zögling sich geziemend aufführte, keinen Unfug trieb, alle Forderungen erfüllte und immer wußte, daß ihm dies und das erlaubt, jenes aber verboten sei; und dazu das ständig hervorgekehrte Bewußtsein seiner eigenen Macht und die Betonung seiner Großherzigkeit. Wie oft mußte ich mir Sätze anhören, in denen es direkt oder indirekt hieß: «Sie (d. h. die Provisorische Regierung) wissen doch sehr genau, daß wir nur zu wollen brauchen, und die Macht gehört uns. Das wäre dann die stärkste Macht mit der größten Autorität. Wenn wir das nicht getan haben und *vorerst* auch nicht tun, so nur deswegen, weil wir der Meinung sind, daß Sie zum gegenwärtigen Zeitpunkt der historischen Situation besser entsprechen. Wir waren einverstanden, Sie an der Macht zu belassen, aber gerade deshalb müssen Sie in Ihrem Verhältnis zu uns Ihren Platz kennen. Überhaupt dürfen Sie sich nicht vergessen und dürfen keine wichtigen und verantwortungsvollen Schritte unternehmen, ohne sich mit uns beraten und unsere Billigung erhalten zu haben. Sie müssen sich also stets dessen bewußt sein, daß wir nur zu wollen brauchen, und schon wird es Sie nicht mehr geben, da Sie keinerlei selbständige Bedeutung und Eigengewicht besitzen.»

Steklow ließ keine Gelegenheit aus, solche Gedanken zu entwikkeln. Ich erinnere mich, daß aus irgendeinem Anlaß Fürst Lwow jene Hunderte von Grußadressen und guten Wünschen erwähnte, die täglich aus allen Ecken Rußlands eintrafen und die der Provisorischen Regierung Hilfe und Unterstützung versprachen. «Wir», entgegnete Steklow sogleich, «könnten Ihnen sofort weitaus mehr, etwa zehnmal so viele Telegramme vorlegen, hinter denen Hunderttausende von organisierten Bürgern stehen, und in diesen

Telegrammen werden wir aufgefordert, die Macht zu übernehmen.» Und das war die andere Seite der Position: «Wir, das heißt das Exekutivkomitee, beschützen Sie mit unserem Körper gegen feindliche Schläge, wir flößen den uns unterstehenden Massen Vertrauen zu Ihnen ein.» Diese Seite war Kerenskij besonders unangenehm, der von Anfang an bestrebt war, die Sache so darzustellen, als sei er, Kerenskij, der «Garant der Demokratie», und da er formal weiterhin die Bezeichnung «Gehilfe des Vorsitzenden des Exekutivkomitees» trug, war er der Meinung bzw. drang er darauf, daß die anderen der Meinung waren, daß er, Kerenskij, der Provisorischen Regierung die Herzen der «breiten Massen» zuführe. Deshalb konnte er Nachamkis weniger als die anderen ausstehen und reagierte von allen Mitgliedern der Provisorischen Regierung mit der größten Gereiztheit auf dessen Ton.

Andererseits war er der Meinung, daß es ihm seine Stellung in der Provisorischen Regierung nicht erlaube, gegen Steklow zu polemisieren und ihn «herunterzuputzen». Deshalb entzog er sich häufig der Teilnahme an den Sitzungen mit der Kontaktkommission; wenn er jedoch einmal dabei war, so war er lediglich «anwesend», setzte sich möglichst weit nach hinten, bewahrte hartnäckiges Schweigen und blickte nur böse und verächtlich mit seinen stets zusammengekniffenen, kurzsichtigen Augen auf den Redner und die übrigen Anwesenden. Wenn er dann nach Beendigung der Sitzung mit seinen Ministerkollegen allein war, fiel er oftmals mit großer Leidenschaftlichkeit über den Fürsten Lwow her, warf ihm seine zu große Nachgiebigkeit und Zurückhaltung vor und gab seinem Erstaunen darüber Ausdruck, daß er die einen oder anderen Erklärungen Nachamkis' hingenommen habe, ohne ihnen, wie es nötig gewesen wäre, entgegenzutreten.

Tatsächlich rief Steklow mitunter sogar bei seinen «Freunden» oder richtiger: bei den anderen Mitgliedern der Kontaktkommission, denn Freunde besaß er offenbar nur wenige, Gereiztheit hervor. Es kam vor, daß Tschcheïdse oder Skobelew ihn bei der einen oder anderen Erklärung unterbrachen oder unmittelbar danach bemerkten, daß Steklow in der vorliegenden Frage nur in seinem eigenen Namen spreche und seine subjektive Meinung zum Ausdruck bringe und daß «so etwas bei uns nicht beschlossen wurde». Übrigens ließ sich Steklow dadurch nicht im geringsten aus der Fassung bringen. Es kam sogar vor, daß er sofort versuchte, mit seinen Kollegen zu polemisieren. Und im Grunde weiß ich nicht, ob einer von ihnen tatsächlich fähig gewesen wäre, Steklow das Wasser zu reichen, was grenzenlose Selbstsicherheit und die Fähigkeit betrifft, sich und seine Stimme unverfroren mit der Stimme der «werktätigen Massen» zu identifizieren. Später, als die Geschichte mit dem untertänigsten Bittgesuch (dem «Fußfall») ruchbar wurde, wurde sie kräftig gegen Steklow ausgenutzt, und er war genötigt, zeitweise – und sogar auf ziemlich lange – unterzutauchen. In den ersten Wochen aber spielte er tatsächlich eine gewisse Rolle. Auf dem ersten Delegiertenkongreß der Räte der Arbeiter- und Soldatendeputierten, am 29. März, sprach er über die Geschichte der Beziehungen zwischen der Provisorischen Regierung und dem Exekutivkomitee, wobei er den Vorschlag entwickelte, in alle Ämter Kommissare des Rates zu entsenden «zwecks Beaufsichtigung der gesamten Tätigkeit der Provisorischen Regierung». Diese Idee führte zu einem der schärfsten Konflikte. Sie wurde erst aufgegeben, als die Sozialisten in die Provisorische Regierung eintraten und diese damit in den Augen des Rates der Arbeiter- und Soldatendeputierten «zuverlässiger» wurde.

Unter den anderen Mitgliedern der Kontaktkommission gab es zwei – Filippowskij und Suchanow –, die fast niemals sprachen, wenigstens nicht in der Zeit, als ich an den Geschäften der Provisorischen Regierung beteiligt war. Nächst Steklow sprach am häufigsten Skobelew. Ihn hatte ich vorher ebenfalls nicht gekannt. Er ist einer der allerunbedeutendsten Menschen, wenig begabt, sehr beschränkt, doch da die Staatsduma für die politischen Reden solcher Leute eine allrussische Tribüne geschaffen hatte, gelegentlich inspiriert, bisweilen aus den Kulissen gelenkt und auf diese Weise in ganz Rußland als *porte-voix* der «Arbeitermassen» bekanntgeworden. Er war auch bemüht – und zwar gewissenhaft bemüht –, eine solche *porte-voix* zu sein. Redegabe besaß er anscheinend überhaupt nicht. Vielleicht vermochte er in der Rolle eines Meetingredners, in einem Milieu, das seine Gesinnung teilte, einen gewissen Eindruck zu machen, doch hier, wo es keine Schablonen gab, sondern auf den Inhalt der Rede ankam, erwies er sich stets als ungewöhnlich einfallslos, langweilig und – furchtsam. Dennoch läßt sich nicht leugnen, daß er mehr für sich einnahm als die, die ihn umgaben. Er machte einen gutmütigen, aufrichtigeren und gewissenhafteren Eindruck als diese. Und er schien sich – unter dem Einfluß der Atmosphäre in der Staatsduma – mehr Rechenschaft abzulegen über das riesige Ausmaß der entstandenen Schwierigkeiten.

Übrigens mußte ich noch unlängst in Kiew von Schulgin hören, daß Tschcheïdse bereits in den ersten Tagen, ja fast in den ersten Stunden der Revolution völlig verzweifelt war, sich an den Kopf faßte und davon sprach, daß alles verloren sei. Tschcheïdse ist eine weitaus farbigere Figur als Skobelew. Er hatte in meinen Augen immer etwas Tragikomisches an sich, man konnte es sogar seinem äußeren Habitus, seinem Gesichtsausdruck, seiner Art zu sprechen und seinem Akzent anmerken. Besonders tragisch war natürlich, daß ein Mensch wie Tschcheïdse plötzlich der «Führer der Demokratie» ganz Rußlands war, der Vorsitzende des Rates der Arbeiter- und Soldatendeputierten, eine einflußreiche Figur und, wenigstens damals, Kandidat für den Posten des Vorsitzenden der Konstituierenden Versammlung und wohl auch des Präsidenten der Russischen Republik. In den Sitzungen mit der Kontaktkommission trat er immer dann auf, wenn es nötig war, einer Erklärung oder einer Interpellation ein besonderes Gewicht zu verleihen. Auch er schien negativ gegen Steklow eingestellt zu sein.

Die Sitzungen mit der Kontaktkommission fanden nicht jeden Tag und auch nicht an bestimmten Tagen statt. Die Initiative ging meistens von der Kommission selbst aus: Von dort wurde mitgeteilt (gewöhnlich tat Tschcheïdse das), daß die Kommission eine Zusammenkunft mit der Provisorischen Regierung zwecks Erörterung einiger Fragen wünsche. Gewöhnlich wurde die Regierung vorher nicht darüber unterrichtet, welche Fragen behandelt werden sollten, und so kam es bisweilen zu recht amüsanten Überraschungen, die die ganze Unterschiedlichkeit in den Ansichten über die relative Bedeutung der einen oder anderen Tatsache oder Maßnahme offenbar machten. Ich erinnere mich, daß in der ersten Zeit die Frage der Beisetzung der Opfer der Revolution die größte Aufmerksamkeit auf sich zog. Der Rat der Arbeit-und Soldatendeputierten wollte die Zeremonie rücksichtslos monopolisieren. Ohne die Provisorische Regierung vorher zu unterrichten, setzte das Exekutivkomitee einen Tag dafür fest, veröffentlichte das Beisetzungszeremoniell und wählte als Ort für das Gemeinschaftsgrab den Schloßplatz, wo sogleich mit dem Ausschachten der Grube begonnen wurde. Nach langen ermüdenden und unsinnigen Auseinandersetzungen wurde der Streit schließlich beigelegt, die Regierung und das Exekutivkomitee einigten sich. Es kam zu einer jener grandiosen Demonstrationen, deren Erfolg nicht zuletzt davon abhängt, daß genügend Müßiggänger sich finden, die gern Teilnehmer oder Zuschauer feierlicher Umzüge sind, andererseits aber auch davon, daß die Stimmung danach drängt, sich in einer Demonstration zu manifestieren, und darin ihre Befriedigung findet.

Wie ich bereits sagte, tauchte Zereteli Ende März auf den Sitzungen der Kontaktkommission auf. Für mich war er eine völlig unbekannte Figur. Zur Zeit der Zweiten Duma hatte ich ihn mehrfach auf der Rednertribüne gehört, aber niemals Gelegenheit gehabt, ihm persönlich zu begegnen. Der erste Eindruck nahm unbedingt für ihn ein. Sein Name war von der Aureole echten und tragischen politischen Märtyrertums umstrahlt. Seine kurze Karriere in der Zweiten Duma, die ihm sämtliche Sympathien eingebracht hatte, endete mit zehnjähriger Verbannung, die, zumindest während der ersten Zeit, unter schwersten Bedingungen verlief. Sein Äußeres entsprach der Vorstellung, die man sich von seinem Charakter und seiner Moral gebildet hatte. Sein Gesicht von orientalischem Typ ist schön und feingeschnitten, die großen, schwarzen Augen brennen bald, bald sind sie umflort von schwermütiger Nachdenklichkeit.

Zereteli ist ein ganz außergewöhnlicher Redner. Sein Akzent, weniger auffallend, weniger grob als bei Tschcheïdse, verleiht dem, was er spricht, mitunter besondere Ausdruckskraft. Er vermag große Wirkung zu erzielen, besonders in einer Atmosphäre, die seine Gesinnung teilt, und wenn er über sozialdemokratische Lieblingsthemen spricht. Doch gleichzeitig, und das ist nicht selten der Fall, kann er auch unerträglich hochtrabend sein, und letztlich inhaltsleer und verlogen. In dieser Hinsicht sind mir besonders zwei seiner Reden erinnerlich; die eine hielt er auf der feierlichen Sitzung aller vier Dumas am 27. April, die andere auf der Moskauer Staatskonferenz. Besonders niederdrückend war die zweite, denn es war deutlich herauszuhören, daß Zereteli selber absolut nicht an das glaubte, was er sagte. Doch gewöhnlich rufen seine Reden den Eindruck großer Überzeugung und Aufrichtigkeit hervor, und darin liegt eine der Voraussetzungen ihres Erfolgs. Freilich, wenn man von seinen Reden tiefschürfenden Inhalt, Ideenreichtum und allseitige Kenntnisse fordert, muß man ganz und gar enttäuscht werden. Der Kreis der Ideen, von denen Zereteli sich leiten läßt, ist klein und eng, im Grunde ist es die gewöhnlichste marxistische Schablone, die er sich bereits als Student fest angeeignet hat. Alles, was außerhalb dieser Schablone liegt, alles, was ein tieferes Eindringen in die Materie, ein individuelles Herangehen und selbständige Gedankenarbeit erfordert, alles das macht Zereteli vollkommen hilflos.

Persönlich kam ich mit ihm in nähere Berührung Mitte September 1917 in jenen von Kerenskij organisierten Beratungen mit Vertretern der politischen Parteien, deren Ergebnis die Bildung des letzten Kabinetts (mit Kischkin, Konowalow, Tretjakow, Smirnow, Maljantowitsch und Maslow) sowie die Einrichtung des Rates der Russischen Republik war. Was seine damalige Stimmung am stärksten charakterisierte, war die Furcht vor der wachsenden Macht des Bolschewismus. Ich erinnere mich, wie er in einem Gespräch mit mir unter vier Augen von einer möglichen Machtergreifung der Bolschewisten sprach. «Freilich», sagte er, «sie werden sich nicht länger als zwei, drei Monate halten, aber bedenken Sie doch nur, welche Verwüstungen es geben wird! Das muß verhindert werden, koste es, was es wolle.» In seiner Stimme bebte unverstellte, panische Unruhe. Er glaubte damals an eine Rettungsfunktion des Rates der Russischen Republik. Diese Bezeichnung hatte er oder hatten seine Gesinnungsgenossen sich ausgedacht. Er schlug sie mir an jenem Abend vor, als ich verabredungsgemäß in die Wohnung Skobelews kam, wo der Entwurf einer von Zereteli aufgesetzten Kabinettsdeklaration erörtert werden sollte.

An diesem Abend hatte ich ein für mich sehr wichtiges Treffen an anderer Stelle und wollte deshalb früher frei sein. Ich bedaure, daß ich vielleicht aus diesem Grunde dem Text der Deklaration wie auch dem Vorschlag, die neu ins Leben gerufene Institution «Rat der Russischen Republik» zu nennen, nicht die nötige Aufmerksamkeit schenkte. Zu meiner Rechtfertigung muß ich jedoch hinzusetzen, daß mich der vorangegangene Versuch gegen jede Art von Deklaration skeptisch gestimmt hatte. Ich war allmählich zu der Überzeugung gelangt, daß dieses ewige Tauziehen wegen einzelner Worte und Formulierungen, diese geradezu altgläubige Starrköpfigkeit beim Verfechten der einen und Verwerfen der anderen Lösung, daß das alles ein äußerst trauriger und fruchtloser Byzantinismus war, wichtig und interessant nur für Parteikonventikel, Zentralkomitees und ähnliche Institutionen, das Leben aber ganz und gar nicht widerspiegelt und ihm völlig fremd ist. Der Inhalt der Deklaration war bereits zuvor auf den Sitzungen im Winterpalais geklärt worden, wo das Programm des Kabinetts ausgearbeitet wurde. Die Redaktion dieses Programms erschien mir zweitrangig. Aus diesem Grunde gab es in dem ursprünglichen Entwurf, der von Zereteli aufgesetzt und von mir angenommen war, zwei oder drei sehr unglückliche Passagen, die von A. J. Galpern, dem damaligen Geschäftsführer der Provisorischen Regierung, korrigiert oder sogar herausgenommen wurden (im Moment kann ich mich an den Inhalt dieser Schnitzer nicht erinnern). Zereteli protestierte telefonisch, gab aber schließlich nach.

Was den Namen «Rat der Russischen Republik» betrifft, so oblag es mir als Mitglied der Konstitutionell-Demokratischen Partei natürlich, entschieden zu widersprechen, da wir die Festschreibung einer formalen Qualifikation jenes provisorischen Systems, das während des Umsturzes errichtet worden war und bis zur Konstituierenden Versammlung existieren sollte, für völlig verkehrt hielten. Ich erinnere mich, daß Zereteli mir mit einer gewissen Feierlichkeit erklärte: «Wir haben uns die Bezeichnung ‹Rat der Russischen Republik› ausgedacht. Gut, nicht wahr? Wie denken Sie darüber, Wladimir Dmitrijewitsch? Mir scheint, das wird sofort großen Eindruck machen und Sympathien hervorrufen.» Ich erwiderte ihm, daß die Bezeichnung «Rat des Russischen Staates» oder «Rat bei der Provisorischen Regierung»* besser geeignet wäre; die erste Bezeichnung hätte die neue Institution allerdings zu sehr in die Nähe des vormaligen Staatsrates gerückt und die zweite sie auf ein gewöhnliches beratendes Kollegium bei der Regierung reduziert. Deshalb wollte ich nichts gegen den Vorschlag Zeretelis einwenden.

Ich werde noch einmal auf diese Idee mit dem «Rat der Russischen Republik» zu sprechen kommen, auf die ich hier nur im Zusammenhang mit der Charakteristik Zeretelis eingegangen bin. Bekanntlich fuhr er damals, Ende September, in den Kaukasus und kam erst Anfang November, nach der bolschewistischen Machtergreifung, nach Petersburg zurück. Eines Tages traf er mich in der Stadtduma und sagte: «Freilich, alles, was wir damals taten, war der vergebliche Versuch, mit winzigen Spänchen den zerstörerischen Strom einer Elementargewalt aufzuhalten.»

Hier möchte ich noch eine Episode einflechten, die nichts mit der Charakteristik Zeretelis zu tun hat. Sie steht lediglich im Zusammenhang mit der Geschichte der Organisierung des Rates der Republik. Als der Text der «Verfügung» über die Einrichtung dieser Institution feststand, verabredete ich mit P. N. Maljantowitsch – der gerade zum neuen Justizminister ernannt worden war –, daß ich

---

* Bemerkenswerterweise trat A. A. Demjanow später auf der Sitzung der Provisorischen Regierung, auf der der Entwurf angehört und bestätigt wurde, nachdrücklich für die zweite Bezeichnung ein.

zur endgültigen Redaktion des Textes zu ihm käme. Er schlug mir eine sehr späte Stunde vor, zwölf Uhr nachts; ich war einverstanden. Wir trafen uns in dem mir aus Kindheitserinnerungen vertrauten Arbeitszimmer in der Wohnung des Generalstaatsanwaltes. Maljantowitsch war in großer Sorge.

Es ging um den berüchtigten N. D. Sokolow, den Kerenskij zwei oder drei Monate zuvor zum Senator des ersten Departements ernannt hatte. Zwischen Sokolow und den alten Senatoren war es zu einem Zusammenstoß wegen des Uniformzwangs gekommen. Sokolow wollte sich dem von den Senatoren gefaßten Beschluß, auf öffentlichen Sitzungen und allgemeinen Versammlungen die Uniform beizubehalten, nicht unterwerfen. Er erschien auf einer dieser Sitzungen im Gehrock, und deshalb kam es zu einem offenbar recht stürmischen Wortgefecht mit Wraskij (ich war auf dieser Sitzung nicht zugegen); das Ergebnis war, daß Sokolow sich zurückziehen mußte. Daraufhin schickte er eine Erklärung an den Justizminister, in der er darauf hinwies, daß der Senat völlig ungesetzlich und willkürlich von den Senatoren verlange, die «Embleme der Sklaverei» zu tragen – damit meinte er die Uniformknöpfe mit dem Doppeladler über dem Gesetzbuch –, und daß er deshalb eine Entscheidung über diese Frage auf gesetzgeberischem Wege und in demokratischem Geist fordere.

Maljantowitsch war furchtbar verlegen. «Wie denken Sie, was man tun muß?» fragte er mich. Ich entgegnete ihm ironisch, daß ich über diese ernste und komplizierte Frage noch nicht nachgedacht hätte, und fügte hinzu, daß ich an seiner Stelle die Erklärung N. D. Sokolows in den Papierkorb werfen würde. «Wie denken Sie sich das! Sie kennen doch Nikolai Dmitrijewitsch! Er wird das nicht auf sich beruhen lassen. Ich denke schon daran, eine Kommission einzusetzen, die sich mit dieser Frage beschäftigt. Vor allem ist es jetzt außerordentlich schwierig, neue Knöpfe einzuführen. Woher nehmen? Und außerdem würde das für die Senatoren einen neuen großen Aufwand bedeuten . . .» Da ich nichts erwiderte, schloß er mit einem Seufzer: «Vielleicht fällt Ihnen später zu dieser Frage etwas ein . . .»

Mit so nichtigem, jämmerlichem Unsinn befaßte sich ein Mitglied der Provisorischen Regierung einen Monat vor dem Umsturz. Vermutlich blieb die Frage der Knöpfe bis zum Schluß offen.

Wenn ich jetzt, mehr als ein Jahr danach, in Gedanken noch einmal die ersten beiden Monate der Provisorischen Regierung Revue passieren lasse, entsteht in meiner Erinnerung ein ziemlich chaotisches Bild. Ich erinnere mich an einzelne Episoden und stürmische Auseinandersetzungen, die mitunter völlig unerwartet ausbrachen, an endlose Diskussionen, durch die sich eine Sitzung bisweilen bis tief in die Nacht hinzog. Ich erinnere mich an die tägliche fieberhafte Arbeit, die morgens begann und nur von Frühstück und Mittagessen unterbrochen wurde. Mein Haus in der Morskaja-Straße lag nur fünf Minuten zu Fuß vom Marienpalais, das war sehr bequem. Ich erinnere mich an unaufhörliche Telefongespräche, an die täglichen Besucher und daran, daß es fast unmöglich war, sich zu konzentrieren. Und ich erinnere mich an die Grundstimmung: Alles Erlebte erschien wie *unwirklich*. Wir konnten nicht glauben, daß es uns gelingen würde, die zwei wichtigsten Aufgaben zu erfüllen: den Krieg fortzusetzen und das Land wohlbehalten zur Konstituierenden Versammlung zu führen.

Bekanntlich kam die Verordnung der Provisorischen Regierung über die Bildung eines besonderen Gremiums zur Ausarbeitung eines Gesetzes über die Wahlen zur Konstituierenden Versammlung erst Ende Mai zustande. Das Verfahren zur Aufstellung dieser Institution (Ernennung von Personen, die von Gruppen und Parteien namhaft gemacht wurden) war so gewählt, daß volles Vertrauen in sie gewährleistet sein sollte. Doch leider zog sich dieses Verfahren sehr in die Länge. Daran war vor allem das Exekutivkomitee des Rates der Arbeiter-und Soldatendeputierten schuld, das sich mit der Benennung seiner Kandidaten schrecklich verspätete. Man muß allerdings einräumen, daß die ganze Frage der Konstituierenden Versammlung an einem inneren Widerspruch krankte, und das war von den ersten Tagen an unbewußt zu spüren. Nicht selten mußte ich in der Folgezeit solche Ansichten hören: Die Provisorische Regierung hätte sofort, und zwar bereits in den ersten Tagen, eine kleine Kommission aus einigen der fähigsten und maßgeblichen Juristen bilden und ihnen empfehlen sollen, innerhalb von zwei Wochen ein Wahlgesetz auszuarbeiten, und sie hätte die Wahlen so bald wie möglich, beispielsweise im Mai, ansetzen sollen. Ich erinnere mich, daß L. M. Bramson und auch mehrere andere (einige davon unvermutet) einen derartigen Gedanken ausgesprochen haben. Ich persönlich habe seit den ersten Tagen meiner Tätigkeit als Geschäftsführer den Fürsten Lwow mehrmals und beharrlich auf die Notwendigkeit angesprochen, die Frage möglichst schnell in konkreter Form vorzubringen und zu lösen. Doch immer tauchten andere, dringendere, keinen Aufschub duldende Angelegenheiten auf.

Als schließlich das Gremium gebildet wurde und mit der Ausarbeitung des Gesetzes begann, erwies sich sein Apparat als so kompliziert und umfangreich, daß unmöglich mit einem schnellen Abschluß der Arbeit und der Festsetzung der Wahlen in naher Zukunft zu rechnen war. Folgt daraus, daß ein anderer Plan – die Bildung einer kleinen Kommission, die schnelle Ausarbeitung eines Wahlgesetzes und die Festsetzung des Wahltermins möglichst kurzfristig – realisierbar und zweckmäßig gewesen wäre? Ich glaube nicht. Vor allem besteht für mich kein Zweifel, daß sofort ein Feldzug initiiert und die Regierung beschuldigt worden wäre, sie wolle das Gesetz hinter verschlossenen Türen und auf bürokratischem Wege ausarbeiten. Sämtliche Mängel dieses Gesetzes wären der Regierung angelastet worden. Die Autorität seiner Verfasser und natürlich auch die des von ihnen ausgearbeiteten Entwurfes wäre untergraben worden. Ich denke, auch die Verfasser selbst hätten sich bei einer Reihe grundlegender, prinzipieller Entscheidungen in größten Schwierigkeiten befunden – so etwa bei der Frage des Wahlsystems, des Mehrheits- oder des Proportionalsystems, oder bei der Frage der Wahlberechtigung von Armee- und Flottenangehörigen, oder schließlich bei der Frage der Organisation der Wahlen in den Randgebieten. Doch gesetzt den Fall, alle diese

Schwierigkeiten wären zu bewältigen gewesen: wie hätten die Wahlen in Rußland organisiert werden sollen, in einem Land, das infolge des Umsturzes von oben bis unten erschüttert war und weder eine demokratische Selbstverwaltung noch einen funktionierenden örtlichen Verwaltungsapparat besaß? Und die Wahlen in der Armee?

Das größte Risiko aber war die Einberufung der Konstituierenden Versammlung selbst. Naive Gemüter konnten sich diese Versammlung und ihre Rolle folgendermaßen vorstellen: Sie wäre zusammengetreten, hätte ein Grundgesetz ausgearbeitet und die Frage der Regierungsform entschieden, sie hätte eine Regierung eingesetzt und sie bevollmächtigt, den Krieg zu beenden, und wäre dann wieder auseinandergegangen. Das konnte man sich vorstellen, doch wer mochte glauben, daß es tatsächlich so ablaufen würde? War bis zur Konstituierenden Versammlung noch ein gewisser Machtfaktor vorhanden, so wäre ihre Einberufung zweifellos der Beginn der Anarchie gewesen.

Jetzt ist das Experiment mit der Konstituierenden Versammlung vorüber. Wahrscheinlich haben es sich die Bolschewisten im Oktober selbst noch nicht vorstellen können, daß es ihnen bereits Anfang Januar, zwei Monate nach ihrem Umsturz, gelingen würde, so leicht mit dieser Versammlung fertig zu werden. Bekanntlich war eine der Beschuldigungen, die sie gegen die Provisorische Regierung vorbrachten, daß diese die Wahlen hinauszögere. Doch als sich die Konstituierende Versammlung für die Bolschewisten als ungeeignet erwies, jagten sie sie kurzerhand auseinander. Hätte die Provisorische Regierung eine echte, reale Kraft hinter sich gespürt, dann hätte sie gleich zu Anfang erklären können, daß die Konstituierende Versammlung nach Beendigung des Krieges einberufen werde – und das wäre im Grunde natürlich die einzig richtige Lösung der Frage gewesen, nachdem der Thronverzicht Michail Alexandrowitschs die Frage nach der Regierungsform aufgeworfen hatte. Aber die Provisorische Regierung spürte keine reale Kraft hinter sich. Denn bereits in den ersten Tagen ihrer Existenz begann jener Kampf, in dem auf der einen Seite alle vernünftigen und gemäßigten, leider zu zaghaften, unorganisierten, nur ans Gehorchen gewöhnten, zum Herrschen unfähigen Elemente der Gesellschaft standen, und auf der anderen die organisierte *rascality* mit ihren stumpfsinnigen, fanatischen und bisweilen ehrvergessenen Anführern.

Ausschlaggebend für die ganze Situation war von Anfang an die Frage der Armee.

Rund drei Wochen nach dem Umschwung, etwa vom 20. März an, trafen ständig Deputationen von der Front in Petersburg ein. Als Grund wurde einerseits hervorgehoben, man wolle der Provisorischen Regierung Bereitschaft signalisieren, die neue Ordnung zu unterstützen und die Freiheit zu verteidigen, andererseits aber müsse man sich über die wirklichen Beziehungen zwischen der Provisorischen Regierung und dem Rat der Arbeiter-und Soldatendeputierten klarwerden. Täglich trafen von den verschiedenen Fronten, aus verschiedenen Einheiten diese Deputationen mehr oder weniger zahlreich ein; sie standen unter der Führung von Kommandeuren und Offizieren mit roten Abzeichen und roten Fahnen. Fast immer empfing die Provisorische Regierung sie in der Rotunde des Marienpalais.

Ich erinnere mich, wie sehr mich anfangs das Innere des Palais erschütterte und wie schwer es mir fiel, es mit meinen alten Erinnerungen, die sich auf die Epoche vor der Reform des Staatsrates und meinen Dienst in der Staatskanzlei bezogen, in Übereinstimmung zu bringen. Damals war das Marienpalais ein Heiligtum der obersten Bürokratie gewesen. Dort waren der Staatsrat mit der Staatskanzlei, das Ministerkomitee und seine Kanzlei sowie die Kanzlei für die Entgegennahme von dem Allerhöchsten Namen zu unterbreitenden Bittgesuchen untergebracht. In den prachtvollen Sälen des Schlosses, ausgelegt mit Samtteppichen, mit schweren Vorhängen drapiert, mit vergoldeten Möbeln eingerichtet, liefen lautlos stattliche Lakaien in bestickten Livrees und weißen Strümpfen umher und reichten Tee und Kaffee. An den Sitzungstagen des Plenums (montags) herrschte prickelnde Feierlichkeit. Die imposanten Figuren der größtenteils schon sehr alten Würdenträger mit

Bändern und Orden – militärische und Hofuniformen –, die gedämpften Gespräche, das alles schuf eine Atmosphäre der Unzugänglichkeit und der Losgelöstheit vom niederen Alltagsleben. An diesen Tagen wäre ein Mensch in einem Jackett, wäre er plötzlich mitten unter diese gepflegten, eleganten, repräsentablen Menschen verschlagen worden, wie eine unanständige und barbarische Anomalie erschienen.

Jetzt war das alles spurlos verschwunden. Das Marienpalais war radikal «vereinfacht» worden. In seine Prachtsäle waren Massen zerzauster, nachlässig gekleideter Menschen eingedrungen, in Jacketts und Kitteln von allerproletarischstem Aussehen. Die großartigen Lakaien, die ihre Livrees gegen graue Hausjacken ausgetauscht hatten, hatten ihre ganze Ansehnlichkeit verloren. Das vormalige feierliche Zeremoniell war durch lärmende Geschäftigkeit ersetzt worden. Das alles war zwar langsam, aber doch in einer sehr kurzen Zeitspanne vor sich gegangen. In den ersten Wochen versammelten sich im Marienpalais lediglich die Provisorische Regierung und die Rechtskommission. Das damalige «revolutionäre» Stadtoberhaupt, J. N. Glebow, setzte sich hartnäckig dafür ein, daß der große Saal des Staatsrates mitsamt dem Vorsaal der Stadtduma für ihre Sitzungen überlassen werde. Ich widersetzte mich ebenso hartnäckig diesem Ansinnen, das auch zu Fall gebracht wurde. Dafür wurde das Marienpalais sehr bald zum zentralen Ort aller möglichen Kommissionen, und als das Gremium zur Ausarbeitung des Wahlgesetzes für die Konstituierende Versammlung seine Arbeit aufnahm, gab es Tage, da sämtliche Säle, einschließlich der Rotunde, von Kommissionen besetzt waren. Im März hatte es das noch nicht gegeben, die Rotunde war fast immer frei und wurde zum Empfang der Soldatendeputationen genutzt.

Wie schmerzlich, wie niederdrückend ist es jetzt, an diese Deputationen zurückzudenken! Wie viele Erklärungen hörten wir uns an über die Bereitschaft, daß man die «Provisorische Volksregierung» unterstützen und die Freiheit und Unversehrtheit des Vaterlandes einträchtig verteidigen, daß man nicht auf die Unruhestifter hören und sich von den Ränkespielen des Feindes nicht beeinflussen lassen wolle! Was für flammende, nicht selten enthusiastische Reden! Die Gesichter der Soldaten zeigten allerdings zumeist – bestenfalls – den Ausdruck verwirrter Dumpfheit, und in den Worten der Offiziere spürte man weder Sicherheit noch Festigkeit, oft hörte man dabei auch eine ihrem Geiste nach verderbliche revolutionäre Phrase heraus. Tatsächlich erschien dieses plötzliche revolutionäre Bewußtsein unbegreiflich und unwahrscheinlich, und im Innern stellte man sich die Frage: Ist das nicht einfach nur die Stimme des Aufruhrs, zeigt sich hier nicht ein elementarer Protest gegen jede Disziplin und jede Unterordnung? Hauptthema der Reden war fast immer die Frage nach den Beziehungen zwischen der Provisorischen Regierung und dem Rat der Arbeiter- und Soldatendeputierten. Oft hieß es, die Armee sei empört und fassungslos angesichts dieser Art von Doppelherrschaft; sie brauche eine einheitliche Macht. Als Antwort darauf waren aus dem Munde der Regierungsvertreter recht glatte Erklärungen zu vernehmen, daß es keinerlei Doppelherrschaft gebe, sondern zwischen ihr, der Provisorischen Regierung, und dem Rat der Arbeiterdeputierten volles Einvernehmen, gegenseitiges Vertrauen und die besten Beziehungen bestehen. Auch über das Kriegsthema wurde gesprochen, doch hier war am wenigsten Überzeugung zu spüren.

Die ersten Deputationen machten sowohl auf die Provisorische Regierung als auch auf die Deputierten selbst einen starken Eindruck. Es hatte den Anschein, als könne eine geistige Verbindung zur Armee hergestellt werden und als sei es möglich, eine starke und feste militärische Kraft am Leben zu erhalten oder gar neu zu schaffen. Aber das schien nur so. Die von der Front kommenden Deputationen traten nicht nur mit der Regierung in Kontakt, sondern auch mit dem Deputiertenrat. Die Regierung beschränkte sich darauf, sie in den Sälen des Marienpalais zu empfangen, sie anzuhören und ihre Fragen zu beantworten; die Deputationen schrien hurra und – begaben sich ins Taurische Palais, wo man ihnen vor allen Dingen die Überzeugung von der Größe und Allmacht des Rates der Arbeiter- und Soldatendeputierten und seines Exekutivkomitees eintrichterte und wo sich allerlei verantwortungslose

Leute mit demagogischer und anarchistischer Propaganda befaßten. Auf diese Propaganda stießen sie überall, auf Straßenmeetings und in den Kasernen, und sie kamen mit zügellosen und verderbten Elementen der Petersburger Garnison in Berührung, die stolz darauf waren, daß «wir die Revolution gemacht haben», und wurden selbst verdorben. Auf diese Weise wurden die Reisen von Armeedeputationen nach Petersburg zu einem Mittel der Infizierung und Zersetzung der Truppen, nicht aber ihrer Gesundung.

Als Mitte April General Alexejew nach Petersburg kam und auf den Sitzungen der Provisorischen Regierung – die wegen der Krankheit A. I. Gutschkows in dessen Wohnung zusammentrat – die Stimmung in der Armee beschrieb, erfaßten mich, daran erinnere ich mich gut, Entsetzen und Hoffnungslosigkeit. Die Schlußfolgerung war völlig klar. Entgegen allen Beteuerungen hätte schon damals konstatiert werden müssen, daß die Revolution unserer militärischen Stärke den größten Schlag versetzt hatte, daß ihre Auflösung kolossale Fortschritte machte und daß das Kommando machtlos war. Unter den Kommandeuren traten zwei Strömungen hervor, zwei Menschentypen: Die einen begriffen sehr bald, daß sie sich nur durch uneingeschränkte Nachsicht gegenüber den revolutionären Soldaten halten konnten, nur durch Anbiederei, durch Übertreibung der «kameradschaftlichen» Beziehungen – einfacher gesagt: durch Selbsterniedrigung vor den Soldaten. Diese Personen konnten die Auflösung der Disziplin, den Verlust des soldatischen Pflichtgefühls, überhaupt den Untergang der Armee natürlich nur noch beschleunigen. Die anderen wollten sich mit den neuen Zuständen und dem neuen Geist nicht abfinden, sie versuchten, ihm entgegenzuwirken und ihre Macht zu zeigen, dabei gerieten sie entweder in tragische Verstrickungen, oder aber sie erschienen ihren Vorgesetzten als zu unbequem und wurden abgelöst. Auf diese Weise verschwanden die besten, stärksten und gewissenhaftesten Elemente; übrig blieben entweder klägliche Lumpen oder besonders schlaue Leute, die zwischen den beiden Extremen zu balancieren verstanden.

Unter meinen Papieren befinden sich einige Briefe, die ich damals und auch später noch von Graf N. N. Ignatjew bekommen habe, einem Mann, der sein ganzes Leben im Militärdienst stand und während des Krieges das Preobrashenskij-Regiment kommandierte, einem gestandenen Offizier und sehr klugen, nachdenklichen, ernsthaften Menschen. Wenn ich mich nicht irre, war er bei Ausbruch der Revolution entweder Stabschef des Gardekorps oder Chef einer Garde-Infanteriedivision. Seine Briefe haben mich sehr beeindruckt. Sie haben meine schlimmsten Ahnungen bestätigt. Jetzt habe ich sie nicht zur Hand und kann die Angaben nicht nachprüfen, aber ich erinnere mich an den Tenor: Man muß sich im klaren darüber sein, daß der Krieg zu Ende ist, daß wir nicht mehr kämpfen können und werden, weil die Armee *einfach nicht mehr kämpfen will*. Kluge Leute müssen einen Weg finden, den Krieg schmerzlos zu beenden, sonst kommt es zu einer Katastrophe ... Einen der Briefe zeigte ich Gutschkow. Er las ihn und gab ihn mir mit den Worten zurück, daß er solche Briefe massenhaft bekäme. «Und was denken Sie darüber?» fragte ich. Er zuckte nur die Schultern und antwortete etwas in der Art, daß man auf ein Wunder hoffen müsse. Aber ein Wunder geschah nicht, alles ging seinen natürlichen und vorgeschriebenen Weg und führte zum natürlichen und unausweichlichen Ende.

II
DER BOLSCHEWISTISCHE UMSTURZ
(Oktober 1917)

Auf einer der Märzsitzungen der Provisorischen Regierung, in einer Pause, als man sich weiter über die ständig anwachsende bolschewistische Propaganda unterhielt, erklärte Kerenskij, wie üblich hysterisch lachend: «Wartet's nur ab, Lenin kommt schon selber ... Dann geht es erst richtig los!» Aus diesem Anlaß fand ein kurzer Meinungsaustausch unter den Ministern statt. Es war bereits bekannt, daß Lenin und seine Freunde vorhatten, die Dienste Deutschlands in Anspruch zu nehmen, um aus der Schweiz nach Rußland zu gelangen. Es war ebenfalls bekannt, daß Deutschland Entgegenkommen zu zeigen schien, weil es die möglichen Resultate gut abwog. Wenn ich mich nicht irre, bemerkte Miljukow (ja, er war es!): «Meine Herren, wollen wir sie etwa unter diesen Umständen hereinlassen?» Doch darauf wurde ihm recht einmütig erwidert, daß es *formale* Gründe, Lenins Einreise zu verhindern, nicht gebe, daß Lenin im Gegenteil das Recht habe, zurückzukehren, da er amnestiert sei, und daß das Mittel, zu dem er greife, um die Reise bewerkstelligen zu können, formal kein Verstoß gegen die Gesetze sei. Der Umstand, daß Lenin sich um Hilfe an Deutschland gewandt habe, werde seine Autorität in einem solchen Maße untergraben, fügte man noch hinzu, und dabei betrachtete man die Frage auch vom Standpunkt der politischen Zweckmäßigkeit, daß man ihn nicht zu fürchten brauche. Überhaupt achteten alle die Gefahren, die mit der Ankunft des Führers des Bolschewismus verknüpft waren, ziemlich gering. Damit war der Grundton vorgegeben. Gebunden durch ihre Freiheitsproklamationen, selbst unablässig Meetings veranstaltend, hielt es die Provisorische Regierung nicht für möglich, wenigstens der zügellosesten und zerstörerischsten Propaganda entgegenzuwirken.

In den Zeitungen jener Tage fand der seltsame und unerwartete Eindruck, den die Ankunft Lenins sowie seine ersten Reden auslösten, seine Widerspiegelung. Sogar Steklow-Nachamkis hielt es für angebracht zu erklären, daß Lenin offensichtlich den Kontakt zur russischen Wirklichkeit verloren habe. Die «Prawda» vermochte sich nicht gleich auf das Niveau ihres geistigen Führers zu erheben. Im Exekutivkomitee verwandelte sich die anfängliche Verwirrung bald in eindeutige Feindseligkeit. Doch Lenins kolossale Beharrlichkeit und Selbstsicherheit ließen sich natürlich nicht so einfach unterkriegen. Alles, was folgte, zeigte, wie klar sein Plan auch in den Details durchdacht war. Er wurde umgehend, Schritt für Schritt, verwirklicht, dabei waren der wichtigste Hebel die Erschöpfung der Armee durch den Krieg und die unter dem direkten Einfluß des Petersburger Umsturzes an der Front einsetzenden raschen, ja, katastrophalen Auflösungserscheinungen.

Anhand meiner Erinnerungen muß ich konstatieren, daß die Provisorische Regierung dieser verderblichen Entwicklung mit erstaunlicher Passivität gegenüberstand. Über Lenin wurde fast niemals gesprochen. Kerenskij sagte einmal, schon im April, einige Zeit nach Lenins Rückkehr, daß er zu Lenin gehen und sich mit ihm unterhalten möchte, und auf erstaunte Fragen erklärte er: «Er lebt doch in einer völlig isolierten Atmosphäre, er weiß nichts und sieht alles durch die Brille seines Fanatismus, er hat niemanden um sich, der ihm auch nur ein wenig dabei helfen könnte, sich zu orientieren in dem, was hier vor sich geht.» Eine solche Visite hat, soweit mir bekannt ist, nicht stattgefunden. Ich weiß nicht, ob Lenin sie abgelehnt oder ob Kerenskij selbst sein Vorhaben aufgegeben hat.

Wie ich wohl schon erwähnt habe, kam es in der Provisorischen Regierung mehrmals zu Gesprächen über die Bübereien im Zusammenhang mit dem Kschesinskaja-Palais – Privateigentum, das eindeutig gewaltsam besetzt worden war und von Tag zu Tag mehr ruiniert und zerstört wurde. Aber über Gespräche ging die Sache nicht hinaus. Als der Anwalt von Frau Kschesinskaja vor dem Friedensrichter eine Verfügung über die Ausweisung der Organisationen beantragte, die das Haus eigenmächtig besetzt hatten, wies Kerenskij mit Befriedigung darauf hin, daß man nun endlich auf dem richtigen Wege sei. Doch als man ihn fragte, wie die Verfügung des Friedensrichters zur Ausführung gebracht werden sollte, erwiderte er, daß ihn das nichts angehe, das sei Sache der Administration, der Exekutive, des Innenministeriums – das es zu jener Zeit überhaupt nicht mehr gab. Bekanntlich gelang es schließlich, die Bolschewisten auszuweisen, aber sie hatten bereits gewonnen, hatten ihre Tribüne bestens und bis zuletzt genutzt.

Während der ersten, bis zu einem gewissen Grade organisierten Kundgebung gegen die Provisorische Regierung, vom 19. bis 21. April, als Truppen mit Plakaten, auf denen der Rücktritt Miljukows gefordert wurde, zum Marienpalais gezogen kamen, war die Rolle der Bolschewisten noch nicht klar. Mit dieser Kundgebung wurde man bekanntlich ohne Probleme fertig. Die Petersburger Bevölkerung reagierte in ihrer überwiegenden Mehrheit ganz eindeutig zugunsten der Provisorischen Regierung. In diesen Tagen war Gutschkow krank, und die Sitzungen wurden in seiner Wohnung abgehalten. Ich erinnere mich an einen stürmischen Tag, der damit begann, daß Truppen auf dem Platz vor dem Marienpalais erschienen, und der mit einem pausenlosen Meeting vor dem Hause des Kriegsministers und begeisterten Ovationen für Miljukow und Gutschkow endete. An diesem Tag spürte man noch einen starken moralischen Rückhalt der Provisorischen Regierung, der aber leider völlig ungenutzt blieb ... Petersburg schien damals zum ersten Mal zu erfassen, welche Erschütterungen in Zukunft möglich waren, und gab mehrheitlich zu erkennen, daß es sie nicht wünschte.

Die Geschichte der Julitage, der Tage der zweiten Truppenkundgebung, die bereits den Charakter eines regelrechten Aufstandsversuches trug, wird irgendwann einmal in allen Einzelheiten untersucht werden, und dann wird ihr ganzer geheimer Ablauf klar zutage treten. Ich will mich hier nur an meine persönlichen Erlebnisse und Eindrücke halten. Damals war ich schon lange nicht mehr Geschäftsführer der Provisorischen Regierung. Mein offizieller Aufgabenbereich war jedoch recht vielfältig, da ich im Rechtsausschuß, in mehreren Kommissionen sowie im Gremium zur Ausarbeitung des Wahlgesetzes für die Konstituierende Versammlung tätig war. Außerdem war ich Mitglied der Kommission zur Revision und Inkraftsetzung des Strafgesetzbuches. Wie schmerzhaft ist es jetzt, sich dieser ganzen anstrengenden Arbeit zu erinnern, die soviel Aufwand, Energie und Zeit verschlungen hat, einer sehr oft hochqualifizierten Arbeit (ich meine natürlich die Arbeit des Kollegiums und nicht meinen persönlichen Anteil daran), die jedoch absolut ergebnislos geblieben und halb vergessen ist.

Darüber, daß eine bewaffnete Aktion der Bolschewisten vorbereitet wurde, waren schon lange Gespräche im Gange. Kerenskij befand sich an der Front. Die Propaganda auf den Straßen, auf Meetings und in den Zeitungen wurde mit jedem Tag zügelloser. Nach den ersten Nachrichten über Erfolge während der ersten Tage der Offensive (18. Juni) trafen beunruhigende Gerüchte ein. Die Stimmung wurde unruhig, gedrückt.

Am 2. Juli war im Hause unseres Zentralkomitees eine Sitzung angesetzt, wie üblich um halb neun Uhr abends. Als ich mich am späten Nachmittag dorthin begab, fiel mir, als ich mich der Uferstraße näherte, auf, daß die Straßen sehr bevölkert waren. Die Millionnaja-Straße war voller Soldaten, einige Truppenteile standen auf dem Marsfeld, am Anfang der Millionnaja-Straße. Die Leute unterhielten sich laut miteinander, es hieß, daß vom anderen Newaufer Demonstrationszüge anrückten. Der Suworow-Platz war von Menschen überflutet. Als ich bereits an der englischen Botschaft vorüber war, sah ich eine große Menschenmenge mit Fahnen und Plakaten von der Petersburger Seite über die Troizkij-Brücke kommen. Ich ging weiter. An der Französischen Uferstraße überholte mich ein Lastauto voller bewaffneter Soldaten, die teils aufsaßen, teils mit nach vorn gerichteten Gewehren auf der Motorhaube lagen. Es waren die gleichen unbesonnenen, stumpfsinnigen und tierischen Gesichter, an die wir uns alle aus den

Demonstrationszug am 4. Juli 1917

Februartagen erinnern. In derselben Richtung brauste ein Panzerwagen vorbei.

Als ich im Gebäude des Zentralkomitees angelangt war, traf ich dort eine der Sekretariatsangestellten und erfuhr von ihr, daß die Sitzung nicht hier, sondern in der Furschtadtskaja-Straße stattfinde; sie nannte mir die Hausnummer. Ich machte mich auf den Weg dorthin. An der Ecke Schpalernaja- und Litejnaja-Straße war nur noch schwer weiterzukommen. Dichtgedrängt stand die Volksmenge, es wurde durcheinandergeschrien, und aus der Litejnaja-Straße kamen bewaffnete Arbeitermassen, die dann nach links in die Schpalernaja-Straße abbogen in Richtung Taurisches Palais und Smolny. Auf den Plakaten waren bolschewistische Schlagworte zu lesen: «Nieder mit den kapitalistischen Ministern!» – «Alle Macht den Sowjets!» und andere. Die Gesichter waren düster, böse. Ich ging durch die Litejnaja- zur Furschtadtskaja-Straße, doch als ich bei dem mir angegebenen Haus angekommen war, mußte ich feststellen, daß man mir offenbar eine falsche Adresse genannt hatte. Ich mußte zur Französischen Uferstraße zurück, um das Mißverständnis aufzuklären, und ging dann abermals zur Furschtadtskaja-Straße, nachdem ich nunmehr die richtige Adresse erhalten hatte.

Die Sitzung fand in einer der Wohnungen eines großen Hauses mit zwei Paradeeingängen statt. Das Zentralkomitee war in ziemlich großer Besetzung erschienen. Miljukow führte den Vorsitz. Erörtert wurde der Entwurf eines Appells an die Bevölkerung. Die Diskussion verlief schleppend, ständig ging jemand ins Nebenzimmer, das Telefon läutete, man sprach untereinander. Wir saßen bereits länger als eine Stunde, als uns mitgeteilt wurde, daß ein Panzerwagen vorgefahren und der Ausgang zur Straße von Soldaten besetzt sei. Diese Nachricht löste ein lebhaftes Gespräch darüber aus, ob man nicht Miljukow und Schingarjow* verstecken und über die Hintertreppe in eine andere Wohnung bringen solle. Doch beide erklärten, bleiben zu wollen, falls ihre weitere Anwesenheit

---

* Schingarjow war gerade, zusammen mit Manuilow, aus der Provisorischen Regierung ausgeschieden.

die Wohnungsinhaber nicht in Verlegenheit bringe. Die Sitzung und die Diskussion wurden fortgesetzt und endeten ohne Zwischenfälle. Ich nehme an, Miljukow und Schingarjow blieben über Nacht in dieser Wohnung. Als wir gingen, war der Panzerwagen abgezogen und der Ausgang zur Straße frei.

Es ging auf Mitternacht, draußen war es schwül und staubig. Mir stand ein langer Weg bevor. Ich beschloß, durch die Litejnaja- und die Pantelejmonowskaja-Straße am Sommergarten und am Marsfeld vorbei zur Mojka zu gehen und dann über den Schloßplatz direkt zur Isaak-Kathedrale. Trotz der späten Stunde war der Litejnyj-Prospekt so belebt wie am hellichten Tage. Ständig fand man sich in Gruppen zusammen, bewaffnete Soldaten und Matrosen gingen umher, Automobile hupten. Weiter zum Marsfeld hin wurde es ruhiger und menschenleer. Ich legte meinen Weg ohne alle Zwischenfälle zurück, und als ich über den Admiralitätsboulevard den Wosnessenskij-Prospekt erreichte, bog ich nach links ab. Vor dem Hotel «England» stand eine Gruppe erregter Bürger, unter ihnen meine Cousine Katja D., die mir sagte, daß in der Morskaja-Straße bis zum Marienplatz und in den Seitenstraßen Militär stehe und man mich schwerlich passieren lassen werde. Ich begab mich jedoch an Mjatlews Haus und der deutschen Botschaft vorbei zur Morskaja-Straße und kam unbehelligt durch. Das Militär war in zwei langen Ketten postiert, die bis in die Morskaja-Straße, etwa bis zur italienischen Botschaft, reichten. Offenbar waren das Truppen, die von der Regierung zum Schutz des Marienpalais angefordert worden waren.

Den Lauf der Ereignisse an den folgenden Tagen habe ich nur verschwommen in Erinnerung. Die Physiognomie der Stadt veränderte sich schnell. Die Automobile von Privatpersonen verschwanden, durch die Straßen brausten Panzerwagen und Lastautos, vollgepfropft mit bewaffneten Arbeitern und Soldaten. Immer wieder kam es an verschiedenen Stellen zu Schußwechseln, von allen Seiten hörte man Gewehrschüsse. Das zahlreiche Publikum, das sich auf den Bürgersteigen des Newskij-Prospektes drängte, wich hier und da plötzlich zur Seite und fing kopflos an zu rennen,

Der Putschversuch vom 4. Juli wird von Truppen der Petrograder Garnison blutig niedergeschlagen

wobei es die Entgegenkommenden fast zu Boden riß. Immer wieder tauchten größere Gruppen auf, die mit roten Fahnen und Plakaten, auf denen die schon erwähnten Parolen standen, irgendwohin zogen. Es waren wunderbare heiße Tage, die Sonne schien – ein schreiender Kontrast zwischen dem Leben der Natur und den beängstigenden, erregenden Eindrücken von alldem, was ringsum vor sich ging. Das Marienpalais lag verödet da, zu den Sitzungen der Kommissionen erschien fast niemand. Ich ging durch die Straßen, schaute in der «Retsch»-Redaktion vorbei und war bemüht, mich zu orientieren. Fürst Lwow und dieser oder jener Minister befanden sich im Stab des Militärbezirks (auf dem Schloßplatz). Es wurde erzählt, daß am 1. Juli ein mißlungener Versuch unternommen worden sei, die Provisorische Regierung zu verhaften. Alle warteten gespannt auf etwas.

Bekanntlich endete die ganze Geschichte mit der Ankunft regierungstreuer Truppen von der Front (einer Kavalleriedivision), mit der Isolierung und anschließenden Entwaffnung der Aufständischen, mit dem vollständigen Sieg der Regierung und der bedauerlicherweise nur vorübergehenden Liquidierung des Bolschewismus. Das war der Augenblick, den die Provisorische Regierung voll und ganz hätte ausnutzen können, um Lenin & Co. endgültig auszuschalten. Aber sie entschloß sich dazu nicht. Die neue Regierungserklärung enthielt nur neue Zugeständnisse an den Sozialismus und die Ideen von Zimmerwald. Daraufhin verließ Fürst Lwow seinen Posten, und die Regierung ging an Kerenskij über.

Nach der Julikrise, nach der Bildung eines neuen Kabinetts und der Einberufung der Moskauer Staatskonferenz, der Kornilow-Affäre und der zeitweiligen Machtausübung eines sogenannten «Direktoriums» waren die Organisierung des «Rates der Russischen Republik» und die Kooptierung von Vertretern aus Handel und Industrie (Tretjakow, Smirnow, Konowalow) sowie bekannter Mitglieder der Konstitutionell-Demokratischen Partei (Kischin) in die Regierung der letzte Versuch, der wachsenden Woge des Bolschewismus etwas entgegenzusetzen. Ich nahm an dieser letzten Phase der Provisorischen Regierung tätigen Anteil. Miljukow und

Winawer waren verreist, und ich leitete faktisch das Zentralkomitee. Weiter oben habe ich bereits einige Episoden berichtet, die in diese Zeit fielen. Als sich herausstellte, daß Zereteli, der bei den Verhandlungen die wichtigste Rolle auf seiten der Sozialisten spielte, in den Kaukasus reisen und an den Sitzungen des Rates nicht teilnehmen werde, fragte ich ihn, mit wem wir es denn nun zu tun haben würden bei Verhandlungen und Übereinkünften zwischen unseren Parteien. Er verwies auf F. Dan (Gurwitsch).

Bekanntlich verfolgten die zwecks Schaffung des Rates der Republik zu einem Übereinkommen gelangten Parteien, hauptsächlich die Sozialisten und die Konstitutionellen Demokraten, ein ganz bestimmtes Ziel: die Stärkung der Provisorischen Regierung in ihrem Kampf gegen den Bolschewismus. Die Atmosphäre mußte entspannt werden, die Regierung mußte eine Tribüne erhalten, von wo sie sich offiziell und offen an das ganze Land wenden konnte, sie brauchte eine reale Unterstützung seitens der Parteien, die eine Koalition eingegangen und in der Regierung selbst vertreten waren. Die feste und klare Entschlossenheit aller Parteien war vor allem nach zwei Richtungen hin erforderlich: zum Kampf mit dem Bolschewismus und zur Unterstützung der Macht. Als die Auswahl der künftigen Mitglieder des Rates der Republik abgeschlossen war, verabredeten sich Adshemow und ich mit Gotz, Dan und Skobelew und kamen überein, uns in der Wohnung von Adshemow zu treffen, um die weiteren Schritte zu besprechen und einen taktischen Plan auszuarbeiten.

Wenn ich mich nicht irre, kamen wir wohl zweimal bei Adshemow zusammen, und ich kann mich lebhaft an das Gefühl von Hoffnungslosigkeit und Gereiztheit erinnern, das mich allmählich bei diesen Gesprächen überkam. Dan kannte ich kaum, ich war ihm 1906 mehrmals begegnet, doch danach hatte ich ihn nicht mehr gesehen. Seine Einstellung zur jetzigen Situation hatte wenig mit der Zeretelis gemein. Auf unsere (meine und Adshemows) bestimmte Erklärung, daß wir es für die wichtigste Aufgabe des neugegründeten Rates hielten, eine Atmosphäre des allgemeinen Vertrauens zur Provisorischen Regierung zu schaffen und sie in ihrem Kampf gegen den Bolschewismus zu unterstützen, erwiderte Dan, daß er und seine Freunde nicht bereit seien, im voraus ihr Vertrauen und ihre Unterstützung zuzusagen, daß vielmehr alles vom Verhalten der Regierung abhänge und daß sie insbesondere keine Möglichkeit sähen, sich auf den Standpunkt zu stellen, daß es in erster Linie und um jeden Preis um den Kampf gegen die Bolschewisten gehe... «Aber darin bestand doch letztlich das Ziel unserer Übereinkunft», wandten wir ein, «Ihr jetziges Verhalten aber ist dasselbe wie früher, zweideutig, falsch und schwankend, ‹je nachdem›, wodurch der Regierung in keiner Weise geholfen oder ihre Aufgabe erleichtert wird.» Dan suchte nach Ausflüchten, murmelte etwas und fing eine talmudische Polemik an. Wir gingen bedrückt und in dem Bewußtsein auseinander, daß jetzt die alten Scherereien von neuem beginnen, daß unsere «linken Freunde» unverbesserlich sind und daß alle unsere Bemühungen, die darauf abzielten, ein Einvernehmen zu erzielen sowie die Unterstützung der Regierung in ihrem Kampf gegen Anarchie und Aufruhr, so gut wie umsonst gewesen waren.

So kam es dann bekanntlich auch. Die Provisorische Regierung hatte im Rat der Republik keine definitive und sichere Mehrheit, die sie unterstützt hätte. Von entscheidender Bedeutung war in dieser Hinsicht, wie mir scheint, der demonstrative Auszug der Bolschewisten, woraufhin die Internationalisten die extreme Linke bildeten, die mit dem übrigen sozialistischen Sumpf ziemlich eng verbunden war. Der Rat erwies sich als schwerfälliger Koloß, und es brauchte viel Zeit, um ihn zu organisieren und in Gang zu bringen. Den Ältestenrat konnte man getrost als Synedrium bezeichnen: Die meisten seiner Mitglieder waren Juden. Russen waren dort nur Awksentjew, ich, Peschechonow und Tschaikowskij. Ich weiß noch, daß mich Mark Wischnjak darauf aufmerksam machte, der als Sekretär neben mir saß (ich war Beisitzer des Vorsitzenden).

In den Vorverhandlungen stellte sich heraus, daß als Vorsitzender des Rates Awksentjew vorgesehen war, als Beisitzer des Vorsitzenden Peschechonow, Krochmal und ich, als Sekretär Wischnjak.

Awksentjew kannte ich vorher nicht, seine unsinnig-nichtssagende Rede auf der Moskauer Konferenz – die er als Innenminister gehalten hatte – hatte auf mich einen ungünstigen Eindruck gemacht. Die nähere Bekanntschaft mit ihm im Verlaufe des Oktobers und Novembers änderte diesen Eindruck. Persönlich war Awksentjew reizend, er war zweifellos aufrichtig, litt durchaus nicht an Eigendünkel und legte sich genau Rechenschaft darüber ab, daß sich Rußland am Rande eines Abgrundes befand. Als Ratsvorsitzender verhielt er sich untadelig und legte volle Objektivität und Unparteilichkeit an den Tag; in seinen privaten Beziehungen war er ebenso korrekt wie angenehm. Trotzdem konnte man über ihn beim besten Willen nicht sagen, daß er eine hervorragende, starke Persönlichkeit war, die anderen hätte imponieren und sie mitreißen können. Aber natürlich fiel es ihm schwer, sich innerhalb eines Monats – ja, weniger – Autorität zu erwerben.

Eine der praktischen Aufgaben, die unsere Partei sich im Rat gestellt hatte, bestand darin, die Demission General Werchowskijs vom Posten des Kriegsministers zu erreichen. Er hatte von Anfang an völlige Inkompetenz bewiesen und war eine geradezu rätselhafte Figur, eine Art Psychopath, der keinerlei Vertrauen verdiente. Gegen Werchowskij traten im Rat zuerst, äußerst scharf und leidenschaftlich, Adshemow und nach ihm K. N. Sokolow auf, der auf Materialien zurückgriff, die Adshemow ihm besorgt hatte. Einige Zeit später – es muß nach dem 10. Oktober gewesen sein –, als ich morgens aus Awksentjews Arbeitszimmer kam, wo eine Sitzung des Präsidiums stattgefunden hatte, traf ich im Sitzungssaal des Rates Schingarjow, Miljukow und Adshemow bei einer Besprechung. Sie teilten mir mit, daß ein Abgesandter von General Werchowskij ins Marienpalais gekommen sei und übermittelt habe, er, General Werchowskij, wünsche mit den Leitern der Konstitutionell-Demokratischen Partei über wichtige Fragen zu sprechen und bitte, falls sie dazu bereit seien, ihm einen neutralen Ort anzugeben, wo man sich treffen könne. Wir schlugen Werchowskij vor, ins Marienpalais zu kommen, doch er entgegnete am Telefon, er ziehe es vor, sich an einem weniger auffälligen Ort mit uns zu treffen. Wir einigten uns daraufhin auf meine Wohnung in der Morskaja-Straße, wo wir uns auf zwei Uhr mittags verabredeten. Mir ist, als hätte außer den genannten Personen von den Konstitutionellen Demokraten auch noch F. F. Kokoschkin teilgenommen.

Werchowskij traf pünktlich in Begleitung eines Adjutanten ein. Wir nahmen in einem Kreis in meinem Arbeitszimmer Platz. Werchowskij ging sofort in medias res und erklärte, er möchte die Meinung der Führer der Konstitutionellen Demokraten darüber erfahren, ob man nicht unverzüglich alle Maßnahmen ergreifen müßte – darunter Einflußnahme auf die Verbündeten –, um Friedensverhandlungen einzuleiten. Dann begründete er seinen Vorschlag und entwarf das uns teilweise bekannte Bild vom völligen Zerfall der Armee, von der hoffnungslosen Lage des Proviantnachschubs und der Versorgung überhaupt, von den Verlusten an Pferden und dem völligen Ruin der Verbindungswege. Er schloß mit den Worten: «Unter solchen Bedingungen kann unmöglich weiter gekämpft werden, und alle Versuche, den Krieg fortzusetzen, sind nur dazu angetan, die Katastrophe zu beschleunigen.»

Psychologisch war meine Lage sehr schwierig. Weniger als einen Monat zuvor hatte ich an einer privaten Besprechung über ebendiese Frage teilgenommen, zu der Fürst Grigorij Nikolajewitsch Trubezkoi eingeladen hatte. Anwesend waren dort auch Tereschtschenko und Neratow, des weiteren erinnere ich mich an Rodsjanko, Konowalow, Tretjakow (beide waren bereits Minister), Sawitsch (Mitglied der Staatsduma), M. A. Stachowitsch, Maklakow, P. B. Struwe, Baron B. E. Nolde – das waren wohl alle; Miljukow fehlte, er war zu dieser Zeit nicht in Petersburg. Die Diskussion lief letzten Endes darauf hinaus, ob der gegenwärtige Augenblick eine Orientierung auf den Frieden gestatte und ob eine solche Orientierung aufgrund unserer militärischen Situation erforderlich sei.

Lange vor dieser Besprechung hatte ich wiederholt und mit wachsender Besorgnis über diese Frage nachgedacht. Einmal, im Winterpalais, war es ganz zufällig dazu gekommen, daß ich mich mit Tereschtschenko über dieses Thema unterhielt und ihm meine

Bedenken darlegen konnte. Im wesentlichen teilte er sie, beteuerte jedoch, daß General Alexejew zufolge eine Gesundung und Reorganisation der Armee sowie die Vorbereitung auf eine Frühjahrskampagne möglich seien; vorerst müsse und könne die Front gehalten werden. Ich muß sagen, daß mich seine Überlegungen in keiner Weise überzeugten. Als später, hauptsächlich auf Initiative von Baron Nolde und Adshemow, diese Frage bei uns im Zentralkomitee aufgeworfen wurde – es muß wohl nach dem 20. September gewesen sein, ebenfalls in Abwesenheit von Miljukow –, hielt Baron Nolde einen ausführlichen Vortrag, der darauf hinauslief, daß, je länger der Krieg dauere, um so größer und unersetzlicher unsere Verluste seien, daß unsere Armee in immer stärkerem Maße die Beute des Bolschewismus werde, daß man am ganzen Verlauf der Ereignisse schon jetzt das Ende des Krieges als «unentschieden» voraussehen könne, ohne entscheidenden Sieg auf irgendeiner Seite, und daß wir alle Kräfte einsetzen müßten, um die Verbündeten zu Friedensverhandlungen zu bewegen, da ein Separatfrieden selbstverständlich nicht in Frage komme.

Das Zentralkomitee stand dem Vortrag und den darin entwickelten Gedanken in seiner überwiegenden Mehrheit ablehnend gegenüber. Soweit ich mich erinnere, verteidigten ihn nur A. A. Dobrowolskij (sehr entschieden und bestimmt) und ich. Es wurde keinerlei Festlegung getroffen, sondern nur beschlossen, Miljukows Rückkehr abzuwarten und dann das Problem des Krieges und der internationalen Politik erneut in seinem ganzen Umfang aufzurollen. Nebenbei gesagt, hat diese Beratung nicht mehr stattgefunden. Miljukow kam erst um den 10. Oktober zurück (nach unserem Moskauer Kongreß), und zwei Wochen später erfolgte der bolschewistische Umsturz.

Auf der Besprechung bei Trubezkoi wiederholte Baron Nolde mehr oder weniger wörtlich seine ganze Argumentation. Und auch dieses Mal stieß sie insgesamt nicht auf Zustimmung. Besonders heftig widersprach M. W. Rodsjanko, auch Sawitsch und andere widersprachen. Der Kern ihrer Einwände bestand einerseits darin, daß die Tatsache der vollkommenen und irreparablen Auflösung unserer Armee bestritten wurde, andererseits in dem Hinweis, es gebe nicht die geringsten Anzeichen dafür, daß unsere Verbündeten eine Initiative unsererseits, Friedensverhandlungen vorzuschlagen, positiv aufnehmen würden. Auch hier unterstützte ich Nolde. A. I. Konowalow schloß sich aufrichtig und mit großem Eifer ebenfalls Noldes Schlußfolgerungen an. Ich erinnere mich an seine Worte, daß die Regierung, der es gelänge, Rußland Frieden zu geben, eine gewaltige Popularität erringen und überaus stark sein werde.

Ich mußte vor Beendigung der Sitzung gehen und habe die Reden von Struwe und Maklakow nicht mehr gehört, aber wie mir später berichtet wurde, hat von ihnen nur letzterer Nolde teilweise unterstützt. Es wurde beschlossen, periodisch zum Meinungsaustausch zusammenzukommen, doch eine zweite Zusammenkunft hat es nicht mehr gegeben.

Es versteht sich von selbst, daß sowohl im Zentralkomitee als auch während der Besprechung bei Trubezkoi meine Situation eine andere war als bei dem Gespräch mit Werchowskij. Er wandte sich an uns als die Führer der Konstitutionell-Demokratischen Partei. Die größte Autorität unter uns hatten natürlich Miljukow und Schingarjow. Sie fielen sofort über Werchowskij her. Ich mußte schweigen – um so mehr, als Werchowskijs Unfähigkeit, so begründet und einleuchtend seine Argumentation auch war, allzusehr in die Augen stach, und es war ganz unmöglich, in dieser äußerst schwierigen und delikaten Angelegenheit auf ihn zu bauen. Seine ganze Person rief hier ebenso wie auch schon früher einen betont negativen Eindruck hervor. Es war zu befürchten, daß er uns in eine ausweglose Sackgasse führen würde, sobald er seiner eigenen Initiative überlassen war. Außerdem war seine jüngste Vergangenheit – in politischer Hinsicht – dermaßen zweideutig, daß nicht auszuschließen war, daß er den Bolschewisten einfach in die Hände spielen wollte. Die Unterhaltung endete mit der Frage Werchowskijs: «Also kann ich in dieser Richtung nicht auf Ihre Unterstützung rechnen?» Als er eine abschlägige Antwort bekommen hatte, stand er auf und verabschiedete sich.

Am nächsten Tag, auf der Abendsitzung einer Kommission des Rates der Republik, der Kommission für militärische Angelegenheiten, wiederholte er in erweiterter Form seine Argumente mit denselben Schlußfolgerungen. Hier stieß er mit Tereschtschenko zusammen, der ihm unumwunden die Frage stellte: Könne er, Werchowskij, bezeugen, daß alles von ihm Gesagte erstmals auf dieser Sitzung der Kommission vorgebracht werde und daß es in der Regierung keinen Meinungsaustausch über diese Frage gegeben habe? Werchowskij antwortete, daß er das bis zum gegenwärtigen Zeitpunkt tatsächlich noch auf keiner Sitzung der Provisorischen Regierung vorgetragen habe. Der Eindruck, den diese Worte machten, war äußerst skandalös. Werchowskij wurde beurlaubt, wobei klar war, daß er aus dem Urlaub nicht zurückkehren werde. Einige Tage darauf fand der bolschewistische Umsturz statt.

In diesen Oktobertagen versammelten sich in dem mir wohlbekannten Haus Nr. 10 in der Admiralitätsuferstraße, der ehemaligen Wohnung meines Schwiegervaters, in der nunmehr A. G. Chruschtschow wohnte (es war die Wohnung des Direktors der Adelsbank), täglich in der sechsten Abendstunde die Minister der Konstitutionellen Demokraten – Konowalow, Kischkin, Kartaschow und Tretjakow, der sich ihnen angeschlossen hatte – und die zu diesen Beratungen delegierten Mitglieder des Zentralkomitees – Miljukow, Schingarjow, Winawer, Adshemow und ich. Das Ziel dieser Beratungen bestand darin, den ständigen Kontakt der Minister mit dem Zentralkomitee aufrechtzuerhalten sowie ständig und richtig über alles unterrichtet zu werden, was in der Regierung vor sich ging. Bei diesen Zusammenkünften machte Konowalow stets einen äußerst bedrückten Eindruck, und es sah so aus, als hätte er alle Hoffnung aufgegeben. «Ach, lieber Wladimir Dmitrijewitsch, es ist schlimm, sehr schlimm!» – an diesen Satz von ihm kann ich mich gut erinnern, er hat ihn oft zu mir gesagt; mir brachte er besonderes Vertrauen entgegen, und er war mir wohlgesinnt.

Besonders bedrückte ihn Kerenskij. Damals war Konowalow endgültig von ihm enttäuscht und hatte jedes Vertrauen zu ihm verloren. Vor allem brachte ihn Kerenskijs Unbeständigkeit zur Verzweiflung; es war völlig unmöglich, sich auf seine Worte zu verlassen, jedem Einfluß und Druck von außen, bisweilen dem allerzufälligsten, gab er nach. «Auf Schritt und Tritt ist das so, es kommt fast jeden Tag vor», sagte Konowalow. «Über alles hat man sich mit ihm abgesprochen, man besteht auf diesen oder jenen Maßnahmen und hat endlich Einverständnis erzielt. ‹Nun, Alexander Fjodorowitsch, jetzt ist es also endgültig und fest beschlossen und es wird keine Änderung mehr geben?› Man bekommt eine kategorische Zusicherung. Man verläßt sein Arbeitszimmer, und ein paar Stunden später erfährt man von einem gänzlich anderen, bereits realisierten Beschluß oder bestenfalls davon, daß eine unaufschiebbare Maßnahme, die sogleich, heute noch, getroffen werden sollte, wieder aufgeschoben worden ist, daß neue Zweifel aufgetaucht oder alte wieder hochgekommen sind, die schon beseitigt schienen. Und so tagaus, tagein, jedesmal läßt man sich einen neuen Bären aufbinden.» Besonders beunruhigten Konowalow und uns alle die militärische Lage Peterburgs sowie die Rolle von Oberst Polkownikow, zu dem er nicht das geringste Vertrauen hatte. Anscheinend machte Kerenskij in diesen Tagen eine Zeit geistiger Niedergeschlagenheit durch; ihn zu irgendwelchen energischen Schritten zu bewegen, war völlig unmöglich, aber die Zeit verging, die Bolschewisten arbeiteten, was das Zeug hielt, und genierten sich immer weniger. Die Lage wurde von Tag zu Tag bedrohlicher. In der Stadt gingen Gerüchte um über eine in den nächsten Tagen bevorstehende Aktion der Bolschewisten, die jedermann in Aufregung und Unruhe versetzten. In diesen Tagen wurde die bereits nicht mehr durchführbare Anordnung erlassen, Lenin zu verhaften.

Am Vorabend des bolschewistischen Aufstands tauchte Kerenskij bekanntlich im Rat der Republik auf, gab die Aufdeckung einer Verschwörung bekannt und bat um Unterstützung und Vollmachten. Zufällig war ich zu dieser Zeit nicht im Marienpalais, ich kam erst etwas später hinzu. Es herrschte völlige Ratlosigkeit, das übliche, unter den gegebenen Umständen in seiner Erbärmlichkeit besonders erschütternde Schauspiel der Suche nach Kompromißformeln, die eine Mehrheit finden könnten. Die Konstitutionellen Demokraten schlugen keine eigene Formel vor, sondern beschlossen, sich derjenigen der Volkssozialisten und der Kooperativen anzuschließen, doch letztere stimmten nicht geschlossen, und so kam es, nachdem die Abstimmung durch Türausgänge vorgenommen worden war, zu keiner Mehrheit. Im entscheidenden Moment zeigte sich der Rat der Republik unfähig, er erwies der Regierung keine moralische Unterstützung – im Gegenteil, er versetzte ihr einen moralischen Schlag, weil er ihre Isoliertheit offenkundig machte. Ich will nicht behaupten, daß ein anderes Abstimmungsergebnis den Lauf der Ereignisse auf längere Zeit abgewendet und die Bolschewisten gestört hätte, aber das Ergebnis dieses traurigen und beschämenden Tages mußte ihre Stimmung heben, ihre Hoffnung beflügeln und ihre Entschlossenheit kräftigen. Andererseits zeigten sich an diesem Tage besonders deutlich die negativen Züge unserer «revolutionären Demokratie», ihre kurzsichtige Stupidität, der Fanatismus der Worte und Formulierungen und das Fehlen staatsmännischen Gespürs. Keine vernünftige, starke und echte Regierung hätte mit solchen Elementen arbeiten können. Tief bedrückt gingen wir auseinander.

Am nächsten Tag, gegen zehn Uhr vormittags, als ich noch bei der Toilette war, klopfte das Dienstmädchen bei mir an und sagte, zwei Offiziere wünschten mich zu sehen. Ich ließ sie in mein Arbeitszimmer bitten und ging ein paar Minuten später zu ihnen. Die Offiziere waren mir unbekannt. Sie waren sehr aufgeregt. Nachdem sie sich vorgestellt und ihren Dienstrang genannt hatten (einer war, soweit ich mich erinnere, Stabshauptmann, der andere Leutnant), sagte der ältere von ihnen: «Sie sind wahrscheinlich bereits über die Ereignisse unterrichtet und wissen, daß ein Aufstand ausgebrochen ist; Post, Telegrafen- und Telefonzentrale, Arsenal und Bahnhöfe sind besetzt, alle wichtigen Punkte sind in den Händen der Bolschewisten, die Truppen gehen auf ihre Seite über, es gibt keinerlei Widerstand, die Sache der Provisorischen Regierung ist verloren. Unsere Aufgabe ist, Kerenskij zu retten und ihn möglichst schnell in einem Automobil fortzubringen, zu jenen der Provisorischen Regierung noch ergebenen Truppen, die sich auf Luga zu bewegen. Unsere Lastwagen sind entweder beschlagnahmt oder defekt. Zu Ihnen kommen wir mit der Bitte, daß Sie uns eventuell selbst zwei geschlossene Automobile geben oder uns sagen, an wen wir uns wegen Autos wenden könnten. Jede Minute ist kostbar.»

Ich war dermaßen verblüfft, daß ich im ersten Moment dachte, die beiden wollten auf spitzbübische Weise ein Auto ergattern und es beiseite schaffen. Ich fragte, wo sich Kerenskij befinde. Der Offizier antwortete, daß er sich im Wehrbezirksstab, und zwar in Polkownikos Arbeitszimmer aufhalte. Ich stellte noch zwei, drei Fragen. Dann mußte ich den Offizieren erklären, daß ich selbst nur einen alten offenen Benz für Stadtfahrten besitze, schwach und klapprig und ganz und gar nicht dem ins Auge gefaßten Zweck entsprechend, und andere Autos wüßte ich kaum anzugeben, da ich nach so vielen Requirierungen – vor und nach dem Umsturz – keine Bekannten hätte, die über derartige Autos verfügten. Deshalb könne ich ihnen auf keine Weise nützlich sein. Die Offiziere machten sich sofort auf den Weg, um es, wie sie sagten, an anderen Stellen zu versuchen.

Nachdem ich sie verabschiedet hatte, unterrichtete ich meine Frau über das, was sich draußen abspielte. Daraufhin ging ich ins Marienpalais, wo sich jeden Morgen nach zehn Uhr das Präsidium des Rates der Republik versammelte. Dort waren schon ziemlich viele Leute. Die vorherrschende Stimmung war Ratlosigkeit, Aufgeregtheit und Hilflosigkeit. Die Fraktion der Sozialrevolutionäre fehlte ganz und gar, von den Sozialdemokraten waren auch nicht viele anwesend. Awksentjew wußte nicht, was er tun sollte. Die Sitzung konnte er nicht eröffnen, weil zu wenige Mitglieder da waren, vor allem aber fehlte seine eigene Fraktion vollständig. Nachdem sie ziemlich lange gewartet hatten, wurden die versammelten Ratsmitglieder ungeduldig und forderten, daß entweder die Sitzung eröffnet oder erklärt werden sollte, daß sie nicht stattfinde. Awksentjew rief den Seniorenkonvent zusammen, um zu beschließen, was zu tun sei. Um diese Zeit teilte der Ratsdiener mit, daß Kerenskij gerade mit zwei Adjutanten in einem offenen (sic!) Wagen zum Wosnessenskij-Prospekt gefahren sei, gefolgt von einem zweiten, geschlossenen Auto. Wo sich die anderen Mitglieder der Provisorischen Regierung befanden und was sie machten, wußte niemand zu sagen ...

Kurz darauf, unmittelbar nach Eröffnung der Sitzung des Seniorenkonvents, bat J. D. Kuskowa – die nicht zum Seniorenkonvent gehörte – um Erlaubnis eintreten zu dürfen und teilte mit, daß eine Abteilung Soldaten unter Führung eines Offiziers eingetroffen sei, die alle Ausgänge zum Platz besetzt habe, und daß der Offizier den Vorsitzenden zu sehen wünsche. Als Antwort wurde die Erklärung abgegeben, der Vorsitzende habe zu tun, es finde eine Sitzung des Ältestenrates statt; nach deren Beendigung sei der Vorsitzende zu sprechen. Nach einiger Zeit trat J. D. Kuskowa erneut ins Zimmer. Der Anführer der Abteilung schlage allen Versammelten und allen Ratsmitgliedern vor, unverzüglich das Marienpalais zu verlassen, andernfalls würden härtere Maßnahmen ergriffen, bis hin zum Gebrauch der Schußwaffe. Das hinterließ einen nachhaltigen Eindruck. Offensichtlich war niemand von der Perspektive angetan, sein Leben zum Ruhm des Rates der Russischen Republik in die Schanze zu schlagen, und es gab auch keinen Anlaß, berühmte historische Präzedenzfälle zu beschwören, denn der Rat der Republik war eine durchaus zufällige Einrichtung, ad hoc ersonnen und in keiner Hinsicht einer Volksvertretung adäquat. Es gab wirklich keinen Grund, sie um jeden Preis zu verteidigen. Man konnte in aller Deutlichkeit erkennen, daß die Sache des Rates eng mit der Situation der Provisorischen Regierung zusammenhing.

Als Antwort auf das Ultimatum wurde in aller Eile eine klischeehafte Resolution entworfen, in der die gegen den Rat angewandte Gewalt verurteilt und zugleich angekündigt wurde, daß er bei der ersten Gelegenheit erneut einberufen werde. Ich glaube, jemand schlug vor, daß alle anwesenden Ratsmitglieder im Plenarsaal zusammenkommen sollten, aber dieser Vorschlag wurde nicht angenommen, da die Zahl der Mitglieder rasch zusammenschmolz und keine imponierende Demonstration zu erwarten gewesen wäre. Als wir in das Foyer traten, das unmittelbar an den Plenarsaal stößt, zeigte sich, daß die gesamte Treppe und das erste Vorzimmer im Obergeschoß dicht von bewaffneten Soldaten und Matrosen besetzt waren. Sie standen in zwei Reihen auf beiden Seiten der Treppe. Die gleichen stupiden, blöden und böswilligen Physiognomien wie sonst. Ich denke, nicht einer von ihnen hätte erklären können, weshalb er hier war, wer ihn geschickt und mit wem er es zu tun hatte.

Ich begleitete Miljukow, um mich davon zu überzeugen, daß er ungehindert das Palais verließ. In dem großen Flur unten trafen wir auf eine Menge Soldaten und Matrosen, die ebenfalls reihenweise bis zu den Türen standen. Der Eingang war besetzt, ein Marineoffizier ließ die Menschen passieren. Jeder, der hinausging, mußte seine Namenskarte vorweisen. Offensichtlich geschah dies mit dem Ziel, die Personalien festzustellen und zuvor erhaltene Anordnungen auszuführen, und ich war überzeugt, daß Miljukow und ich verhaftet werden würden. Wir gingen hintereinander zur Tür, ich vor ihm. Unmittelbar bevor ich aus der Tür treten wollte, kam es auf der Vortreppe zu einem Stau, die Bewegung stockte. Zwei, drei qualvolle Minuten vergingen. Wie in allen ähnlichen Situationen, die ich in meinem Leben durchgemacht habe, verspürte ich nur eine große nervliche Anspannung, weiter nichts. Man ließ uns passieren. Mir schien, daß der Offizier beim Blick auf Miljukows Karte etwas zögerte, doch währte das höchstens eine Sekunde – dann standen wir beide auf dem Platz. Ich lud ihn zu mir zum Frühstück ein, doch er sagte mir, daß er es vorziehe, nach Hause zu gehen; so trennten wir uns mit einem Händedruck. Wir sahen uns erst wieder im Jahre 1918, vom 10. bis 23. Juni in Kiew, nach fürchterlichen siebeneinhalb Monaten ...

Nach Hause zurückgekehrt, blieb ich eine Weile dort, und gegen drei Uhr begab ich mich zu Bekannten, die an der Fontanka, unweit der Einmündung des Wosnessenskij-Prospektes, wohnten. Gegen vier Uhr rief ich von dort zu Hause an und erkundigte mich, ob es etwas Neues gebe. Meine Frau teilte mir mit, daß gerade ein

Bote von A. I. Konowalow dagewesen sei (ein Zeitungsmitarbeiter) und eine dringende Einladung überbracht habe, ich möge ins Winterpalaïs kommen, wo sich die Mitglieder des Rates der Republik und Vertreter gesellschaftlicher Organisationen versammelten. Dort fände eine Sitzung der Provisorischen Regierung unter militärischem Schutz statt. Ich wunderte mich über diese unerwartete Einladung, doch beschloß ich natürlich sofort, ihr zu folgen. In der Podjatscheskaja-Straße setzte ich mich in eine Straßenbahn und fuhr bis zum Konnogwardejskij-Boulevard, stieg um und fuhr bis zum Schloßplatz. Dort sah ich, daß der Platz umstellt war. Soldaten standen in lockeren Reihen entlang der Allee, die parallel zum Alexandergarten verläuft, sowie rings um den Platz und an der Umzäunung entlang, die den Schloßgarten umgibt. Auf den Trottoirs drängte sich ziemlich viel Volk. Es war schwer auszumachen, was vorging und wozu die Truppen aufgestellt waren.

Meiner Gewohnheit treu, in derartigen Fällen keine Fragen zu stellen, zog ich meinen Passierschein für das Winterpalais heraus – diesen Passierschein benutzte ich, wenn ich Sitzungen der Provisorischen Regierung besuchte –, wies ihn schweigend dem erstbesten Soldaten vor und wurde von ihm widerspruchslos durchgelassen. Ungehindert passierte ich das Tor und ging auf dem gewohnten Weg in das Palais, durch den Saltykow-Eingang, stieg die Treppe hinauf und ging in den Malachitsaal. Dort waren sämtliche Minister mit Ausnahme von N. M. Kischkin versammelt; er war zu dieser Zeit im Gebäude des Wehrbezirksstabes, ebenfalls am Schloßplatz, und «organisierte» die Verteidigung mit einem bekanntermaßen äußerst beklagenswerten Resultat. Aufs höchste erregt schien Konowalow zu sein. Die Minister standen in Gruppen beisammen, manche gingen im Saal auf und ab, andere standen am Fenster, S. N. Tretjakow setzte sich neben mich auf ein Sofa und erzählte mißbilligend, daß Kerenskij sie im Stich gelassen und verraten habe und daß die Lage hoffnungslos sei. Andere sagten – ich erinnere mich an Tereschtschenko –, daß man nur achtundvierzig Stunden «ausharren» müsse, dann träfen die auf Petersburg anrückenden regierungstreuen Truppen ein.

Mein Kommen wurde sehr begrüßt. Es zeigte sich, daß Konowalow Boten in alle Richtungen geschickt hatte, um «lebendige Kräfte» zu sammeln, die bereit wären, sich um die Regierung zu scharen und sie zu unterstützen. Manche der Boten wurden unterwegs von den Bolschewisten festgehalten, andere erreichten ihren Bestimmungsort und überbrachten die Einladung. Außer mir reagierte jedoch niemand darauf. Es versteht sich von selbst, daß sich meine Anwesenheit als völlig nutzlos erwies. Ich konnte mit nichts helfen, und als klar war, daß die Provisorische Regierung nicht vorhatte, etwas zu unternehmen, sondern eine abwartend passive Haltung einnahm, zog ich vor, mich zu entfernen – gerade in dem Augenblick (kurz nach sechs Uhr), als man kam, um Konowalow zu sagen, daß das Essen aufgetragen sei. Im Korridor traf ich Journalisten, angeführt von L. M. Kljatschko-Lwow. Sie teilten mir mit, daß sie vorhätten, bis zum Schluß bei der Provisorischen Regierung zu bleiben. Tatsächlich gingen sie nicht lange nach mir, sie konnten das Palais jedoch nur noch mit Mühe verlassen. Ich gelangte völlig ungehindert hinaus und ging nach Hause. Etwa fünfzehn oder zwanzig Minuten nach meinem Aufbruch wurden alle Ausgänge und Tore von den Bolschewisten besetzt, die niemanden mehr passieren ließen. So hat nur ein glücklicher Zufall mich davor bewahrt, das Schicksal der Provisorischen Regierung zu teilen und alle jene Widerwärtigkeiten durchzumachen, die schließlich in der Peter-und-Paul-Festung endeten.

Den Abend dieses stürmischen Tages, so erinnere ich mich, verbrachte ich zu Hause. Am nächsten Tag, gegen zwei Uhr, begab ich mich in die Stadtduma. Am Morgen hatte sich unser Zentralkomitee im Hause der Gräfin S. W. Panina versammelt; es trat auch während der nächsten zehn bis fünfzehn Tage weiterhin täglich zusammen, bald bei der Panina, bald bei W. A. Stepanow, einmal auch bei Kutler, und zwar an dem Tag, als von den Offiziersschülern der Versuch unternommen wurde, die Telefonzentrale zu besetzen. Tagsüber versammelte sich täglich die Stadtduma, und abends hielt das unmittelbar nach dem Umsturz gebildete «Komitee zur Rettung der Heimat und der Revolution» in der Juristischen

Hochschule seine Sitzungen ab, wozu es den Raum des Bauernbundes benutzte.

Die Stadtduma erinnerte in diesen Tagen an einen großen, aufgestörten Ameisenhaufen. Alle Säle, Zimmer, Gänge und Treppen wimmelten von Menschen. Wen konnte man hier nicht alles treffen! Aber leider konnte man sich nur in den allerersten Tagen Illusionen hingeben und glauben, daß die Stadtduma zusammen mit dem Rettungskomitee sich in ein Organisationszentrum verwandeln und den Bolschewisten nachdrücklichen Widerstand entgegensetzen würde. Sehr bald wurde klar, daß ihnen keinerlei wirkliche, organisierte Kraft zur Verfügung stand. Zu meinen schlimmsten Erinnerungen rechne ich eine Fahrt, die ich zusammen mit Awksentjew und, soweit mir erinnerlich, mit Schreider (dem Stadtoberhaupt) und Issajew (dem Vorsitzenden der Stadtduma) zum englischen Botschafter Buchanan machte. Diese Fahrt unternahmen wir am Tage nach dem Umsturz. Sie hatte zum Ziel, den Botschafter zu «beruhigen», ihm zu versichern, daß der Erfolg des bolschewistischen Aufstandes nur scheinbar, daß er unecht sei und daß Kerenskij mit einem ganzen Korps Petersburg und der Provisorischen Regierung zu Hilfe eile. Gott weiß, wieweit wir selbst an diese beschwichtigenden Erklärungen glaubten ...

Buchanan, den ich vor meiner Reise nach England im Januar 1916 in demselben Arbeitszimmer getroffen hatte, in dem er uns jetzt empfing, war verstört und niedergeschlagen. Das Gespräch verlief stockend, zumal Awksentjew sich nur mit Mühe auf französisch verständigen konnte. Erst bei der Erwähnung des erwarteten Korps lebte der Botschafter etwas auf. Insgesamt hat diese unnütze Visite einen unangenehmen Eindruck bei mir hinterlassen. Es kamen einem die großspurigen Reden auf dem Botschafterempfang der Provisorischen Regierung im Marienpalais in den Sinn, Reden, aus denen der Glaube an die Macht der Regierung und an die Größe der Revolution tönten, und unwillkürlich drängte sich ein Vergleich dieses noch gar nicht so weit zurückliegenden Empfangs mit den schmählichen Vorgängen um den bolschewistischen *coup de main* auf. Wie man weiß, offenbarten die folgenden Tage die ganze Vergeblichkeit der Hoffnungen auf militärische Stärke; sie endeten mit der Zerschlagung der Kosaken Krasnows und mit Kerenskijs Flucht.

Die Sitzungen der Stadtduma waren reine Hysterie. Den Ton gab das Stadtoberhaupt G. I. Schreider an, ein in vieler Hinsicht ehrenwerter Mann, der aber sozusagen alle Hemmungen verloren hatte. Die lächerliche «Allrussische Landesversammlung», die er angeblich im Auftrag der Stadtduma einberufen hatte – in Wirklichkeit hatte es nur alberne Debatten gegeben, und es war lediglich eine Art Empfehlung angenommen worden –, erwies sich als völliger Reinfall. Unter den gegebenen Umständen war auch gar nichts anderes zu erwarten gewesen. Die Bolschewisten betrachteten diesen Versuch zur «Organisierung der öffentlichen Meinung» gewiß mit größter Ironie und setzten ihre sehr realen Unternehmungen fort. Was die täglichen Dumasitzungen betrifft, so trugen sie den Charakter eines endlosen Meetings. Es gab weder Tagesordnung noch Arbeitsplan. Alles vollzog sich in Form von dringlichen, eiligen und außerordentlichen Erklärungen. Am häufigsten gab sie das Stadtoberhaupt selbst ab. Anschließend kam es dann zu stürmischen Debatten.

Die Bolschewisten besuchten nach dem Umsturz die Sitzungen in der Regel nicht mehr, sie beließen dort lediglich zwei Vertreter ihrer Fraktion: den stimmberechtigten Kobosew, ein abscheuliches Subjekt, und noch jemanden. Diese Herren versuchten es anfangs mit Geschimpfe, doch dann saßen sie meist schweigend da, und nach einiger Zeit erschienen sie ebenfalls nicht mehr zu den Sitzungen. In unserer Fraktion spielte der arme A. I. Schingarjow die erste Geige. Er hielt fortwährend höchst leidenschaftliche Reden und beschimpfte die Bolschewisten immer wieder als Verräter und Mörder. Wir konnten nicht ahnen, daß diese Reden sein Schwanengesang waren . . . Etwas später kam Winawer aus Moskau, wo ihn der Umsturz überrascht hatte. Aber ich kann mich nicht an irgendwelche bedeutenden Reden von ihm aus dieser Zeit erinnern.

Von der Stadtduma waren aus der Fraktion der Konstitutionellen

Demokraten Gräfin S. W. Panina, Fürst W. A. Obolenskij und ich in das Komitee zur Rettung der Heimat und der Revolution delegiert worden. Wir besuchten diese Sitzungen sehr gewissenhaft, besonders in den ersten Tagen, als es noch den Anschein hatte, man könne um das Komitee irgendwelche aktiven Kräfte sammeln und etwas unternehmen. Unsere persönliche Situation im Komitee war recht eigenartig. Seine Zusammensetzung, ex professo, war «demokratisch», in jenem besonderen Wortsinn, der aus dem Begriff alle nichtsozialistischen Elemente ausklammert. Deshalb gehörte niemand von uns zum Büro des Komitees. Jede einigermaßen konkrete Arbeit des Komitees spielte sich jedoch hier ab, von hier aus wurde auch die militärische Aktion (der Offiziersschüler) organisiert, die zu einem so tragischen Finale führte. Im Komitee selbst beschäftigte man sich mit Resolutionen, wobei man nach alter Gewohnheit über jeden Satz und jedes einzelne Wort stritt, als ob von diesen Sätzen und Worten die Rettung «der Heimat und der Revolution» abhinge. Die Anzahl der sich Versammelnden schmolz immer mehr dahin, die Ziellosigkeit und Fruchtlosigkeit der Sitzungen wurde immer offenkundiger.

So vergingen die ersten Tage nach dem Umsturz. Morgens Sitzungen des Zentralkomitees, Gespräche, die sogenannte «Information», die mindestens zur Hälfte aus allen möglichen ungeprüften Gerüchten und phantastischen Erzählungen bestand, anschließend lange, ermüdende, vollkommen fruchtlose Debatten, die mit der Annahme irgendeines Entwurfes zu irgendeinem Aufruf oder mit einer niemandem dienlichen Resolution endeten. Die fünfzehn bis zwanzig Personen, die sich jedesmal versammelten, spürten nur allzu deutlich, allzu unzweifelhaft ihre völlige Machtlosigkeit und Isoliertheit sowie das Fehlen von Organisationen, auf die sie sich hätten stützen können. Ähnlich war die Stimmung in der Stadtduma und im Rettungskomitee.

In den ersten Tagen sah es so aus, als ob die Frage einer möglichen Wahlkampagne zur Konstituierenden Versammlung sich von selbst erledige. Ich kann mich erinnern, daß ich mich in diesem Sinne sowohl im Zentralkometee als auch in der Allrussischen Wahlkommission geäußert habe. Letztere beschloß, ihre Arbeit vorübergehend einzustellen, und tatsächlich trat sie (ungefähr) zwei Wochen lang nicht zusammen. Alle erwarteten, daß die Bolschewisten eine Kampagne gegen die Konstituierende Versammlung initiieren würden, aber sie waren schlauer. Wie man weiß, beschuldigten sie in ihrem ersten Manifest die Provisorische Regierung, daß sie die Einberufung der Konstituierenden Versammlung hinauszögere; in den ersten vier Wochen nach dem Umsturz bekundeten sie ihre Entschlossenheit, sie einzuberufen. Und erst als sie ihre Macht erkannten – oder richtiger: als sie sich von der Machtlosigkeit ihrer Gegner überzeugt hatten –, ließen sie, zunächst vorsichtig, dann offen und grob, die Katze aus dem Sack.

Die Wahlkampagne im November wurde in Petersburg also nicht behindert. Das erste von unserer Partei organisierte Meeting war, wenn ich mich nicht irre, auf Sonntag, den 5. November, angesetzt. A. I. Schingarjow sollte reden. Wir erwarteten bolschewistische Demonstrationen, Störversuche und so weiter. Nichts dergleichen geschah. Wie üblich lockte das Meeting ausschließlich konstitutionell-demokratische oder mit den Konstitutionellen Demokraten sympathisierende Wähler; obendrein fand es in der Tenischew-Schule im Litejnyj-Bezirk statt, dieser Zitadelle der Konstitutionellen Demokraten, und es verlief, wie es hieß, sehr enthusiastisch. Danach gab es eine ganze Serie von Meetings in Petersburg und Umgebung. Ich sprach in der Tenischew-Schule, im Saal der Kalaschnikow-Börse, im Gymnasium auf dem Kasaner Platz, in Luga und in Peterhof. Außerdem – auf besondere Einladung – im Saal des Generalstabs (vor den Offizieren) und in der Gesellschaft «Salamander» (vor den Angestellten). Möglicherweise habe ich auch noch anderswo gesprochen, worauf ich mich im Augenblick nicht besinnen kann. Vertreter anderer (sozialistischer) Parteien traten auf diesen Meetings fast nicht auf, die Bolschewisten fehlten gänzlich. Die Stimmung des Publikums war im allgemeinen beunruhigt und bedrückt.

Auf einer der ersten Sitzungen des Komitees zur Rettung der Heimat und der Revolution teilte mir Gräfin S. W. Panina mit, es wäre gut, wenn ich an der Sitzung der Gehilfen der Minister der Provisorischen Regierung, die in der Wohnung A. A. Demjanows in der Bassejnaja-Straße angesetzt sei, teilnähme. Wenn ich mich nicht irre, bin ich nur auf einer einzigen Sitzung (der ersten) gewesen, und ich erinnere mich nur mit größtem Unbehagen an diese Versammlung völlig kopfloser Leute. Außer den Gehilfen der Minister nahmen auch drei sozialistische Minister teil, die von den Bolschewisten bekanntlich gleich in den ersten Tagen aus der Peter- und-Paul-Festung wieder freigelassen worden waren. Als sie (Nikitin, Maljantowitsch und Gwosdjow) das Zimmer betraten, versuchte Demjanow, sie «mit Applaus zu begrüßen», doch niemand schloß sich ihm an. Die etwas sensibleren Leute begriffen, daß es hier nichts zu applaudieren gab.

Die Freilassung der sozialistischen Minister hatte unter Umständen stattgefunden, die für sie keineswegs ehrenvoll waren. Als ihnen nämlich eröffnet wurde, daß sie frei seien, die «bürgerlichen» Minister aber weiterhin in Festungshaft bleiben müßten, hätte kameradschaftliche Solidarität sie veranlassen müssen – so hätte man meinen sollen –, gegen eine solche Unterscheidung (deren Absurdität dadurch unterstrichen wurde, daß das Haupt der Provisorischen Regierung schließlich ein Sozialist war) kategorisch zu protestieren, und zwar nicht mit Worten oder schriftlichen Erklärungen, sondern durch die Tat, indem sie die ihnen unter solchen Umständen zugebilligte Freiheit ablehnten. Wenn man sie dann mit Gewalt aus der Festung geschafft hätte, nun, gegen Gewalt wäre nichts auszurichten gewesen. Aber so fortzugehen, wie sie gegangen waren, das freilich war unzulässig, und ich habe volles Verständnis, daß A. I. Konowalow, als ihm darüber Mitteilung gemacht wurde, äußerst niedergeschlagen war.

Gleichsam zur Vervollständigung des Bildes hielt es einer der Minister (ich glaube, Gwosdjow) für angebracht, eine Begegnung mit M. I. Tereschtschenko zu erbitten, um sich mit ihm zu «beraten» und ihn zu fragen, wie er und die anderen in der Festung verbleibenden Minister sich zu der Freilassung der Sozialisten stellten! Was sollte der arme Tereschtschenko darauf antworten? Natürlich sagte er, daß man die Liebenswürdigkeit der Bolschewisten nutzen müsse; seine wahren Gefühle konnte er dennoch nicht ganz verbergen, und er war augenscheinlich ebenfalls niedergeschlagen – so berichtete sein Gesprächspartner selbst. Natürlich fehlte es nicht an schönen Vorwänden, das Verhalten der sozialistischen Minister zu erklären. Sie hätten die Festung angeblich deshalb verlassen, um zu «kämpfen», um den Schein des «Machtapparates» aufrechtzuerhalten und – in erster Linie – um die Befreiung der übrigen Mitglieder der Provisorischen Regierung zu erwirken. Tatsächlich aber zeigte sich sogleich, daß sie in allen diesen Punkten vollkommen hilflos waren. Der wohl sensibelste von ihnen, A. M. Nikitin, litt ganz offensichtlich unter dieser Situation. Auf der Sitzung, der ich beiwohnte, richtete er mit großer Bewegung eine Interpellation an Gwosdjow, dieser solle gemeinsam mit ihm, Nikitin, in den Smolny gehen, um kategorisch und «ohne vor irgend etwas haltzumachen» die Freilassung der in Haft verbliebenen Minister zu fordern, im Falle einer Absage aber zu verlangen, daß die Freigelassenen wiederum in Haft genommen werden! Gwosdjow zeigte jedoch nicht die geringste Bereitschaft, dieser Aufforderung nachzukommen, und die übrigen Anwesenden – in erster Linie Demjanow – bewiesen Nikitin, daß sein Plan phantastisch und undurchführbar sei, daß die Aufgabe vielmehr darin bestehe, die Überbleibsel der Provisorischen Regierung zu «bewahren». Schließlich verzichtete Nikitin auf sein Vorhaben.

Die Episode mit Nikitin ist das Prägnanteste, was mir aus dieser ganzen Sitzung in Erinnerung geblieben ist. Sie wurde äußerst chaotisch geführt; Demjanow als Vorsitzender verstand weder Fragen aufzuwerfen noch Debatten zu konkretisieren. Es war der gewöhnliche, unerträgliche Wortschwall endloser Reden, denen niemand zuhört. Die Stimmung im allgemeinen war fürchterlich, und bei manchen – insbesondere bei Gwosdjow – geradezu panisch. An konkreten Kampfmaßnahmen wurde, glaube ich, nur eine erörtert, der Beamtenstreik. Es darf festgestellt werden, daß dieser Streik und der heroisch-sinnlose Angriff der Offiziersschüler der einzige wirkliche Widerstand gegen die Bolschewisten waren.

In der Folge nahm ich an diesen Versammlungen nicht mehr teil, da mich meine offizielle Stellung zur Provisorischen Regierung dazu überhaupt nicht befugte, außerdem war meine persönliche Einstellung ganz und gar ablehnend.

Im Zusammenhang mit der beginnenden Wahlkampagne, etwa zwei Wochen nach dem Umsturz, beschloß die Allrussische Wahlkommission, sich gemeinsam mit der Kanzlei vollzählig im Marienpalais zu versammeln – von wo die bolschewistische Bewachung zu dieser Zeit bereits abgezogen war – und darüber zu beraten, ob sie ihre Arbeit wiederaufnehmen sollte oder nicht. Neben politischen Zweifeln weckte diese Frage auch ernsthafte juristische Bedenken. Angesichts der Bedingungen, unter denen Wahl und Wahlkampagne ablaufen mußten, war vorauszusehen, daß eine ganze Reihe von Vorschriften des Wahlgesetzes (bezüglich der Fristen, der Zusammensetzung der Kommissionen usw.) nicht würde befolgt werden können. In vergleichbaren früheren Fällen, die es auch vor dem Umsturz gegeben hatte, hatte die Allrussische Kommission bei der Provisorischen Regierung eine entsprechende Vorlage eingebracht und so auf gesetzlichem Wege in besonderen Fällen eine Abweichung vom Gesetz erreicht. Der bolschewistische Umsturz hatte diesen Weg zunichte gemacht, da die Provisorische Regierung faktisch gestürzt war, und die neugebildete Sowjetmacht konnte von der Allrussischen Kommission nicht anerkannt werden. Auf diese Weise ergab sich beispielsweise überall dort, wo es unmöglich war, die vom Gesetz geforderten Fristen einzuhalten oder eine Wahlkommission in der vom Gesetz vorgeschriebenen Zusammensetzung zu bilden, eine ausweglose Lage.

Die Allrussische Kommission konnte aufgrund ihrer Stellung nur arbeiten, wenn es eine Regierung gab. Von diesen Vorstellungen ließen wir uns leiten, als wir unmittelbar nach dem Umsturz beschlossen, die Tätigkeit der Kommission einzustellen, und Maßnahmen zum Schutz ihres Schriftverkehrs und ihrer Dokumente ergriffen. Es darf nicht vergessen werden, daß damals niemand – uns eingeschlossen – auch nur eine Minute an eine längere Dauer des bolschewistischen Regimes glaubte und jeder seine schnelle

Beseitigung erwartete. Unabhängig von diesen Erwägungen machten die Verwirrung und das aller Orten eingetretene Chaos der Tätigkeit sämtlicher Wahlinstitutionen ein Ende. Damit wurde vorübergehend auch die mit den Wahlen unmittelbar und organisch zusammenhängende Tätigkeit der Allrussischen Kommission eingestellt.

Doch Tag um Tag verging, und die Situation änderte sich insofern, als die Untätigkeit der Allrussischen Kommission sehr leicht so ausgelegt werden konnte, als wolle sie die Wahlen vorsätzlich bremsen, als wolle sie sie «sabotieren». Aus der Provinz trafen Telegramme mit Anfragen ein, wie zu verfahren sei, ob Wahlen stattfänden oder welche Direktiven den örtlichen Wahlinstitutionen als Leitfaden dienen sollten. Andererseits schien sich die bolschewistische «Regierung» selbst darauf vorzubereiten, die Einberufung der Konstituierenden Versammlung zum angesetzten Zeitpunkt, nämlich am 28. November, zu forcieren, indem sie die Provisorische Regierung dreist beschuldigte, sie hätte die Wahlen hinauszögern wollen. Alle diese Umstände veranlaßten die Kommission, die Frage ihrer weiteren Tätigkeit erneut zu erörtern. Zu diesem Zweck wurde beschlossen, wiederum zusammenzukommen.

Als ich am festgesetzten Tag ins Marienpalais kam, fand ich sehr verstörte Kanzleibeamte vor. Es zeigte sich, daß der Vorsitzende der Kommission, N. N. Awinow, eilig und unerwartet nach Moskau gereist war und daß die Verpflichtungen des Vorsitzenden auf mich übergegangen waren; das erste, was ich als Vorsitzender durchzuführen hatte, war eine Unterredung mit Vertretern des Rates der Volkskommissare, dem Geschäftsführer Bontsch-Brujewitsch und einem Soldaten. Nach Auskunft der Kanzleibeamten hatten die beiden, als sie ins Palais gekommen waren, nach der Allrussischen Kommission gefragt, und nachdem sie einen entsprechenden Hinweis erhalten hätten, seien sie in die Kanzlei gekommen und hätten verlangt, daß man ihnen die Akten zeige und sie überhaupt über die Tätigkeit der Kommission unterrichte. Man habe ihnen erklärt, daß der Beisitzer des Vorsitzenden der Kommission gleich kommen müsse, und sie gebeten, auf mich zu warten und mit mir zu verhandeln.

Bontsch-Brujewitsch kannte ich flüchtig; im Herbst 1913 war ich ihm im Zusammenhang mit dem Bejlis-Prozeß in Kiew begegnet. Damals war er die Höflichkeit in Person gewesen. Wenn ich mich nicht irre, hatte ich mit ihm bei S. W. Glinka zu Mittag gegessen. Da wir damals nur über den Fall Bejlis gesprochen hatten, konnte sich bei mir keine Vorstellung von Bontsch-Brujewitsch selbst bilden. Wie ich später erfuhr, war er Geschäftsführer des Rates der Volkskommissare auf Empfehlung von Steklow-Nachamkjs geworden, war dessen Kreatur. Bramson erzählte mir, daß er die allerschlechteste Reputation genieße und als Mensch gelte, der keine sauberen Hände habe. Bei der Gründung der Zeitung «Nowaja shisn» spielte er, Konowalows Worten zufolge, eine ausgesprochen schmutzige Rolle. Hier, im Marienpalais, begrüßte er mich wie ein alter Bekannter, betont höflich, und erklärte, daß der Rat der Volkskommissare sich lebhaft für die Wahl zur Konstituierenden Versammlung interessiere und sich über die Rolle der Allrussischen Kommission klarzuwerden wünsche. Ich bat ihn und seinen Begleiter – den Soldaten – in den Saal, der als Teezimmer diente (neben dem Vorsaal), dorthin kam auch L. M. Bramson (der zweite Beisitzer des Vorsitzenden).

Die Unterhaltung begann damit, daß ich Bontsch-Brujewitsch den Standpunkt der Allrussischen Kommission darlegte, dem die Nichtanerkennung der neu entstandenen Macht des «Sownarkom»* zugrunde lag. Bontsch-Brujewitsch versuchte, mich davon zu überzeugen, daß die Macht der Bolschewisten ebenso – wenn nicht mehr – gesetzlichen Ursprungs sei wie die Macht der Provisorischen Regierung, doch ich ließ mich auf dieses Argument nicht ein. Ich sagte, daß jetzt eine Beratung der Kommission bevorstehe, auf der erneut die Frage der weiteren Arbeit erörtert werden solle. «Darf ich hoffen, daß Sie mich die Resultate der Erörterung wissen

---

* Damals war dieser widerliche Ausdruck noch nicht in Gebrauch. Ich nenne ihn «widerlich», weil er verschiedene Assoziationen weckte.

lassen?» Ich antwortete, daß die Kommission offiziell sicherlich keinen Kontakt zum Rat der Volkskommissare aufnehmen werde, doch sei ich bereit, ihm, Bontsch-Brujewitsch, in einem privaten Gespräch und falls die Kommission nichts dagegen einzuwenden habe, den anstehenden Beschluß mitzuteilen. Er gab sich damit vollauf zufrieden. Der Soldat, der ihn begleitete, nahm an dem Gespräch nicht teil, er mischte sich nur einmal ein, um «im Namen der Front» die riesige Ungeduld kundzutun, mit der man die Wahlen erwarte, die auf jede Weise befördert werden müßten. Ihm wurde bedeutet, daß gerade der bolschewistische Umsturz, der am Vorabend der Wahlen und einen Monat vor der Konstituierenden Versammlung ins Werk gesetzt worden sei, den Wahlen einen großen Schlag versetzt und die Möglichkeit ihrer Durchführung in Frage gestellt habe. Damit endete das Gespräch, und unsere beiden Gesprächspartner entfernten sich.

Ich eröffnete die Sitzung der Kommission, und nach kurzer Diskussion faßten wir den Beschluß, die Tätigkeit der Kommission wiederaufzunehmen, die bolschewistische Regierung völlig zu ignorieren und, falls Fragen auftauchen sollten, die eine Lösung auf legislativem Wege verlangten, es den örtlichen Organen zu überlassen, sich selbst zu helfen, ohne jedoch Gesetzesabweichungen zu sanktionieren. Dabei wurde vorausgesetzt, daß die Konstituierende Versammlung bei der Kontrolle der Vollmachten ihrer Mitglieder der ausweglosen Lage Rechnung tragen und Gesetzesabweichungen als unwesentlich anerkennen werde – hauptsächlich hinsichtlich der Fristen und der Zusammensetzung der Kommissionen –, die von den örtlichen Organisationen begangen wurden. Am nächsten Tag rief ich morgens bei Bontsch-Brujewitsch an und übermittelte ihm folgendes: «Zunächst ist mir aufgetragen worden, Ihnen mitzuteilen, daß die Allrussische Kommission festgelegt hat, den Rat der Volkskommissare gänzlich zu ignorieren, ihn nicht als legitime Macht anzuerkennen und keinerlei Beziehungen zu ihm aufzunehmen. Damit ist der offizielle Teil unseres Gespräches im Grunde beendet. Entsprechend meinem Ihnen gegebenen Versprechen kann ich Ihnen privat mitteilen, daß die Kommission beschlossen hat, ihre Arbeit wieder aufzunehmen, und sie hat umgehend damit begonnen.» Bontsch-Brujewitsch dankte mir überschwenglich.

Hier nun muß ich anmerken, daß die bolschewistische Regierung offenbar nicht die geringste Vorstellung von der Zusammensetzung der Kommission oder gar ihren Funktionen hatte, offenbar nahm sie an, daß die Kommission *faktisch* die Wahlen leite und auf ihren Verlauf und ihren Ausgang Einfluß nehmen könne. Aber wie dem auch sei, während der nächsten zwei, drei Wochen konnte die Kommission ungestört arbeiten. Wir kamen täglich im Marienpalais zusammen, und wiederholt mußte ich den Vorsitz führen, da N. N. Awinow häufig nach Moskau fuhr. Wir hatten lebhafte Beziehungen zu den örtlichen Organen, täglich kamen ganze Berge von Telegrammen, die von den ungeheuren Schwierigkeiten in der Provinz zeugten. Meist wurde die Allrussische Kommission in diesen Telegrammen um Erlaubnis gebeten, diese oder jene Streichungen oder Abweichungen von den Vorschriften des Wahlgesetzes vornehmen zu dürfen, und die Kommission, die diese Bitten nicht erfüllen konnte, war genötigt, sie unbeantwortet zu lassen. Daneben gab es jedoch viele Fälle, in denen Gesetzesinterpretationen und allerlei Hinweise gegeben werden mußten. Insgesamt ergab sich aus den eingegangenen Telegrammen ein allgemeines Bild der Wahlen, wenn auch kein vollständiges. Die Bolschewisten hatten sich nach Bontsch-Brujewitschs Besuch nicht weiter für die Tätigkeit der Kommission interessiert.

Um den 20. November wurde beschlossen, die schriftlichen Unterlagen und die Sitzungen der Kommission ins Taurische Palais zu verlegen. Das wurde in meiner Abwesenheit durchgeführt. Ich war am 19. November nach Moskau gereist und kehrte am Mittwoch, dem 22., gegen Abend zurück. Nach meiner Rückkehr erfuhr ich, daß die Sitzung am 23. morgens bereits im Taurischen Palais angesetzt war. Am Tage meiner Abreise, eine Stunde nachdem ich zum Bahnhof gefahren war, wurde in meiner Wohnung eine Haussuchung durchgeführt, deren Einzelheiten mir bis jetzt nicht bekannt sind.

Am 23., etwa zwei Stunden nachdem die Kommission ihre Tätigkeit aufgenommen hatte, erschien der Kommandant des Taurischen Palais, ein bolschewistischer Fähnrich, dessen Namen ich vergessen habe, und verlangte im Namen des Rates der Volkskommissare, daß die Kommission auseinandergehe. N. N. Awinow, der den Vorsitz führte, weigerte sich im Namen der gesamten Kommission kategorisch, dem Folge zu leisten. Der Offizier entfernte sich. Er fuhr in den Smolny, um Instruktionen einzuholen, und kehrte mit einem von Lenin unterschriebenen Papier zurück, das die völlig unsinnig redigierte Anordnung enthielt, die «konstitutionell-demokratische» Wahlkommission zu verhaften und in den Smolny zu überführen.

Unser Arrest im Smolny dauerte fünf Tage. Diese fünf Tage verbrachten wir in einer engen, niedrigen schmalen Kammer, in die man nur über eine Treppe gelangte, die von einem Korridor hinaufführte. Wir waren etwa zwölf bis fünfzehn Mann, genau weiß ich es nicht mehr. Vier oder fünf wurden nachts in eine andere Kammer gebracht. Unter den Inhaftierten erinnere ich Awinow, Bramson, Baron Nolde, Wischnjak, Gronskij, zwei Mitglieder der Staatsduma (einen Oktobristen und einen Friedlichen Erneuerer [Progressisten], deren Namen mir entfallen sind), den Redakteur der Mitteilungen der Kommission, Dobranizkij, und drei Soldaten – Vertreter der Front – sowie W. M. Gessen, der nicht mit uns zusammen verhaftet worden war, sondern freiwillig erschien und sich in Arrest begab; wie mir scheint, verbrachte er einen Tag und eine Nacht mit uns, um am nächsten Tag geradezu gewaltsam wieder fortgeschafft zu werden.*

Am ersten Tag ging es uns nicht besonders gut. In dem Zimmer standen Holzbänke, Stühle, zwei schlechte Bettstellen, auf denen unsere beiden ältesten Leidensgefährten, die Mitglieder der Staats-

---

* Dobranizkij und die anderen Mitglieder der Frontkommission waren nicht verhaftet worden; sie «saßen», weil sie selbst darauf bestanden. Man versuchte, sie ebenfalls fortzubringen, aber sie wandten Kriegslisten an (einschließlich Verkleidung), um zu uns zurückzukehren.

duma, schliefen, weiter nichts. Ich schlief auf einer schmalen Holzbank, Wischnjak auf dem Tisch. Man gab uns weder Bettwäsche noch Matratzen. Von Essen oder auch nur Tee war am ersten Tage ebenfalls keine Rede, und wenn die Frau von Baron Nolde keine Lebensmittel gebracht hätte – sie hatte als erste von den Vorfällen erfahren, und es war ihr gelungen, einiges zu besorgen –, wären wir hungrig geblieben. Vom zweiten Tage an kam alles in Fluß, wir aßen in einem gemeinsamen Speiseraum zu Mittag, die Familien brachten reichlich Lebensmittel, Feldbetten und Bettwäsche tauchten auf, schließlich wurden noch zwei, drei Matratzen herbeigeschleppt, und so verbrachten wir die restlichen Tage recht fröhlich und lebhaft. Das einzige, was uns beunruhigte, war die völlige Ungewißheit unseres Schicksals und die drohende Perspektive, in die «Kresty» geschafft zu werden. Man verhörte uns bereits am ersten Abend. Das Verhör führte ein gewisser Krassikow, ein übler Winkeladvokat, der jedem von uns am Ende die gleiche Frage stellte, die wir allesamt verneinten: «Erkennen Sie die Macht des Rates der Volkskommissare an?» Ich stellte am Ende des Verhörs die Frage: «Was ist der Grund unserer Verhaftung?» Und bekam zur Antwort: «Die Nichtanerkennung der Macht der Volkskommissare.»

Am Montag, dem 27. November, dem Vorabend des zur Eröffnung der Konstituierenden Versammlung bestimmten Tages, gegen drei Uhr, kam ein struppiger Matrose in unser Zimmer – ein Mitglied der Untersuchungskommission – und erklärte uns «im Namen der Volksmacht», daß wir frei seien. Ich kann nicht sagen, daß diese Nachricht mich besonders erfreut hätte. Es war viel zu deutlich, daß unsere Verhaftung ebenso wie unsere Freilassung ein bloßer Zufall in den auf uns zukommenden elementaren Katastrophen waren, daß wir, heute befreit, morgen erneut eingesperrt werden konnten, vielleicht sogar unter weitaus schlimmeren Bedingungen. Bevor wir auseinandergingen, tranken wir zum letzten Mal Tee und nahmen einen Imbiß zu uns. Wir wollten ein Protokoll über die Prozedur unseres Verhörs und unsere Freilassung aufsetzen, doch dann beschlossen wir, es auf den nächsten Tag zu verschieben und uns am Dienstag morgen im Taurischen Palais zu versammeln, vorher aber in der Wohnung L. M. Bramsons zusammenzukommen.

Irgendwelche Umstände hinderten mich am nächsten Tag daran, rechtzeitig zu Bramson zu kommen, und als ich in seiner Wohnung anlangte, stellte sich heraus, daß meine Kollegen bereits ins Taurische Palais gegangen waren. Ich eilte ihnen nach. Je näher ich kam, um so dichter wurde die Volksmenge. Ich wollte von der Taurischen Straße in das Palais gelangen, doch die am Eingang stehenden Soldaten ließen mich nicht durch. Auf meine Erklärung hin, daß ich ein Mitglied der Allrussischen Wahlkommission sei und auf dem Weg zu einer Sitzung dieser Kommission, wurde mir geantwortet: «Wenden Sie sich an den Kommandanten.» – «Und wo ist der Kommandant?» – «Dort, der zweite Eingang, von der Schpalernaja-Straße aus.» Ich begab mich in die Schpalernaja-Straße, aber dort war es völlig unmöglich, durchzukommen. Eine dichte Menge stand wie eine Mauer vor dem Gitter, man hörte Schreie, und es war ein furchtbares Gedränge. Ich kehrte in die Taurische Straße zurück und zwängte mich zum anderen Eingang durch; dort stand ein eher unentschlossener Soldat, ich kehrte meinerseits eine größere Entschlossenheit hervor – und kam durch.

Kaum war ich im Palais, erfuhr ich von den am Morgen, etwa zwei Stunden zuvor, erfolgten Verhaftungen im Hause der Gräfin Panina: Sofija W. selbst, Schingarjow, Kokoschkin, Fürst Pawel Dmitrijewitsch Dolgorukij ... Die Sitzung der Kommission hatte bereits begonnen. Man sagte mir, der Kommandant sei dagewesen und habe die Kommission aufgefordert, auseinanderzugehen, er habe bewaffnete Soldaten mitgebracht. Die Kommission hatte sich jedoch geweigert auseinanderzugehen und ihre Sitzung in Anwesenheit der Soldaten fortgesetzt. Nach einer Weile erschienen G. I. Schreider und zwei oder drei weitere Mitglieder der Konstituierenden Versammlung, die erfahren hatten, daß der Kommission Schwierigkeiten gemacht wurden. Sie ließen den Kommandanten kommen, ließen sich mit ihm in stürmische Erklärungen ein und forderten den Abzug der Soldaten. Der Kommandant berief sich auf die von Urizkij (dem Kommissar des Taurischen Palais) erhaltenen Anordnungen und ging zu ihm, um weitere Weisungen einzuholen.

Nach einer Weile kam Urizkij selber. Wie heute erinnere ich mich an diese abstoßende Figur, diesen unansehnlichen kleinen Kerl mit einem Hut auf dem Kopf und frecher jüdischer Physiognomie ... Er forderte ebenfalls, daß wir auseinandergingen, andernfalls werde er Waffengewalt anwenden. Schreider und die anderen Mitglieder der Konstituierenden Versammlung waren zu diesem Zeitpunkt nicht mehr da, sie waren zu einer Sitzung gegangen. Wir forderten Urizkij auf, seinen Hut abzunehmen, was er auch eiligst tat. Die weiteren Verhandlungen führten zu nichts. Urizkij zog ab, wir setzten unsere Sitzung fort und warteten jede Minute darauf, mit Gewalt auseinandergetrieben zu werden. Das geschah jedoch nicht, wir kamen zum Abschluß, nachdem wir sämtliche Fragen erschöpft hatten, und gingen gegen zwei Uhr auseinander, wobei wir übereinkamen, uns am nächsten Tag wiederum bei Bramson zu versammeln und den Umständen entsprechend zu handeln.

Am nächsten Tag ging ich gegen zehn Uhr aus dem Hause, weit entfernt von dem Gedanken, daß ich seine Schwelle nicht wieder betreten würde, weder im Jahre 1917 noch, allem Anschein nach, im Jahre 1918.

Auf dem Wege zu Bramson las ich ein Dekret, in dem es hieß, daß die Partei der Konstitutionellen Demokraten außerhalb des Gesetzes stehe und die Verhaftung ihrer Führer angeordnet wurde. Als ich zu Bramson kam, wurde ich lebhaft begrüßt: Alle hatten geglaubt, ich sei verhaftet.

Am gleichen Tag beschloß ich unter dem Eindruck dringender Ratschläge mir nahestehender Personen, auf die Krim zu fahren, wo meine Familie sich bereits seit Mitte November befand und die Gastfreundschaft der Gräfin S. W. Panina genoß. Dank einem unwahrscheinlichen Zufall gelang es mir, im Schlafwagenbüro mühelos eine Fahrkarte erster Klasse und eine Platzkarte nach Simferopol zu bekommen. Ich kehrte nicht nach Hause zurück, sondern gab telefonisch die nötigen Anweisungen und trat am Abend die Reise an, nur die nötigsten Sachen mitnehmend.

Am Sonntag, dem 3. Dezember, erreichte ich wohlbehalten Gaspra. Hier verbrachte ich den ganzen Winter, das Frühjahr und einen Teil des Sommers, ohne irgendwohin zu fahren; ich erlebte die Einnahme der Krim durch die Bolschewisten und anschließend die deutsche Invasion. Am 7. Juni fuhr ich nach Kiew mit der Absicht, mich nach Petersburg durchzuschlagen. Das gelang mir jedoch nicht, und am 22. Juli kehrte ich nach fünfeinhalb ziemlich qualvollen Wochen in Kiew nach Gaspra zurück.

Ich beende diesen Teil meiner Aufzeichnungen am 25. September (8. Oktober neuen Stils), just in dem Augenblick, da Nachrichten über Ereignisse in Deutschland und Bulgarien von kolossaler Wichtigkeit eintreffen.

NACHWORT
von Günter Rosenfeld

Bald nach den beiden russischen Revolutionen des Jahres 1917 veröffentlichten Teilnehmer und Augenzeugen der Ereignisse ihre Erinnerungen und Tagebuchaufzeichnungen. Anfang der dreißiger Jahre hatte ihre Zahl bereits einen beträchtlichen Umfang erreicht, und heute gehören sie zu den wichtigsten Quellen, die über das damalige Geschehen in Rußland Auskunft geben.

W. D. Nabokow war einer der ersten russischen Politiker, der seine Erinnerungen an die für die Welt so schicksalhaften Monate von Februar bis Oktober 1917 niederschrieb. Er tat dies in der Zeitspanne von Mitte April bis Ende September 1918 in dem an der Südküste der Krim-Halbinsel gelegenen Ort Gaspra, wo er mit seiner Familie nach der Oktoberrevolution Zuflucht gefunden hatte. Es dauerte jedoch noch fast vier Jahre, bis die Memoiren Nabokows im ersten Band des von seinem Freund, dem Mitbegründer der Kadetten-Partei, J. W. Gessen, in Berlin herausgegebenen Periodikums «Archiv der russischen Revolution»[1] veröffentlicht wurden. Nachdrucke, ebenfalls in russischer Sprache, erschienen 1924 in Moskau, 1969 im Verlag Mouton[2] und 1990 erneut in Moskau.[3] Eine englische Übersetzung wurde im Jahre 1976 veröffentlicht.[4]

Die hier erstmalig vorgelegte deutsche Übersetzung der Memoiren Nabokows erscheint in einer Zeit, da sich das Interesse nicht nur der Fachhistoriker, sondern auch einer breiten Öffentlichkeit erneut jenen historischen Ereignissen zuwendet, über die Nabokow berichtet. Wird doch inzwischen eine lebhafte Diskussion über die

Frage geführt, weshalb der Februarrevolution schon nach wenigen Monaten ein politisches System folgte, das zwar mehr als sieben Jahrzehnte Bestand hatte, das jedoch zunehmend seine Unfähigkeit bewies, dem von ihm erhobenen Anspruch, die Lebensfragen nicht nur Rußlands, sondern auch der Welt lösen zu wollen, nachzukommen. Ebendiese Frage, weshalb auf die Februarrevolution die Oktoberrevolution folgte, zieht sich wie ein roter Faden durch die Memoiren Nabokows. Noch ganz unter dem Eindruck der eben erst hinter ihm liegenden Monate des Jahres 1917 stehend, fragt Nabokow immer wieder nach den Faktoren und Kräften, die die Provisorische Regierung destabilisierten und Rußland auf den Weg des Oktoberaufstandes und der Errichtung der Sowjetordnung führten.

Nabokow stand in seinem achtundvierzigsten Lebensjahr, als ihn die Ereignisse der Februarrevolution auf einen Platz stellten, wo er diese nicht nur unmittelbar beobachten, sondern auch an ihrer Gestaltung, wenn auch nicht in der ersten Reihe der führenden Politiker, mitwirken konnte.

Die Familienchronik der zur hohen Aristokratie gehörenden Nabokows läßt sich bis in das späte 14. Jahrhundert zurückverfolgen, wo ein russifizierter Tatarenfürst, Nabok Murza, Erwähnung findet. Als Sohn des Justizministers Dmitrij Nikolajewitsch Nabokow (1827–1904) fand Wladimir Nabokow rasch Zugang zu den höchsten Kreisen der russischen Gesellschaft. Umfassend gebildet und mit zahlreichen gesellschaftlichen Verbindungen ausgestattet, hätte Nabokow zweifellos eine glänzende Karriere am Zarenhof bevorgestanden. Statt dessen verschrieb er sich dem politischen Kampf für eine Veränderung der Staatsordnung im Sinne einer konstitutionellen Demokratie.

Die nach dem Tod Nabokows veröffentlichten Nekrologe heben sein Streben nach Gerechtigkeit hervor.[5] Verstand man darunter vor allem eine von den Exekutivorganen des Staates unabhängige Legislative und ein auf Verfassung und Parlament beruhendes Staatswesen, dann bedeutete eine solche Zielsetzung unter den Bedingungen der Zarenmonarchie harte politische Arbeit. In diesem

Sinne suchte Nabokow in der von ihm mitbegründeten Kadetten-Partei zu wirken. Die Zeitschrift «Prawo» («Recht»), die er zusammen mit anderen ihm politisch nahestehenden Juristen im Jahre 1898 gründete und die zwanzig Jahre lang bestand, wurde zum Sprachrohr der für eine Konstitution eintretenden politischen Kräfte Rußlands und der Semstwo-Bewegung.

Nabokow sah wie viele seiner Parteifreunde und Mitstreiter die Februarrevolution als Befreiung von politischen und gesellschaftlichen Fesseln, die die Entwicklung Rußlands in politischer und ökonomischer Hinsicht bisher gehemmt hatten. Freilich erschienen ihm wie auch seinen Parteifreunden und anderen politischen Kräften, aus denen die Provisorische Regierung hervorging, die Umstände, unter denen die Februarrevolution erfolgte, in vieler Hinsicht als problematisch. Begrüßten sie einerseits die Tatsache, daß die Revolution den Weg zu einem parlamentarisch regierten Staat freimachte – ohne zunächst die Frage nach einer Monarchie oder nach einer Republik stellen zu wollen –, so zeigten sie andererseits wenig Verständnis für die Lage jener Kräfte, die letztlich die Revolution zustande gebracht hatten: die Massen des Volkes, die nach zweieinhalb Kriegsjahren die Beendigung des Blutvergießens und eine Veränderung ihrer unerträglich gewordenen Lebensbedingungen verlangten. Anderenfalls hätte die Provisorische Regierung nicht immer wieder die Lösung jener Fragen hinausgeschoben, die Nabokow «die zwei wichtigsten Aufgaben» nennt: die Beendigung des Krieges und die wohlbehaltene Hinführung des Landes zur Konstituierenden Versammlung.

Die erste revolutionäre Aktion, die im Wyborger Arbeiterviertel Petrograds[6] am 23. Februar[7] mit einer Demonstration der Frauen gegen den Hunger und einem ihr folgenden Streik von mehr als 20 000 Arbeitern einsetzte, hätte noch nicht unbedingt zum Sturz des Zaren führen müssen, wenn nicht – dies im Unterschied zur ersten russischen Revolution von 1905 – ein wichtiger Umstand hinzugekommen wäre: die Revolutionierung von Armee und Flotte. Während des Krieges waren mehr als 15 Millionen Menschen, überwiegend Bauern, das heißt etwa die Hälfte der arbeitsfähigen männlichen Bevölkerung, für den Dienst in Armee und Flotte mobilisiert worden. Bei außerordentlich hohen Blutopfern, einer zunehmenden Desorganisation der Kriegführung und wachsenden Versorgungsmängeln hatte die Kampfmoral der Soldaten und Matrosen schnell nachgelassen. Während der Februarrevolution wuchs ihr Widerstand gegen die militärische Führung, das heißt gegen die Staatsgewalt und gegen die Fortsetzung des Krieges lawinenartig an. Das Zusammenwirken verschiedener Faktoren, unter denen der Krieg, wie Lenin im ersten seiner fünf berühmten «Briefe aus der Ferne» aus Zürich an die Redaktion der «Prawda» in Petrograd schrieb, die Rolle eines «allgewaltigen Regisseurs und mächtigen Beschleunigers» spielte, führte zur raschen Eskalation.

Die revolutionären Aktionen erreichten am 27. Februar, als die ersten Truppeneinheiten Petrograds auf die Seite der aufständischen Arbeiter übergingen, ihr kritisches Stadium. Alsbald befand sich Petrograd in der Hand der revolutionären Arbeiter und Soldaten. An diesem Tag, dem 27. Februar 1917, telegrafierte M. W. Rodsjanko, der Präsident der Staatsduma, dem Zaren Nikolaus II.: «Die Regierung ist völlig machtlos und kann der Unordnung nicht Herr werden.» Am 28. Februar wurde auch in Moskau die kaiserliche Staatsgewalt von aufständischen Arbeitern und Soldaten gestürzt. Zar Nikolaus, der bislang die Gefährlichkeit der Situation unterschätzt hatte, begann sich über seine Lage erst klarzuwerden, als der Sonderzug, mit dem er von seinem Hauptquartier in Mohilew nach Zarskoje Selo bei Petrograd fahren wollte, wo sich die Kaiserin Alexandra aufhielt, nach Pskow umgeleitet wurde. Hier reifte angesichts weiterer Nachrichten aus Petrograd sein Entschluß, zugunsten seines Bruders Michail abzudanken. Insofern bedurfte es kaum mehr der Intervention Schulgins und Gutschkows, die als Abgesandte des Dumakomitees am Abend des 2. März in Pskow eintrafen, um dem Zaren eine vorbereitete Abdankungsurkunde vorzulegen. Daß der Zar zugunsten seines Bruders abdankte und nicht, wie es den dynastischen Regeln entsprochen hätte, den Thron seinem Sohn Alexej überließ, brachte die beiden Dumavertreter allerdings in Verwirrung. Gegen Mitternacht unterzeichnete Nikolaus die Abdankungsurkunde, die er auf 15 Uhr des 2. März zurückdatierte. Das unrühmliche Ende der Romanow-Dynastie muß Nabokow offensichtlich sehr bewegt haben, und er kam, wie er vermerkt, «in Gedanken oft auf dieses Thema» zurück. Doch war er Realist genug, zu begreifen, daß die Monarchie nicht mehr zu retten war.

Das Bild der Februarrevolution wird durch die Memoiren Nabokows, die mit dem 23. Februar, dem Beginn der Aufstandsbewegung, einsetzen, in vieler Hinsicht ergänzt. Es ist vor allem die Atmosphäre der zur Revolution übergegangenen Hauptstadt, die uns Nabokow vermittelt. Natürlich ist eine gewisse Parteilichkeit bei der Beurteilung der in der Revolution hervorgetretenen Kräfte nicht zu verkennen. Die revolutionären Arbeiter und Soldaten werden in seiner Schilderung allzusehr als Masse im «Umsturzrausch» schablonisiert, und die Rolle, die der Petrograder Sowjet der Arbeiter- und Soldatendeputierten in der Februarrevolution spielte, wird im Grunde nur durch das Prisma der von Nabokow erwähnten «Kontaktkommission» sichtbar, die die Verbindung zwischen der am 3. März gebildeten Provisorischen Regierung und dem nach der ersten Vollversammlung des Petrograder Sowjets vom 28. Februar gebildeten Exekutivkomitee («Ispolkom») unterhielt. So bemerkenswert Nabokows Charakteristik verschiedener führender Persönlichkeiten des Petrograder Sowjets ist, so sehr verkennt er die Machtverhältnisse. Die tatsächliche Macht lag zunächst nämlich nicht bei der Provisorischen Regierung, sondern beim Petrograder Sowjet und seinem Exekutivkomitee, nach dessen Beispiel sich alsbald in ganz Rußland ähnliche Sowjets bildeten.[8] Es entsprach den Auffassungen der sozialistischen Parteien – vorwiegend der Menschewiki und Sozialrevolutionäre, deren Vertreter im Exekutivkomitee saßen –, daß sie die durch die Revolution geschaffene neue Situation nur als ein kurzes Durchgangsstadium zu einer Konstituierenden Versammlung ansahen, die über das weitere Schicksal Rußlands beschließen sollte. Auf dieser Basis einigten sie sich in der Nacht zum 2. März unter Annahme eines Acht-Punkte-Programms mit Miljukow, dem Vertreter des Dumakomitees, über die Bildung einer Provisorischen Regierung. Indem das Exekutivkomitee letzterer die neue Staatsmacht, oder doch zumindest einen beträchtlichen Teil der Macht, überließ, entstand eine eigentümliche Doppelherrschaft. Sie dauerte formell bis zum bolschewistischen Oktoberaufstand, fand faktisch ihr Ende aber bereits nach der Niederwerfung der Juli-Demonstrationen, als sich das Exekutivkomitee – nach dem I. Gesamtrussischen Sowjetkongreß im Juni 1917 vertrat es die Sowjets von ganz Rußland – gänzlich in das Schlepptau der Provisorischen Regierung begab.

Daß Nabokow in seinen Memoiren sein Hauptaugenmerk der Provisorischen Regierung widmet – und so ist ja auch der erste Teil der Memoiren überschrieben –, ist schon deshalb verständlich, weil er selber an der Politik dieser Regierung teilhatte. In seiner Erinnerung läßt er die Mitglieder der Provisorischen Regierung und darüber hinaus zahlreiche andere Akteure des damaligen Geschehens, mit denen er entweder ständig zusammenarbeitete oder denen er im Verlauf dieser Monate begegnete, Revue passieren. Dabei hält er mit seiner politischen Überzeugung nicht hinterm Berg und spricht deutlich aus, wem seine Sympathie gehört und wen er verabscheut. Gerade diese dezidierte Charakteristik einzelner Hauptakteure gibt, eingebettet in eine atmosphärisch dichte Schilderung der Ereignisse, den Memoiren Nabokows ihr einmaliges Kolorit. Historisch sind diese Porträtstudien von allergrößtem Interesse.

Nabokow kommt im ersten Teil seiner Memoiren, in dem er sich mit dem Übergang zur neuen Staatsmacht beschäftigt, auf zwei Fragen zu sprechen, die später in der Literatur immer wieder aufgeworfen wurden. Die erste betrifft den von Nabokow konstatierten unblutigen Charakter der Revolution. Bedenkt man die Größe des Landes mit 163 Millionen Menschen im Jahre 1917 und die Stoßkraft der Revolution, die die dreihundertjährige Herrschaft der Romanows beendete, so ist die Zahl von nicht einmal 2000 Toten und Verwundeten in Petrograd und Umgebung – auf dem Marsfeld in Petrograd wurden 184 Gefallene begraben – in der Tat gering. Die Zahl der Opfer in Moskau und an anderen Orten war weitaus geringer. Mehrere Tote gab es in den Marinestützpunkten Kronstadt und Helsinki (Helsingfors), wo Offiziere von anarchistischen Matrosen gelyncht wurden. Wie Nabokow schreibt, erfuhr er «die tragische Neuigkeit über die Morde in Helsingfors» von Anna Sergejewna, der Frau Miljukows, den er am Abend des 3. März im Taurischen Palais aufsuchte.

Die Bemerkung Nabokows, daß man diese Morde der «deutschen Agitation» zuschrieb, führt uns zu einer der meistdiskutierten Fragen im Zusammenhang mit der russischen Revolution. Die Memoiren Nabokows bestätigen, daß das Gerücht, die Februarrevolution sei auch durch «deutsches Geld» verursacht worden, schon in den Tagen der Revolution kursierte. Nabokow schildert eine Auseinandersetzung zwischen Kerenskij und Miljukow während einer Mitte März stattgefundenen Sitzung der Provisorischen Regierung, in der Miljukow auf dieses Gerücht anspielte und Kerenskij darauf mit größter Heftigkeit reagierte. Schon im Verlauf des Jahres 1916 war es infolge der militärischen Niederlagen Rußlands zu einer regelrechten Spionagemanie an der Front und im Hinterland gekommen, wobei man «deutschen Agenten» und den Bemühungen der Zarin Alexandra um einen Separatfrieden mit Deutschland die Schuld für die Niederlagen zuwies. Politische Kräfte, die an der Reorganisation der Kriegführung interessiert waren, förderten und nutzten diese Gerüchte sowie die Suche nach Verrätern in den Kreisen des Zarenhofes, um unliebsame Minister und sogar den Zaren selbst zu diskreditieren. Auch Pläne einer Palastrevolution, die im Winter 1916/17 in Kreisen der Duma-Opposition gehegt wurden, sind in diesem Zusammenhang zu erwähnen.

Daß andererseits die deutsche Regierung und die militärische Führung in Berlin an der Schwächung der Kampfkraft der Feindstaaten interessiert waren und dabei auch subversive Aktivitäten förderten, liegt auf der Hand. In bezug auf Rußland hat die Forschung nachgewiesen, daß das Auswärtige Amt in der Tat finanzielle Mittel bereitstellte, um revolutionäre Aktionen zu unterstützen.[9] Die deutsche Führung erklärte sich deshalb auch nach Ausbruch der Februarrevolution mit der Reise Lenins und anderer russischer Emigranten durch Deutschland im «plombierten Wagen» (vgl. Glossar) einverstanden und gewährte Hilfe bei der Durchführung der Fahrt. Als nach den Juli-Demonstrationen von der Provisorischen Regierung gegen Lenin und andere führende Mitglieder der bolschewistischen Partei Haftbefehl erlassen wurde, entfachte die nationalistisch orientierte russische Presse eine Kampagne, in der sie die These, Lenin sei ein «Agent des deutschen Kaisers», sowie die Gerüchte über deutsche Geldzahlungen aufbauschte. Diesbezügliche Dokumente, die damals in Umlauf gesetzt wurden und die die «Agentenrolle» Lenins nachweisen sollten – sie wurden nicht zufällig gerade während der Brester Friedensverhandlungen im Februar 1918 der Botschaft der USA in Petrograd zugespielt und teilweise in amerikanischen Zeitungen veröffentlicht[10] –, erwiesen sich als Fälschung.

Die Memoiren Nabokows vermitteln dem Leser interessante Einblicke in die Arbeit der Provisorischen Regierung und in die Probleme, die sie zu bewältigen hatte. Diese resultierten sowohl aus der Kriegssituation als auch aus dem Umstand, daß man in Rußland nach der jahrhundertelangen Zarenherrschaft keinerlei Erfahrungen mit der parlamentarischen Demokratie besaß. Wie aus den Memoiren Nabokows ersichtlich wird, verursachte bereits die Ablösung des alten, zaristischen Staatsapparates durch einen neuen erhebliche Schwierigkeiten. Nabokow beklagt, daß man oft völlig sinnlos den einen Beamten durch einen anderen, der keineswegs besser war, austauschte.

Unter der Vielzahl der Probleme, die die Provisorische Regierung bedrängten, ragten drei heraus, deren Lösung keinen Aufschub duldete, sofern sich die Provisorische Regierung nicht selbst ihren Untergang bereiten wollte. Die beiden ersten, die den Friedensschluß und die Konstituierende Versammlung betrafen, wurden schon erwähnt. Hinzu kam die Agrarfrage, die bei Nabokow allerdings weniger Beachtung findet. Sie bewegte vor allem die Bauern, die unter Landknappheit litten und sich zum großen Teil noch immer in verschiedenen Abhängigkeiten von den adligen Großgrundbesitzern befanden. Die Leibeigenschaft war erst 1861 aufgehoben worden. Die sich an der Front ausbreitenden Gerüchte, man habe auf den Dörfern bereits mit der Aufteilung des Gutsbesitzerlandes begonnen – mehr und mehr schritten die Bauern zu solchen Aktionen und ließen die alten Adelsnester in Flammen aufgehen –, hatten zur Folge, daß die in den Soldatenrock gesteckten Bauern in Massen desertierten. Indem die Provisorische Regierung angesichts der drohenden Agrarrevolution am 8. April den Bauern die ungesetzliche Inbesitznahme von Land untersagte und den Landwirtschaftsminister Schingarjow beauftragte, das Programm einer Agrarreform auszuarbeiten und dieses der Konstituierenden Versammlung vorzulegen, kettete sie die Lösung der Agrarfrage an eine Institution, die Nabokow rückblickend als eine «Fata Morgana» bezeichnete, die in vielen Köpfen unerfüllbare Hoffnungen geweckt habe.

Am schwersten aber wog die Tatsache, daß die Provisorische Regierung den Krieg nicht beendete. Die Motive waren vielfältig: angefangen von einem in Macht- und Expansionspolitik befangenen Denken über Rücksichtnahme auf die Alliierten bis hin zu der auch von den sozialistischen Parteien des Exekutivkomitees vertretenen Auffassung, man müsse die Errungenschaften der Februarrevolution nach außen verteidigen und deshalb nun erst recht den Krieg weiterführen. Es war Lenin, der in Erkenntnis der enormen Bedeutung dieser Frage den Knoten durchschlug.

Während ein Teil der Offiziere glaubte, nach dem Sturz des Zaren den Krieg mit um so größerer Zielstrebigkeit und Entschlossenheit fortsetzen zu können, zeigte sich schon bald, daß die Friedenssehnsucht an der Front und im Hinterland wuchs, besonders nachdem die am 18. Juni begonnene Offensive der russischen Armee an der Südwestfront (Galizien) nach anfänglichen Erfolgen steckengeblieben war. Nach dem Scheitern dieser Offensive war die russische Armee zu weiteren Kampfhandlungen nicht mehr fähig, und das außenpolitische Prestige Rußlands ging zunehmend verloren.

Weder die neue russische Regierung noch ihre Verbündeten zeigten sich in der Lage, den Krieg auf diplomatischem Wege zu beenden. Nun hatte sich zwar die deutsche Regierung in einer

Deklaration vom 12. Dezember (29. November) 1916 generell zu Friedensverhandlungen bereit erklärt. Nabokow berichtet über den großen Eindruck, den diese Vorschläge auf ihn und andere machten, da sie in ihnen «ein Licht der Hoffnung» sahen. Aber die deutsche Deklaration erwies sich als ein taktisches Manöver, und als am 6. April (24. März) 1917 die USA in den Krieg gegen Deutschland eintraten, ergab sich eine Situation, die auch für Rußland das Kriegsende weiter hinausschob. Nabokow bestätigt in seinen Memoiren, daß es vor allem Miljukow war, der in seiner Eigenschaft als Außenminister der Provisorischen Regierung bemüht war, dem verstärkten Drängen der Alliierten, den Krieg «bis zum siegreichen Ende» weiterzuführen, nachzukommen. Mit Rußlands Kriegszielen, der Eroberung Konstantinopels und der Meerengen, hatten sich Frankreich und Großbritannien in einem am 19. Februar (4. März) 1915 geschlossenen Geheimabkommen ausdrücklich einverstanden erklärt.[11]

Das Exekutivkomitee des Petrograder Sowjets hingegen, dessen Auffassungen auch Kerenskij bis zu einem gewissen Grade teilte, hatte sich «für einen gerechten demokratischen Frieden ohne Annexionen» ausgesprochen. Unter dem Druck des Exekutivkomitees sah sich die Provisorische Regierung gezwungen, in einer am 27. März (Nabokow gibt irrtümlich den 28. März an) von Miljukow auf einer Pressekonferenz verkündeten Deklaration über die Kriegsziele den expansionistischen Standpunkt der Regierung abzuschwächen. Doch gleichzeitig enthielt die Deklaration die Versicherung, die «gegenüber unseren Alliierten eingegangenen Verpflichtungen» beibehalten zu wollen. Die Auseinandersetzungen um die Kriegszielfrage spitzten sich zu, als Miljukow am 18. April im Namen der Provisorischen Regierung den Text der Deklaration zusammen mit einer Note den Alliierten übermittelte. In dieser Note bekräftigte die Provisorische Regierung ihre Absicht, den Krieg an der Seite der Alliierten «bis zum entscheidenden Sieg» fortzusetzen. Indem die Note ausgerechnet am Tag nach dem erstmals öffentlich begangenen 1. Mai (nach neuem Kalenderstil) veröffentlicht wurde, goß die Regierung Öl ins Feuer.

Die durch die stürmischen Reaktionen auf die Kriegs- und Außenpolitik der Provisorischen Regierung ausgelöste erste Krise der Provisorischen Regierung (Aprilkrise), die unter Beteiligung der im Exekutivkomitee vertretenen sozialistischen Parteien zur Bildung der ersten Koalitionsregierung führte, hat Nabokow im nachhinein besonders beschäftigt. Ja er leitet seine Memoiren sogar mit dem Rückblick auf diese erste Regierungskrise ein, die nach seinen Worten «die erste glanzvolle und siegreiche Phase der Revolution» beendete. Von heute aus stellt sich die Frage, ob die Regierungsbeteiligung der sozialistischen Parteien in der gegebenen Situation tatsächlich eine Schwächung bedeutete oder ob darin nicht auch eine Chance lag.

Bereits in der Julikrise, die die Aprilkrise um ein Vielfaches an Heftigkeit übertraf, zeigte es sich, daß die Provisorische Regierung ihr ohnehin geringes Vertrauen im Volk weitestgehend verspielt hatte. Ausgelöst wurde die Krise durch eine Demonstration des 1. Maschinengewehrregiments. Ihr schlossen sich rasch weitere revolutionär gestimmte Soldaten und Arbeiter an, so daß am 4. Juli fast eine halbe Million Menschen auf den Petrograder Straßen waren. Obzwar sie unter der Losung «Alle Macht den Sowjets!» demonstrierten, war die Demonstration nicht, wie später vielfach behauptet wurde und wie auch Nabokow interpretiert, ein «bolschewistischer Aufstand». Denn in der Führung der bolschewistischen Partei wurde man sich schnell klar darüber, daß angesichts der Lage in den Sowjets in ganz Rußland, wo die Menschewiki und die Sozialrevolutionäre noch immer die Mehrheit besaßen, eine Machtübernahme für die Bolschewiki riskant gewesen wäre. Im Palais Kschesinskaja, dem Sitz des bolschewistischen Zentralkomitees, hatte man schon vor Lenins Ankunft am Morgen des 4. Juli beschlossen, sich der Demonstration anzuschließen, um ihr einen friedlichen Charakter zu geben. Jene Demonstranten, die eine bewaffnete Machtübernahme durch die Sowjets verlangten, waren von den Bolschewiki sicherlich enttäuscht. Mehr aber noch waren sie es von Tschcheïdse und den anderen Führern des Exekutivkomitees. Denn diese hatten in der Nacht zum 4. Juli die Forderung von Abgesandten der revolutionären Arbeiter und Soldaten zurückgewiesen, daß der Sowjet die Macht übernehmen sollte. Die große Demonstration endete nach Eingreifen von Kosaken und anderen regierungstreuen Truppen; man zählte etwa 400 getötete oder verwundete Arbeiter und Soldaten.

Auch die nach der Julikrise erfolgte Neubildung der Provisorischen Regierung unter der Präsidentschaft Kerenskijs konnte nicht verhindern, daß die Krise der Regierung zum Dauerzustand wurde. Hoffnungen militaristischer und reaktionärer Kräfte, durch Errichtung einer Militärdiktatur der Lage Herr zu werden und Rußlands Kriegführung zu stärken, erwiesen sich als Fehlkalkulation. Der Ende August von General Kornilow unternommene Putsch scheiterte am Widerstand der revolutionären Arbeiter und Soldaten. Nabokow geht in seinen Memoiren sehr schnell von den Juli-Ereignissen zu jener Situation über, wie sie im Herbst nach dem Kornilow-Putsch entstand. Er bestätigt, daß weder die Bildung einer dritten, der letzten Koalitionsregierung noch die Errichtung eines «Rats der Republik» imstande waren, die Provisorische Regierung vor dem Untergang zu retten. «Ein Bild völliger Ratlosigkeit» – so charakterisiert Nabokow die Situation im Marienpalais, dem Tagungsort des Rats der Republik.

Der Aufstand, der dann in den Morgenstunden des 24. Oktober in Petrograd begann, wurde zum Signal für die Machtübernahme der Sowjets unter Führung der Bolschewiki in ganz Rußland. Auf die damit eingeleitete Oktoberrevolution, ihre Umsetzung und ihre Folgen braucht in unserem Zusammenhang nicht eingegangen zu werden.

Der drohenden Verhaftung entzog sich Nabokow Ende November 1917 durch Flucht auf die Krim. Seine hier vorgelegten Erinnerungen schrieb er zu einer Zeit, als über Rußland bereits der Bürgerkrieg hereingebrochen war und auch die Krim in den Bereich der Kampfhandlungen geriet. Die Nachrichten «von kolossaler Wichtigkeit», auf die er sich im letzten Satz seiner Memoiren bezieht, betreffen das Waffenstillstandsangebot, das die deutsche Regierung am 5. Oktober 1918 unterbreitet, sowie den militärischen Zusammenbruch Bulgariens, wodurch Deutschland und Österreich-Ungarn ihren Verbündeten auf dem Balkan verloren.

Die veränderte internationale Situation im Spätherbst 1918 wirkte sich auch auf das Leben Nabokows aus. Nach der Landung von Interventionstruppen der Ententemächte auf der Krim und der Bildung einer «Krim-Regierung» in Simferopol übernahm Nabokow in ihr den Posten des Justizministers. Im März 1919, als die Rote Armee erneut auf der Krim vordrang, verließ Nabokow mit seiner Familie die Halbinsel, um zunächst in London Aufenthalt zu nehmen. Einige Monate später übersiedelte er mit seiner Frau und seinen drei jüngeren Kindern – die beiden ältesten Söhne, unter ihnen auch Vladimir, blieben zum Studium in England – nach Berlin.[12]

Nabokow verfügte offenbar über genügend Mittel, um seiner Familie ein relativ unbeschwertes Leben sichern zu können. Nach wie vor nahm er Anteil an der politischen Entwicklung und leitete den in Deutschland bestehenden Flügel der Kadetten-Partei, der sich von dem Pariser Flügel unter Führung Miljukows Anfang 1921 abgespalten hatte. Unterschiede bestanden nicht in der Zielsetzung, dem Sturz des bolschewistischen Regimes in Rußland, sondern in der Taktik. Zusammen mit seinen Parteifreunden J. W. Gessen und A. I. Kaminka gab Nabokow in Berlin die Tageszeitung «Rul» («Das Steuer») heraus. Erwähnt sei auch, daß Nabokow im «Ausschuß russischer öffentlicher Organisationen und Institutionen in Deutschland» mitwirkte.

Anfang 1922 erreichte die internationale Diskussion über die «russische Frage» ein neues Stadium, nachdem sich die Sowjetregierung bereit erklärt hatte, unter bestimmten Bedingungen, zu denen vor allem ihre diplomatische Anerkennung und die Gewährung einer Anleihe gehörten, die Schulden der zaristischen und der Provisorischen Regierung anzuerkennen sowie Entschädigungen für die Konfiskation ausländischen Vermögens nach der Oktoberrevolution zu leisten. Die Ententemächte hatten daraufhin Sowjetrußland zu der internationalen Wirtschaftskonferenz eingeladen, die am 10. April 1922 in Genua eröffnet werden sollte.

Diese Neubelebung der «russischen Frage» war für die Berliner Kadetten-Führung Anlaß, ungeachtet bestehender Meinungsverschiedenheiten in taktischen Fragen Miljukow zu einem Vortrag nach Berlin einzuladen. Da Miljukow gerade von einer Reise durch die USA zurückgekehrt war, sollte er über das Thema «Amerika und Rußland» referieren.

Der Vortrag Miljukows fand am 28. März 1922 in der Berliner Philharmonie statt. Etwa vierzig Zuhörer waren gekommen. Miljukow hatte seinen Vortrag gerade beendet und war im Begriff, in ein Nebenzimmer zu gehen, um sich dort auf die anschließende Diskussion vorzubereiten, als plötzlich von einem in der ersten Reihe sitzenden jungen Mann auf Miljukow zwei Schüsse aus einem Revolver abgefeuert wurden. Doch blieb Miljukow, von einem Teilnehmer der Versammlung zu Boden geworfen, unverletzt. Im gleichen Augenblick warf sich Nabokow, der ebenfalls vorn saß, auf den Attentäter, um ihm die Waffe zu entreißen. In dem entstehenden Kampf, in dem beide zu Boden fielen, richtete ein zweiter Attentäter seine Waffe auf Nabokow und feuerte auf ihn drei Schüsse ab, von denen einer tödlich traf. Nabokow war auf der Stelle tot. Die beiden Mörder, die später zu zwölf Jahren Zuchthaus verurteilt, im März 1927 jedoch vom preußischen Justizminister begnadigt wurden, erwiesen sich als die monarchistisch gesinnten russischen Emigranten Peter Schabelski-Bork und Sergej Taboritzki, beide ehemalige Leutnants der russischen Armee.[13] Die Spuren der Attentäter führten zu Kreisen russischer Monarchisten in München sowie zu einer Versammlung monarchistischer Emigranten, die am Tage des Attentats am Berliner Nollendorf-Platz stattgefunden hatte.

Wladimir Dmitrijewitsch Nabokow wurde am 1. April 1922 – die Zeitung «Rul» gab auch noch den 19. März nach dem alten Kalenderstil an – auf dem russisch-orthodoxen Friedhof in Berlin-Tegel beerdigt.

Anmerkungen zum Nachwort

1 Archiv russkoj revoljucii, Berlin. Das Periodikum erschien in den Jahren 1922 bis 1934. Die insgesamt 21 Bände enthalten zum großen Teil Erinnerungen an die revolutionären Ereignisse in Rußland und an den anschließenden Bürgerkrieg.
2 Slavistic Printings and Reprintings, edited by C. H. van Schoonefeld, Indian University, Bd. 129/1, Mouton, The Hague/Paris 1969.
3 Nasche Nasledije (Unser Erbe), 1990, Heft 6. Abgedruckt wird nur der erste Abschnitt «Die Provisorische Regierung».
4 V. D. Nabokov and the Russian Provisional Government, New Haven, Conn./London 1976.
5 Vgl. den Abdruck in «Rul», 30. (17.) März 1922.
6 Die im Jahre 1703 gegründete Stadt St. Petersburg wurde nach Beginn des Ersten Weltkrieges in Petrograd, nach Lenins Tod im Januar 1924 in Leningrad umbenannt. Seit Herbst 1991 heißt die Stadt wieder St. Petersburg.
7 Die Datierung erfolgt auch hier nach dem alten, damals in Rußland gültigen Kalender.
8 Schon im April 1917 belief sich die Zahl der Sowjets der Arbeiter- und Soldatendeputierten auf rund 600. Bis Anfang Oktober 1917 stieg ihre Zahl, einschließlich der Sowjets der Bauerndeputierten, auf 952.
9 Eine vermittelnde Rolle spielte dabei Alexander Helphand-Parvus (1867 bis 1924), der aus Weißrußland stammte und nach seiner Tätigkeit in der russischen und deutschen Sozialdemokratie in Berlin und in Stockholm umfangreiche Handelsgeschäfte betrieb.
10 Nach Edgar Sisson, dem in Petrograd stationierten Vertreter des amerikanischen «Comitee on Public Information», der sich damals der Dokumente annahm, wurden sie auch als «Sisson-Dokumente» bekannt.
11 Nabokow schreibt, daß Miljukow die Provisorische Regierung «auf zwei Sitzungen mit unseren ‹Geheimverträgen› bekanntmachte».
12 Berlin war damals eines der wichtigsten Zentren der russischen Emigration. Von den rund zwei Millionen Menschen, die Rußland nach der Oktoberrevolution verließen, lebten Anfang der zwanziger Jahre etwa 300 000 in Deutschland und von diesen wiederum etwa 100 000 in Berlin.
13 Der in den Erinnerungen von Vladimir Nabokov enthaltene Hinweis, daß sein Vater von einem «finsteren Schurken» ermordet wurde, den Hitler im Zweiten Weltkrieg zum Beauftragten für russische Emigrantenangelegenheiten gemacht habe, findet in der Forschung keine Bestätigung. An anderer Stelle seiner Erinnerungen verweist er auf zwei Attentäter, ohne jedoch ihre Namen zu nennen.

GLOSSAR
erstellt von Günter Rosenfeld

Das Glossar gibt Erläuterungen zu Personen und Begriffen, die in den Memoiren W. D. Nabokows erwähnt werden und die für das Verständnis der historischen Zusammenhänge von Bedeutung sind. Wie auch im Text der Memoiren erfolgt die Datierung nach dem damals in Rußland gebräuchlichen Julianischen Kalender, der am 1. Februar 1918 durch den seither gebräuchlichen Gregorianischen Kalender abgelöst wurde.

I
Personen

Alexandra Fjodorowna (1872–16. 7. 1918). Kaiserin von Rußland, Ehefrau des Zaren (Kaisers) Nikolaus II. aus dem Hause Romanow. Als Tochter des Großherzogs von Hessen-Darmstadt, Ludwigs IV., getauft auf die Namen Alice Viktoria Helena Luise, nahm sie nach ihrer Vermählung mit Nikolaus im November 1894 den Namen Alexandra Fjodorowna an, was mit dem Übertritt zum russisch-orthodoxen Glauben verbunden war. Stark dem Einfluß des Wundermönches → Rasputin unterliegend, übte sie auf Nikolaus und die russische Politik einen negativen Einfluß aus. Während des Ersten Weltkriegs war sie Anhängerin eines Separatfriedens. Zusammen mit dem Zaren wurde sie nach der Februarrevolution verhaftet und nach Tobolsk, später nach Jekaterinburg verbannt. Alexandra Fjodorowna wurde auf Verfügung des Ural-Gebiets-Sowjets ebenso wie alle anderen Mitglieder der Zarenfamilie in der Nacht vom 16. zum 17. Juli 1918 erschossen.

Alexejew, Michail Wassijewitsch (1857–1918). General der Infanterie. Aus einer Soldatenfamilie stammend, schlug er die militärische

Laufbahn ein. Nach Teilnahme am russisch-türkischen Krieg besuchte er die Generalstabsakademie, arbeitete dann im Generalstab, später erhielt er eine Professur an der Militärakademie. 1908–12 war er Befehlshaber des Kiewer Militärbezirks. Während des Ersten Weltkriegs war er zunächst Stabschef an der Südwestfront, danach Oberbefehlshaber der russischen Truppen der Nordwestfront. Im August 1915 wurde er Stabschef beim Höchstkommandierenden, Nikolaus II., und leitete praktisch alle militärischen Operationen an der russisch-deutschen Front bis Juni 1917. Mit den liberalen Kräften Rußlands sympathisierend, versuchte A. dennoch die Monarchie zu retten. Nach der Abdankung des Zaren wurde er von der Provisorischen Regierung zum Obersten Befehlshaber der russischen Armee ernannt. Auf diesem Posten löste ihn am 22. Mai General A. A. Brussilow ab, dem Ende Juni L. G. Kornilow folgte. Als dessen Versuch, im August 1917 eine Militärdiktatur zu errichten, mißlang, war A. erneut für kurze Zeit (30. August – 10. September) Chef des Generalstabs. Nach der Oktoberrevolution schuf A. zusammen mit den Generälen L. G. Kornilow und A. I. Denikin in Südrußland die weiße «Freiwilligenarmee» und übernahm den Oberbefehl. Er starb im Oktober 1918 in Jekaterinodar.

Awksentjew, Nikolai Dmitrijewitsch (1878–1943). Einer der Führer der Partei der Sozialrevolutionäre. In den Jahren vor der Februarrevolution 1917 befand sich A. in der Emigration und war Mitglied des Zentralkomitees der → Partei der Sozialrevolutionäre. Auf ihrem rechten Flügel stehend, trat er für Legalität in der Arbeit der Partei ein und wandte sich gegen die von einem Teil der Sozialrevolutionäre praktizierten Methoden terroristischer Anschläge. Nach Ausbruch des Ersten Weltkriegs wirkte er als Redakteur sozialrevolutionärer Zeitungen in Paris für die Kriegführung Rußlands an der Seite der westlichen Ententemächte gegen Deutschland und dessen Verbündete. In der Februarrevolution wurde er Mitglied des Exekutivkomitees des Petrograder Sowjets der Arbeiter- und Soldatendeputierten. In der Regierung Kerenskijs nahm A. den Posten des Innenministers ein, danach den des Vorsitzenden des → Vorparlaments. Nach der Oktoberrevolution gehörte A. zu den Organisatoren der Konterrevolution im Wolgagebiet und in Sibirien und war Mitglied des Direktoriums von Ufa. Ende 1918 emigrierte er ins Ausland. In den dreißiger Jahren leitete er in Paris die russische Freimaurerloge «Nordstern».

Bontsch-Brujewitsch, Wladimir Dmitrijewitsch (1873 bis 1955). Mitglied der bolschewistischen Partei und nach der Oktoberrevolution Geschäftsführer des Rats der Volkskommissare. B. stammte aus einer Moskauer Beamtenfamilie und beteiligte sich frühzeitig an der russischen revolutionären Studentenbewegung. 1896 emigrierte er in die

Schweiz und studierte an der Universität Zürich Naturwissenschaften. Er lernte dort Lenin kennen und beteiligte sich aktiv an der revolutionären Tätigkeit der bolschewistischen Partei. Nach Ausbruch der Februarrevolution war B. Redaktionsmitglied der Zeitung «Nachrichten des Petrograder Sowjets». 1917–20 nahm er das Amt des Geschäftsführers des Rats der Volkskommissare (→ Sownarkom) wahr. In der Folgezeit widmete er sich wissenschaftlichen Arbeiten, besonders auf den Gebieten der Philosophie, der Ethnographie und der Literaturwissenschaft. 1946–55 war er Direktor des Museums für Religionsgeschichte und Atheismus bei der Akademie der Wissenschaften der UdSSR.

Bramson, L. M. – Nach der Februarrevolution Mitglied des Zentralkomitees der → Trudowiki.

Brussilow, Alexej Alexejewitsch (1853–1926). General der Kavallerie. Einer Generalsfamilie entstammend, genoß B. seine Ausbildung im Pagenkorps und begann seinen Militärdienst als Offizier im Kaukasus. Er nahm am russisch-türkischen Krieg 1877/78 teil und rückte später zum Divisions- und Korpskommandeur auf. 1912/13 war er Befehlshaber des Warschauer Militärbezirks. Zu Beginn des Ersten Weltkriegs befehligte er die 8. Armee und danach die russische Südwestfront. Hier erreichte er im Jahre 1916 gegenüber den deutschen und österreichisch-ungarischen Truppen einen Durchbruch, auch als Brussilow-Offensive bekannt. Er wurde einer der bekanntesten russischen Heerführer des Ersten Weltkriegs. Am 22. Mai 1917 wurde er zum Oberbefehlshaber der russischen Armee ernannt, jedoch schon Ende Juni nach dem Scheitern der Juni-Offensive durch L. G. Kornilow abgelöst. Nach der Oktoberrevolution blieb Brussilow im Unterschied zu anderen russischen Generälen in Rußland und stellte sich im Jahre 1920 unter dem Eindruck der militärischen Intervention Polens dem Dienst in der Roten Armee zur Verfügung. Seine postum (1929) in Moskau veröffentlichten Memoiren sind eine wichtige Quelle für die Geschichte der russischen Armee im Ersten Weltkrieg.

Buchanan, George William (1854–1924). Britischer Diplomat. B. begann seine diplomatische Laufbahn im Jahre 1876. Nach diplomatischen Posten in Bulgarien und in den Niederlanden folgte seine Tätigkeit als Botschafter in Petersburg 1910–18. Eng verbunden mit den Parteien der → Kadetten und der → Oktobristen, war B. während des Ersten Weltkriegs bemüht, Rußland als militärischen Verbündeten der westlichen Alliierten zu halten und zu stärken. Nach der Oktoberrevolution und der Errichtung der Sowjetordnung beteiligte sich B. an der Organisierung der ausländischen Intervention und der Konterrevolution in Rußland, 1919–21 als britischer Botschafter in Rom. Die von B. 1923 veröffentlichten Memoiren «My mission to Russia and other diplomatic memories» sind eine interessante Quelle.

Chabalow, Sergej Sergejewitsch (1858–1924). Generalleutnant und ab 1914 Ataman der Ural-Kosaken. Am 5. Februar 1917 wurde Ch. zum Befehlshaber des Petrograder Militärbezirks ernannt, dem der Zar angesichts der wachsenden revolutionären Unruhen im Hinterland besondere Aufmerksamkeit schenkte. Ch. blieb auf diesem Posten bis 28. Februar. Sein Nachfolger wurde General L. G. Kornilow.

Chwostow, Alexej Alexejewitsch (1872–1918). Innenminister in der Regierung → Stürmer während der Monate Februar/März und Juli–September 1916. Er wurde auf Anordnung der Gesamtrussischen Außerordentlichen Kommission (Tscheka) nach der Oktoberrevolution erschossen.

Dan (Pseudonym für Gurwitsch), Fjodor Iljitsch (1871 bis 1947). Einer der Führer und Publizisten der Partei der Menschewiki. Dan war von Beruf Arzt und nahm an der sozialdemokratischen Bewegung in Rußland seit 1894 teil. Er gehörte zum Petersburger «Kampfbund zur Befreiung der Arbeiterklasse», wurde nach seiner Verhaftung 1896 in die Verbannung geschickt und emigrierte 1901 ins Ausland. Nach der Spaltung der russischen Sozialdemokraten in Bolschewiki und Menschewiki 1903 gehörte er der letzteren Gruppierung (Partei) an. Nach Ausbruch der Februarrevolution trat er als einer der führenden Vertreter der menschewistischen Partei in Petrograd für die Politik der Koalition mit den bürgerlichen Parteien und für die Unterstützung der Provisorischen Regierung ein. Nach der Oktoberrevolution arbeitete er als Arzt und betätigte sich auf den Gesamtrussischen Sowjetkongressen als Vertreter der menschewistischen Fraktion. Im Jahre 1922 wurde er aus Sowjetrußland ausgewiesen und lebte zunächst in Berlin, später in den USA.

Denikin, Anton Iwanowitsch (1872–1947). Generalleutnant der russischen Armee und Oberbefehlshaber der gegen die Sowjetordnung kämpfenden weißgardistischen Kräfte in Südrußland. Nach seiner militärischen Niederlage überließ er die Reste seiner Armee General → Wrangel auf der Krim und emigrierte ins Ausland; schrieb Erinnerungen.

Dobrowolskij, Nikolai Alexandrowitsch (1854–1918). Justizminister. D. war Mitglied der Staatsduma und seit Anfang Januar 1917, in der letzten Regierung des zaristischen Rußlands, Justizminister.

Demidow, I. P. Mitglied der Konstitutionell-Demokratischen Partei (Kadetten). Als nach Ausbruch der Februarrevolution das Provisorische Komitee der Staatsduma, aus dem dann die Provisorische Regierung hervorging, beschloß, Mitglieder der Staatsduma als Kommissare in die Ministerien zu entsenden, wurde I. P. Demidow Kommissar im Ministerium für Landwirtschaft.

Filippowskij, W. N. Mitglied der Partei der Sozialrevolutionäre. Er gehörte nicht nur der von Nabokow erwähnten «Kontaktkommission» an, die die Verbindung zwischen dem Rat der Arbeiter- und Soldatendeputierten und der Provisorischen Regierung unterhielt, sondern auch der Militärkommission des Petrograder Sowjets, die nach Ausbruch der Februarrevolution gebildet wurde.

Gessen, Jossif Wladimirowitsch (1866–1943). Mitglied der Partei der Konstitutionellen Demokraten (Kadetten). Als Gründungsmitglied der Kadetten-Partei und Mitglied ihres Zentralkomitees stand G. politisch und geistig Nabokow besonders nahe. Zusammen mit P. N. Miljukow redigierte er die Zeitungen der Kadettenpartei «Prawo» und «Retsch». In Berlin, wohin er zusammen mit Nabokow emigrierte, gab er mit diesem die Zeitung «Rul» («Das Steuer») heraus und ab 1922 das «Archiv der russischen Revolution», in dem auch die Erinnerungen Nabokows erstmals erschienen.

Godnjow, Iwan Wassiljewitsch (1856–?). Mitglied der Oktobristenpartei und als solches Mitglied der Staatsduma. Nach Ausbruch der Februarrevolution wurde er Mitglied des Provisorischen Komitees der Staatsduma und Kommissar der Provisorischen Regierung im Senat. Vom 2. März bis 24. Juli 1917 war er Staatskontrolleur der Provisorischen Regierung. Er emigrierte nach der Oktoberrevolution ins Ausland.

Golizyn, Nikolai Dmitrijewitsch Fürst (1850–1925). 1885 bis 1903 Gouverneur der Gouvernements Archangelsk, Kaluga und Twer, anschließend vom Zaren zum Senatsmitglied ernannt, war G. ab 1915 Mitglied des Staatsrats. Der Zarin nahestehend, wurde er auf ihr Drängen Ende Dezember 1916 zum Ministerpräsidenten ernannt. Als solcher leitete er in den Monaten Januar/Februar 1917 die letzte zaristische Regierung. Nach Ausbruch der Februarrevolution zog er sich von der Ausübung politischer Ämter zurück und emigrierte später ins Ausland.

Gotz, Abraham Rafailowitsch (1882–1940). Führendes Mitglied der Partei der Sozialrevolutionäre und Mitglied ihres Zentralkomitees.

Aus einer reichen jüdischen Familie stammend, gehörte G. seit 1906 der Partei der Sozialrevolutionäre an. 1907 wurde er zu acht Jahren Zwangsarbeit verurteilt. Nach Ausbruch der Februarrevolution wirkte er als Vertreter der Sozialrevolutionäre im Petrograder Sowjet. Nach Gründung des Gesamtrussischen Zentralexekutivkomitees der Sowjets der Arbeiter- und Soldatendeputierten wurde er während der ersten Wahlperiode dessen Vorsitzender. Nach der Oktoberrevolution beteiligte er sich aktiv am Kampf gegen die bolschewistische Herrschaft. Im Jahre 1920 wurde er verhaftet und 1922 im Rahmen des Prozesses gegen die Sozialrevolutionäre zunächst zum Tode durch Erschießen, danach jedoch unter Abänderung des Urteils zu fünf Jahren Haft verurteilt. Aufgrund einer Amnestie freigelassen, wurde er 1940 vermutlich ein Opfer der stalinistischen Willkür.

Gredeskul, Nikolai Andrejewitsch (1864–?). Mitglied des Zentralkomitees der Kadetten-Partei. G. war Jurist und Professor an der Universität Charkow, danach am Polytechnikum von Petersburg. Seit ihrer Gründung war er Deputierter der Staatsduma. Im Jahre 1916 trat er aus der Kadetten-Partei aus. Nach der Oktoberrevolution suchte er, wie viele andere Intellektuelle Rußlands, sich der bolschewistischen Sowjetmacht anzupassen; lehrte zuletzt Rechtswissenschaft an Leningrader Hochschulen.

Grey, Edward, Viscount Grey of Fallodon/Northumberland (1862–1933). Britischer Außenminister. Grey vertrat seit 1885 die Liberale Partei im britischen Unterhaus, 1916 wurde er Mitglied des Oberhauses. Als britischer Außenminister in den Jahren 1905–16 gestaltete er entscheidend die Beziehungen zwischen Großbritannien und Rußland und damit auch die Kriegszielpolitik.

Gutschkow, Alexander Iwanowitsch (1862–1936). Russischer Großindustrieller und Gründer der Partei der → Oktobristen. Als die Revolution im Herbst 1905 ihren Höhepunkt erreichte, trat der Moskauer Großindustrielle mit einem politischen Programm hervor, das dem am 17. Oktober erlassenen → Manifest des Zaren entsprach. Dieses proklamierte zwar bürgerliche Freiheiten, vermied es aber, Rußland eine Konstitution beziehungsweise eine Konstituierende Versammlung zuzugestehen. Der von G. und politischen Gesinnungsfreunden auf dieser Grundlage gegründete «Bund des 17. Oktober» (auch als Partei der Oktobristen bezeichnet) stand somit rechts von der Partei der Konstitutionellen Demokratie, und G. solidarisierte sich bis zu einem gewissen Grade mit dem zaristischen Regime. Nach kurzer Mitgliedschaft im Staatsrat wurde G. im Herbst 1907 in die Staatsduma gewählt und im März 1910 deren Präsident. Schon ein Jahr später legte er dieses Amt aus Protest gegen die von Ministerpräsident → P. A. Stolypin auf dem Gebiet der örtlichen Selbstverwaltung in den westlichen Gouvernements verfolgte Politik nieder und konzentrierte sich auf seine Tätigkeit als Vorsitzender der Oktobristenfraktion in der Duma. Nach den militärischen Niederlagen Rußlands zu Beginn des Ersten Weltkriegs wurde G. einer der Führer der bürgerlichen Opposition und schloß sich dem im August 1915 gegründeten → «Progressiven Block» an, dem es um die Sicherung des inneren Friedens, um ein größeres Maß an Liberalität und eine effektivere Kriegführung «bis zum siegreichen Ende» ging. Im ersten Kabinett der Provisorischen Regierung übernahm G. das Amt des Kriegsministers, das er nach der Aprilkrise und der Regierungsumbildung aufgeben mußte. 1918 emigrierte G. nach Berlin.

Gwosdjow, Kusma Antonowitsch (1883–?). Mitglied der Partei der Menschewiki und ihres ZK. Während des Ersten Weltkriegs vertrat G. jene Gruppierung der Menschewiki, die sich für die Kriegführung Rußlands einsetzte. Nach Ausbruch der Februarrevolution war G. Mitglied des Präsidiums und des Exekutivkomitees des Petrograder Sowjets. Im letzten Kabinett der Provisorischen Regierung (25. September–25. Oktober 1917) nahm G. das Amt des Ministers für Arbeit wahr. Nach der Oktoberrevolution beteiligte er sich an der Organisierung der Konterrevolution. Im Jahre 1931 gehörte G. zu den Mitangeklagten des von Stalin inszenierten Prozesses gegen Mitglieder der Menschewiki.

Kartaschow, Anton Wladimirowitsch (1875–1960). Mitglied der Führung der Partei der Konstitutionellen Demokraten. K. war von Haus aus Kirchenhistoriker. Am 24. Juli 1917 wurde er zum Oberprokurator des → Heiligen Regierenden Synods berufen und in den beiden letzten Kabinetten der Provisorischen Regierung (25. Juli–25. Oktober 1917) mit dem Amt des Unterrichts-(Kultus-)Ministers betraut. Nach der Oktoberrevolution beteiligte er sich an der Organisierung der Konterrevolution und emigrierte 1920 ins Ausland.

Kerenskij, Alexander Fjodorowitsch (1881–1970). Minister und Ministerpräsident der Provisorischen Regierung Rußlands. Nach Beendigung der Petersburger Universität 1904 machte sich K. bald einen Namen als Advokat, besonders als Verteidiger in politischen Prozessen. Nach der Revolution 1904/05 schloß sich K. der im Jahre 1906 von den Bauerndeputierten der Staatsduma gegründeten Partei der → Trudowiki an, die eine Lösung der Agrarfrage im Interesse der Bauernschaft und eine demokratische Republik anstrebte. Nachdem K. 1912 Dumaabgeordneter geworden war, übernahm er den Vorsitz der aus zehn Mitgliedern bestehenden Dumafraktion der Trudowiki. Nach Ausbruch der Februarrevolution wechselte K. zur → Partei der Sozialrevolutionäre über, in der er alsbald eine führende Rolle spielte. In dieser Eigenschaft wurde K. in das → Exekutivkomitee des Petrograder Sowjets gewählt. Die Tatsache, daß er gleichzeitig im ersten Kabinett der Provisorischen Regierung den Posten des Justizministers übernahm, was gegen den Willen des Exekutivkomitees geschah und seitens der Provisorischen Regierung als Legitimation und Aushängeschild einer nach allen Seiten offenen Politik zu nutzen versucht wurde, brachte K. eine komplizierte Doppelfunktion ein. Weder als Kriegsminister (im zweiten Kabinett vom 5. Mai bis 8. Juli) noch als Ministerpräsident gelang es ihm, jene Hauptfrage zu lösen, um derentwillen die Massen im Februar auf die Straße gegangen waren und an der die Provisorische Regierung im Oktober 1917 schließlich scheiterte: die Frage von Krieg und Frieden. 1918 emigrierte Kerenskij nach Frankreich und siedelte von dort im Jahre 1940 in die USA über. Die von ihm veröffentlichten Erinnerungen und andere Publikationen, die sich mit den revolutionären Ereignissen in Rußland befassen, stellen eine interessante, wenngleich stark subjektiv gefärbte Quelle dar.

Kischkin, Nikolai Michailowitsch (1864–1930). Minister für öffentliche Fürsorge im letzten Kabinett der Provisorischen Regierung (25. September – 25. Oktober 1917). K., von Haus aus Arzt, gehörte zur Führung der → Kadetten-Partei. Nach Ausbruch der Februarrevolution entsandte ihn die Provisorische Regierung als ihren Kommissar nach Moskau. Als die Provisorische Regierung buchstäblich in letzter Stunde, am 25. Oktober, K. zu ihrem besonderen Bevollmächtigten ernannte, damit er in Petrograd «Ordnung» schaffe, war sie schon eine Regierung ohne Macht. Zusammen mit anderen Mitgliedern der Provisorischen Regierung während des Oktoberaufstands der Bolschewiki im Winterpalais vorübergehend verhaftet. Nach der Errichtung der Sowjetordnung beteiligte er sich an der Organisierung der Konterrevolution. Anfang der zwanziger Jahre wiederum für kurze Zeit verhaftet, arbeitete K. danach im Volkskommissariat für Gesundheitswesen.

Kokoschkin, Fjodor Fjodorowitsch (1871–7.1.1918). Mitglied der Kadetten-Partei und Staatskontrolleur der Provisorischen Regierung. K. gehörte zu den Gründungsmitgliedern der → Kadetten-Partei und wurde als solcher Abgeordneter der 1. Staatsduma. In den Monaten Juli–August 1917 übte er das Amt eines Staatskontrolleurs der Provisorischen Regierung aus. Nach dem Oktoberaufstand der Bolschewiki wurde er am 28. November 1917 wegen antisowjetischer Tätigkeit verhaftet und in der Peter-und-Paul-Festung gefangengehalten. Von dort brachte man ihn wegen Erkrankung in das Marien-Krankenhaus, wo er zusammen mit → Schingarjow von anarchistischen Matrosen ermordet wurde.

Kokowzow, Wladimir Nikolajewitsch Graf (1853–1943). Russischer Staatsmann. Gutsbesitzer, ab 1900 Mitglied des Senats, ab 1905 des Staatsrats. Vom 10. September 1911 bis 29. Januar 1914 war er als Ministerpräsident Nachfolger P. A. Stolypins nach dessen Ermordung. Mit Ausbruch der Februarrevolution betätigte er sich auf dem Gebiet des Finanzwesens; nach der Oktoberrevolution emigrierte er nach Frankreich, wo er die Leitung einer Zweigstelle der Petersburger Internationalen Handelsbank übernahm. Seine 1933 in Paris veröffentlichten Memoiren beleuchten seine politische Tätigkeit in den Jahren 1903–19.

Konowalow, Alexander Iwanowitsch (1875–1948). Mitglied der Kadetten-Partei. K. stammte aus einer einflußreichen Moskauer Fabrikantenfamilie. Er beteiligte sich an der Gründung der Partei der Progressisten im Jahre 1907, die in der Duma eine vermittelnde Rolle zwischen der → Partei der Oktobristen und der → Partei der Konstitutionellen Demokratie zu spielen suchte. Während des Ersten Weltkriegs war K. stellvertretender Vorsitzender des Zentralen → Kriegsindustriekomitees. Als sich nach Ausbruch der Februarrevolution die Partei der Progressisten auflöste, wurde K. Mitglied der Kadetten-Partei. In den beiden ersten Kabinetten der Provisorischen Regierung war K. Minister für Handel und Industrie, in der letzten Koalitionsregierung Stellvertreter Kerenskijs. Zusammen mit anderen Mitgliedern der Provisorischen Regierung während des Oktoberaufstandes am 25. Oktober im Winterpalais vorübergehend verhaftet. Nach der Errichtung der Sowjetordnung emigrierte Konowalow ins Ausland. Er starb in New York.

Kornilow, Lawr Georgijewitsch (1870–1918). General der Infanterie. K. stammte aus der Familie eines Kosakenoffiziers, diente nach Absolvierung der Generalstabsakademie zunächst im Stab des Militärbezirks Turkestan, dann im Russisch-Japanischen Krieg 1904/05. In den Jahren 1908–11 war er russischer Militärattaché in China. Nach Beginn des Ersten Weltkriegs nahm er verschiedene militärische Kommandostellen ein, floh aus österreichischer Kriegsgefangenschaft und war nach Ausbruch der Februarrevolution in den Monaten März–April 1917 Befehlshaber des Petrograder Militärbezirks. Nach dem Scheitern der russischen Juni-Offensive ernannte ihn die Provisorische Regierung zum Obersten Befehlshaber der russischen Armee. Auf diesem Posten wurde er zum Exponenten jener politischen Kräfte, die durch drakonische Maßnahmen einschließlich der Wiedereinführung der Todesstrafe an der Front alle Friedensbemühungen an der Front und im Hinterland unterdrücken und den Krieg unter allen Umständen weiterführen wollten. Sein Ende August 1917 unternommener Versuch, durch Heranführung von Truppen nach Petrograd eine Militärdiktatur zu errichten, mißlang. Er wurde von der Provisorischen Regierung verhaftet und floh im November 1917, nach der Errichtung der Sowjetmacht, nach Nowotscherkassk am Don. Hier schuf er zusammen mit den Generälen M. W. Alexejew und A. I. Denikin die weiße «Freiwilligenarmee». Bei dem ersten, erfolglosen Sturm dieser Armee auf Jekaterinodar kam Kornilow im April 1918 ums Leben.

Krassikow, Peter Ananjewitsch (1870–1939). Mitglied der Partei der Bolschewiki. An der revolutionären Tätigkeit der russischen Sozialdemokratie seit 1892 beteiligt, organisierte K. den Vertrieb der Leninschen Zeitung «Iskra» und war nach Ausbruch der Februarrevolution Mitglied des Exekutivkomitees des Petrograder Sowjets. Nach der Oktoberrevolution Mitglied der Kommission für den Kampf gegen die Konterrevolution beim Petrograder Revolutionären Militärkomitee. 1918 wurde K. stellvertretender Volkskommissar für das Justizwesen, von 1919 an verschiedene staatliche Funktionen.

Krymow, Alexander Michailowitsch (1871–1917). Generalleutnant. K. kommandierte bei Ausbruch der Februarrevolution das 3. Kavalleriekorps. Politisch war er eng verbunden mit der → Partei der Oktobristen und ihrem Führer → A. I. Gutschkow. Im Rahmen des Kornilow-Putsches wurde Krymow von → Kornilow, seinem Obersten Befehlshaber, angewiesen, mit seinem Kavalleriekorps das revolutionäre Petrograd zu besetzen. Nach dem Scheitern des Putsches beging K. Selbstmord.

Kschesinskaja (Krzesińska), Matylda (1871–?). Primaballerina am Marientheater in St. Petersburg. Im gesellschaftlichen Leben von St. Petersburg spielte die K., eine russifizierte Polin, in den Jahren vor dem Ersten Weltkrieg deshalb eine gewisse Rolle, weil sie enge Beziehungen zu Angehörigen des Hauses Romanow unterhielt. Auch mit dem späteren Zaren Nikolaus II. hatte sie eine Romanze. Ihr gehörte in Petersburg das Palais Kschesinskaja, das nach Ausbruch der Februarrevolution, wie andere Schlösser und Häuser, die der Zarenfamilie und mit ihr verbundenen Personen gehörten, konfisziert und politischen Parteien und Organisationen überlassen wurden. Auf diese Weise wurde das Palais Kschesinskaja Sitz des Zentralkomitees der Bolschewiki. Matylda Kschesinskaja emigrierte nach der Oktoberrevolution nach Paris, wo sie 1921 den Großfürsten Andrej Wladimirowitsch, einen Cousin des Zaren Nikolaus, heiratete.

Lenin (Pseudonym für Uljanow), Wladimir Iljitsch (1870 bis 1924). Führer der Partei der Bolschewiki und Begründer des Sowjetstaates. Geboren in der Familie eines leitenden Schulbeamten in Simbirsk an der Wolga, studierte Lenin zunächst in Kasan, später extern in Petersburg Rechtswissenschaft. 1888 begann durch seine Teilnahme an marxistischen Zirkeln seine Tätigkeit in der revolutionären Arbeiterbewegung Rußlands. Der Zeit seiner Verhaftung und Verbannung nach Sibirien (1895 bis 1900) folgte seine Emigration, die ihn in verschiedene westeuropäische Länder führte und, mit einer Unterbrechung von Ende 1905 bis Ende 1907, bis zur Februarrevolution 1917 andauerte. In dieser Zeit formierte er die Partei der Bolschewiki, die 1903 aus dem Mehrheitsflügel der fünf Jahre zuvor gegründeten Sozialdemokratischen Partei Rußlands hervorging (→ Menschewiki), und schuf deren programmatische Grundlagen. Nach seiner Rückkehr nach Rußland im → «plombierten Waggon» bereitete Lenin die bolschewistische Partei theoretisch und politisch-praktisch auf die Machtübernahme durch Errichtung der «Diktatur des Proletariats» vor. Diese begann mit dem bewaffneten Aufstand in Petrograd (24./25. Oktober 1917), der in der Folge zur Errichtung der von den Bolschewiki beherrschten Sowjetordnung in Rußland führte. Indem die Bolschewiki den Forderungen der Massen nach sofortigem Frieden und nach Lösung der Agrarfrage – Fragen, in denen die Provisorische Regierung nach wie vor Unentschlossenheit zeigte – nachkamen, schufen sie sich eine politische Basis, die nach dem → Kornilow-Putsch rasch anwuchs. Als weniger erfolgreich, ja, utopisch erwies sich das nächste Ziel, die Errichtung der «sozialistischen Gesellschaft». Das wurde insbesondere deutlich, als die erwartete «Weltrevolution», zu der die Oktoberrevolution in Rußland nach Hoffnung Lenins den Anstoß geben sollte, trotz weltweiter Resonanz ausblieb. Als Lenin am 21. Januar 1924 starb, waren bereits in vieler Hinsicht die Wurzeln für die Herausbildung des stalinistischen Regimes gelegt. Es gelang Stalin zwar, die Ende 1922 gegründete UdSSR in einem bestimmten Umfang zu modernisieren, die Hoffnungen breiter Schichten auf die «sozialistische Zukunft» unter Berufung auf das «Vermächtnis Lenins» wachzuhalten und die UdSSR nach dem Zweiten Weltkrieg zur militärischen Weltmacht zu machen. Infolge uneffektiver und vielfach mit unmenschlichen Methoden vorgenommener gesellschaftlicher Umgestaltungen sowie eines Millionen Menschen vernichtenden Terrors führte dieses System jedoch zum Untergang des von Lenin geschaffenen Staates.

Lunatscharskij, Anatolij Wassiljewitsch (1875–1933). Volkskommissar für Bildung in den ersten Jahren des Sowjetstaates (1917–29). In der Familie eines Beamten geboren, engagierte sich L. von 1895 an in der Arbeiterbewegung Rußlands. Er studierte an der Universität Zürich Naturwissenschaften und Philosophie. Nach seiner Rückkehr nach Rußland wurde er in Haft genommen, konnte später aber wieder emigrieren. L. gehörte zunächst zum bolschewistischen Flügel der russischen Sozialdemokratie, löste sich nach 1910 von den politisch-theoretischen Grundlagen der Bolschewiki, trat aber, nachdem er im Mai 1917 erneut nach Rußland zurückgekehrt war, auf dem VI. Parteitag der Bolschewiki Ende Juli 1917 zusammen mit Angehörigen der sogenannten Zwischengruppe, zu der auch Trotzkij gehörte, wieder in die Leninsche Partei ein. Ausgestattet mit einem enzyklopädischen Wissen, leistete L. nach der Oktoberrevolution als Volkskommissar für das Bildungswesen entscheidendes, um Rußland aus der kulturellen Rückständigkeit (mehr als 70 Prozent der Bevölkerung waren Analphabeten) herauszuführen.

Lwow, Georgij Jewgenjewitsch Fürst (1861–1925). Der Großgrundbesitzer nahm aktiv Anteil an der Arbeit der ländlichen Selbstverwaltung (Semstwo). In den Jahren 1905–17 schloß er sich der → Kadetten-Partei an. Er war Abgeordneter der → 1. Staatsduma. Während des Ersten Weltkrieges war er Präsident des bei Kriegsbeginn gebildeten Gesamtrussischen Verbandes der ländlichen Selbstverwaltungen. Nach der Februarrevolution wurde L. Ministerpräsident der ersten beiden Kabinette der Provisorischen Regierung (März–Juli 1917). Nach der Oktoberrevolution emigrierte er nach Frankreich.

Lwow, Wladimir Nikolajewitsch (1872–1933). Gutsbesitzer und Mitglied der 3. und 4. Staatsduma. Oberprokurator des → Heiligen Regierenden Synods im Jahre 1917. Nach der Oktoberrevolution ging L. in die Emigration.

Maklakow, Wassilij Alexejewitsch (1870–1957). Führendes Mitglied der Partei der Konstitutionellen Demokratie (Kadetten). Seit der Gründung der Kadetten-Partei gehörte M. zu ihrer Führung. Nach dem Studium an der Moskauer Universität betätigte er sich als Advokat und trat besonders nach der Revolution 1904/05 in bedeutenden Prozessen als Verteidiger hervor. So ist auch die Enttäuschung Nabokows zu erklären, daß nicht er, sondern Kerenskij im 1. Kabinett der Provisorischen Regierung das Amt des Justizministers übernahm, zumal M. im Provisorischen Komitee der Staatsduma dem Justizministerium zugeordnet worden war. Ab Juli 1917 vertrat er die Provisorische Regierung Rußlands als Botschafter in Frankreich. Nach der Oktoberrevolution beteiligte er sich von Frankreich aus an der Leitung der russischen Emigrantenorganisationen. Nach der Okkupation Frankreichs durch die deutschen Truppen 1940 wurde M. für die Dauer von 6 Monaten inhaftiert. Er starb nach dem Krieg in

Zürich. In seinen Memoiren kritisiert er die Kadetten-Partei wegen politischer Versäumnisse und Fehler, besonders auch hinsichtlich mangelnder Kompromißbereitschaft gegenüber der Monarchie.

Manuilow, Alexander Apollonowitsch (1861–1929). Mitglied der Kadetten-Partei und Minister in der Provisorischen Regierung. M. war Ökonom und kam über die Bewegung der liberalen → Narodniki zur Kadetten-Partei. Als Mitglied des Zentralkomitees beschäftigte er sich in den Jahren vor dem Ersten Weltkrieg besonders mit der Agrarfrage und wurde wegen seiner Kritik an der Stolypinschen Agrarreform 1911 von seinem Amt als Rektor und Professor der Moskauer Universität relegiert. In den ersten beiden Kabinetten der Provisorischen Regierung war M. Minister für Bildung. Nach der Oktoberrevolution ging er zunächst in die Emigration, kehrte aber bald nach Rußland zurück, um mit der Sowjetmacht zusammenzuarbeiten, besonders auf dem Gebiet des Bildungswesens.

Maslow, Semjon Leontjewitsch (1873–1943). Sozialrevolutionär und Minister im letzten Kabinett der Provisorischen Regierung. Von Haus aus Ökonom und auf dem rechten Flügel der → Partei der Sozialrevolutionäre stehend, wurde M. nach Ausbruch der Februarrevolution Mitglied des → Gesamtrussischen Exekutivkomitees der Bauerndeputierten. Im Unterschied zu den Linken Sozialrevolutionären, die sich im Sommer 1917 nach der Spaltung der Partei der SR als selbständige Partei herausbildeten und in der Agrarfrage ein Bündnis mit den Bolschewiki eingingen, war M. gegen die Aufteilung des Gutsbesitzerlandes und seine Übergabe an die Bauern. Diese Politik verfolgte er auch auf dem Posten des Landwirtschaftsministers der Provisorischen Regierung als Nachfolger Tschernows vom 3. Oktober bis zum Ende der Provisorischen Regierung am 25. Oktober 1917. Nach der Oktoberrevolution zog sich M. aus dem politischen Leben zurück. Von 1926 an lehrte er am Plechanow-Institut für Volkswirtschaft.

Michail Alexandrowitsch, Großfürst (1878–1918). Als Bruder des Zaren trat Michail Alexandrowitsch während des Ersten Weltkriegs auf politischem und militärischem Gebiet stärker hervor. Das ihm nach der Abdankung Nikolaus II. in der Februarrevolution unterbreitete Angebot, den Thron zu besteigen, lehnte er ab und unterzeichnete am 3. März 1917 eine Verzichtserklärung, über die Nabokow ausführlich berichtet.

Miljukow, Pawel Nikolajewitsch (1859–1943). Führer der Konstitutionell-Demokratischen Partei. M. stammte aus der Familie eines Moskauer Architekturprofessors und war seit 1886 Privatdozent für russische Geschichte an der Historischen Fakultät der Moskauer Universität. In seiner politischen Biographie spiegelt sich in gewisser Weise die Entwicklung des russischen Liberalismus wider. Er gehörte zu den Begründern der → Konstitutionell-Demokratischen Partei (Kadetten), war deren politisch-geistiger Kopf und redigierte die Zeitung der Partei → «Retsch». M. leitete auch die Fraktion der Kadetten-Partei in der Staatsduma. In den Jahren bis zur Februarrevolution war seine politische Tätigkeit auf einen Kompromiß mit der Zarenregierung gerichtet, und auch nach Ausbruch der Februarrevolution suchte er, worüber Nabokow ausführlich berichtet, die Monarchie zu retten. Im ersten Kabinett der Provisorischen Regierung nahm M. das Amt des Außenministers wahr. Seine unter Berufung auf ein Manifest der Provisorischen Regierung vom 27. März an die Alliierten gerichtete Note vom 18. April, in der betont wurde, daß Rußland getreu seinen Verpflichtungen an der Seite der Alliierten den Krieg «bis zum siegreichen Ende» fortsetzen werde, rief unter den sich nach Frieden sehnenden, revolutionär gestimmten Volksmassen heftige Reaktionen hervor. Dies führte zu einer Krise der Provisorischen Regierung und zwang M. zum Rücktritt. In der Folgezeit konzentrierte sich M. auf die Arbeit in der Kadetten-Partei. Nach der Oktoberrevolution flüchtete er nach Südrußland, um von dort den Kampf gegen die bolschewistische Sowjetordnung zu organisieren. 1920 emigrierte M. nach London, ein Jahr später nach Paris. Hier formierte M. den linken Flügel der Kadetten-Partei zu der «Republikanisch-Demokratischen Vereinigung» (1924) und trat in der von ihm redigierten Zeitung «Poslednije nowosti» («Letzte Nachrichten») für eine neue Taktik im Kampf gegen die Sowjetmacht ein. Danach sollte der Kampf nicht von außen, sondern von innen unter der Losung «Sowjets ohne Bolschewiki» erfolgen. Die Haltung M.s war insofern widersprüchlich, als er in vieler Hinsicht die Außenpolitik der UdSSR billigte. Unter den Schriften, die M. während seiner Emigration verfaßte, ragt besonders seine schon 1924 abgeschlossene «Geschichte der zweiten russischen Revolution» (Februarrevolution) hervor. Als die deutschen Truppen sich im Juni 1940 Paris näherten, flüchtete M. nach Südfrankreich. Schon hochbetagt, begann er hier, im Herbst 1940, mit der Niederschrift seiner Memoiren, die eine ganze Epoche russischer Geschichte, von der Mitte des 19. Jahrhunderts bis zum Ende der Provisorischen Regierung am 25. Oktober 1917, umfassen. Im Unterschied zu anderen russischen Emigranten, die nach 1933 die Zusammenarbeit mit dem Hitlerregime gesucht hatten und sich im Juni 1941 die Befreiung Rußlands erhofften, verurteilte er den deutschen Überfall auf die Sowjetunion. Zwei Monate nach dem sowjetischen

Sieg bei Stalingrad, am 31. März 1943, wurde M. vom Tod ereilt. Seine sterblichen Überreste wurden nach Kriegsende nach Paris überführt, wo man ihn auf dem Friedhof Les Batignolles neben seiner Frau Anna Sergejewna beisetzte. – Miljukow galt das Attentat, dem Nabokow 1922 in Berlin zum Opfer fiel.

Nekrassow, Nikolai Wissarionowitsch (1879–1940). Mitglied der Partei der Konstitutionellen Demokratie. N. gehörte zum linken Flügel der Kadetten-Partei und war Abgeordneter der 3. und 4. Staatsduma. Als Mitglied des Provisorischen Komitees der Staatsduma war er nach der Februarrevolution an der Bildung der Provisorischen Regierung beteiligt, in der er zunächst das Amt des Ministers für Landwirtschaft, später für Verkehrswesen übernahm. In den Monaten September/Oktober 1917 war er Generalgouverneur von Finnland. Nach der Oktoberrevolution arbeitete er auf dem Gebiet des Genossenschaftswesens.

Nikitin, Alexej Michailowitsch (1876–?). Mitglied der Partei der Menschewiki, Jurist. N. wurde nach Ausbruch der Februarrevolution Vorsitzender des Moskauer Sowjets der Arbeiterdeputierten sowie Leiter der Moskauer Miliz. In der Provisorischen Regierung war er ab 24. Juli zunächst Minister für Inneres, danach für Post und Telegrafie und im letzten Kabinett erneut für Inneres. Das → Vorparlament nahm das von N. vorbereitete Projekt zur Schaffung eines «Komitees für die gesellschaftliche Sicherheit» an. Im Jahre 1920 wurde er von der Sowjetregierung wegen konterrevolutionärer Tätigkeit verurteilt; arbeitete später im Genossenschaftswesen.

Nikolaus II., Nikolai Alexandrowitsch Romanow, Kaiser von Rußland (1868–16.7.1918). N. war der älteste Sohn des Zaren (Kaisers) Alexander III. Im Jahre seiner Krönung zum Kaiser von Rußland (21.10.1894) wurde er mit der Prinzessin Alice von Hessen-Darmstadt (→ Alexandra Fjodorowna) vermählt. Der Ehe entstammten vier Töchter (Olga, Tatjana, Maria und Anastassija) sowie der Thronfolger Alexej, der an einer gefährlichen Krankheit (Bluter) litt. N. genoß in seiner Jugend eine umfangreiche Bildung, wobei K. P. Pobedonoszew, Mitglied des Staatsrats und Oberprokurator des → Heiligen Regierenden Synods einen starken Einfluß auf ihn ausübte, indem er N. im Geiste des «von Gott gewollten russischen Selbstherrschertums» erzog. Charakteristisch für die Herrschertätigkeit N.s waren eine bestimmte Naivität in den Staats- und Regierungsgeschäften und ein auf die Angelegenheiten seiner Familie eingeengtes Denken. Es war bezeichnend für sein Unverständnis gegenüber den Erfordernissen Rußlands, dessen politische und sozialökonomische

Entwicklung durch das Weiterbestehen der zaristischen Selbstherrschaft weitgehend gehemmt wurde, daß N. der Reformpolitik der Ministerpräsidenten S. J. Witte und P. A. Stolypin mit größtem Mißtrauen begegnete. Eine gewisse Popularität, die in dem jahrhundertealten Glauben an den «gütigen Zaren» wurzelte, büßte N. nach dem Petersburger «Blutsonntag», der die Revolution von 1905 einleitete, ein. Das von ihm unter dem Druck der Revolution am 17. Oktober 1905 erlassene → Manifest betrachtete N. als Ausdruck eigener Schwäche und nicht als Notwendigkeit, Rußland den Weg zum Parlamentarismus und zu bürgerlichen Freiheiten zu öffnen. In der Außenpolitik verfolgte N. eine vehemente Expansionspolitik, die freilich abhängig war von ausländischem, insbesondere französischem Kapital. Obwohl Rußland mit Frankreich und Großbritannien in Form der Entente, die sich 1904–07 endgültig herausgebildet hatte, verbunden war und mit diesen Mächten zusammen 1914 gegen die Mittelmächte in den Krieg eintrat, lagen die Sympathien N. und der ihn umgebenden Kamarilla beim kaiserlichen Deutschland. Während des Ersten Weltkriegs trat das Unvermögen N.s, das Land für die Kriegführung zu mobilisieren, kraß hervor. Wie die Zarin unterlag auch er dem Einfluß des Wundermönches → Rasputin. Alles dies verstärkte die gegen ihn gerichtete Opposition im Lager des Adels und der Großbourgeoisie und ließ Pläne einer Palastrevolution reifen, die dann durch die Februarrevolution überholt wurden. Nach seiner Abdankung zugunsten seines Bruders → Michail, der dann ebenfalls auf den Thron verzichtete, wurde N. mit seiner Familie am 8. März 1917 in Zarskoje Selo gefangengenommen und später nach Tobolsk und dann nach Jekaterinburg gebracht. Das Vorhaben der Sowjetregierung, Nikolaus II. einem Gerichtsverfahren in Moskau zuzuführen, konnte infolge des sich ausweitenden Bürgerkrieges nicht zur Ausführung kommen. Auf Verfügung des Ural-Gebiets-Sowjets wurde der Zar ebenso wie alle anderen Mitglieder seiner Familie in der Nacht vom 16. zum 17. Juli 1918 erschossen.

Nolde, Boris Emanuilowitsch Baron (1870–1926). Jurist, Mitglied des ZK der Kadetten-Partei. Nach der Februarrevolution wurde er von der Provisorischen Regierung als Mitglied der sogenannten Besonderen Beratung mit der Vorbereitung der Wahlen zur → Konstituierenden Versammlung beauftragt. Nach der Oktoberrevolution emigrierte er ins Ausland.

Peschechonow, Alexej Wassiljewitsch (1867–1933). Politiker und Publizist. In den neunziger Jahren arbeitete P. in verschiedenen Gouvernements im → Semstwo-Wesen als Statistiker. Als Vertreter der liberalen → Narodniki mit Neigungen zu den → Sozialrevolutionären gehörte P. zu der Deputation von Vertretern des politisch-gesellschaftlichen Lebens, die am 8. Januar 1905 vergeblich die Regierung aufsuchten, um die drohende Revolution abzuwenden. Während der revolutionären Ereignisse wurde P. verhaftet, in der Peter-und-Paul-Festung eingesperrt und anschließend in das Gouvernement Pskow verbannt. Nach dem → Manifest vom 17. Oktober 1905 durfte P. nach Petersburg zurückkehren; er wurde Redakteur der sozialrevolutionären Zeitung «Sohn des Vaterlands», ohne jedoch der Partei der Sozialrevolutionäre beizutreten. Er war einer der Gründer der Partei der → Volkssozialisten, die sich im Juni 1917 mit der Partei der → Trudowiki zusammenschloß. P. gehörte dem ZK der Werktätigen (Trudowaja) Volkssozialistischen Partei an und gab deren Zeitung «Das Volkswort» («Narodnoje slowo») heraus. Von Mai bis August 1917 gehörte er der Provisorischen Regierung als Minister für Versorgung an und wurde dann stellvertretender Vorsitzender des → Vorparlaments. Nach der Oktoberrevolution beteiligte er sich am Kampf gegen die Sowjetordnung und war Mitorganisator der weißen «Freiwilligenarmee» in Südrußland. 1922 wegen konterrevolutionärer Tätigkeit aus Sowjetrußland ausgewiesen, lebte er in Riga, Prag und Berlin. Nach mehrmaligen Gesuchen, nach Sowjetrußland zurückkehren zu dürfen, arbeitete P. als Konsultant der sowjetischen Handelsvertretung in den baltischen Staaten. Er starb in Riga und wurde in Leningrad beerdigt.

Petrunkewitsch, Iwan Iljitsch (1844–1928). Großgrundbesitzer und Politiker. Seit Ende der sechziger Jahre betätigte sich P. in den → Semstwo-Komitees in den Gouvernements Tschernigow und Twer und geriet mehrmals in Widerspruch zur zaristischen Regierung. Er gehörte zu den Begründern der → Partei der Konstitutionellen Demokraten und redigierte deren Zeitung → «Retsch». P. war Abgeordneter der 1. Duma. 1920 ging er in die Emigration.

Polkownikow, Georgij Petrowitsch (1883–1918). Oberst, Befehlshaber der Truppen des Petrograder Militärbezirks in den Monaten September/Oktober 1917. P. war Absolvent der Generalstabsakademie (1912) und diente während des Ersten Weltkrieges in der Kavallerie an der rumänischen Front. In den Tagen des → Kornilow-Putsches befehligte er das 1. Amur-Kosaken-Regiment im 3. Kavalleriekorps des Generals → Krymow und ging im Verlauf des Putsches auf die Seite der Provisorischen Regierung über. Am 4. September 1917 wurde P. zum Befehlshaber des Petrograder Militärbezirks ernannt. Am Vorabend des bewaffneten Oktoberaufstandes der Bolschewiki (22./23. Oktober) führte P. Verhandlungen mit dem Revolutionären Militärkomitee des Petrograder Sowjets, das den Aufstand unter Leitung der bolschewistischen Partei organisierte.

Am 25. Oktober 1917 wurde P. von der Provisorischen Regierung wegen «Unentschlossenheit im Kampf mit den Aufständischen» abgelöst. Er beteiligte sich am Kampf gegen die neuerrichtete Sowjetmacht. Im März 1918 wurde er von den Sowjetorganen am Don verhaftet und von einem Revolutionstribunal zum Tode verurteilt.

Rasputin (eigentl. Nowych), Grigorij Jefimowitsch (1864 bis 1916). Favorit des Zaren Nikolaus II. und der Zarin Alexandra Fjodorowna. R. stammte aus einer Bauernfamilie im Gouvernement Tobolsk und galt in seiner Jugend als Pferdedieb. Im Alter von etwa 30 Jahren wandte er sich verschiedenen Sekten zu, suchte Klöster auf und verschaffte sich unter der örtlichen Bevölkerung unter Ausnutzung naiver Gläubigkeit, Suggestionskraft und Hypnose den Ruf eines «Wundermönchs», eines «Heiligen Starez», der nicht nur Krankheiten heilen, sondern auch die Zukunft voraussagen konnte. 1904 führte ihn der Rektor der Petersburger Geistlichen Akademie in die Kreise der Petersburger Aristokratie ein, darunter auch in das Haus des Großfürsten Nikolai Nikolajewitsch, eines Onkels des Zaren. Drei Jahre später erhielt R. Zugang zur Zarenfamilie und erwarb sich das unbegrenzte Vertrauen des Zaren und der Zarin, die dem Einfluß des «Starez» vollkommen erlagen und unter anderem glaubten, daß nur seine Gebete die Bluterkrankheit des Thronfolgers Alexej heilen könnten. Auf diese Weise begann R. alsbald die Regierungsgeschäfte zu beeinflussen, während zugleich Mitglieder der Hofkamarilla sich seines Einflusses beim Zaren bedienten, um dunkle Geschäfte und Intrigen zu realisieren. Dies und nicht zuletzt R.s zügellose Ausschweifungen riefen den Unmut jener Kreise des Hochadels und der Regierung hervor, die eine weitere Diskreditierung der Monarchie und damit auch eine Schwächung der Staatsgewalt befürchteten. Daher entschlossen sie sich, R. zu beseitigen. In der Nacht vom 16. zum 17. Dezember 1916 wurde R. von Fürst F. F. Jussupow, dem Großfürsten Dmitrij Pawlowitsch und dem monarchistischen Politiker W. M. Purischkewitsch ermordet.

Roditschew, Fjodor Ismailowitsch (1853–1932). Großgrundbesitzer und Mitglied der Semstwo-Bewegung. R. gehörte zu den Führern der → Kadetten-Partei und galt als ihr bester Redner. In den Monaten März–Mai 1917 war er Minister der Provisorischen Regierung für die Angelegenheiten Finnlands. Er vertrat Petrograd als Abgeordneter in der → Konstituierenden Versammlung. Nach der Oktoberrevolution war er mit diplomatischem Auftrag → A. I. Denikins in Belgrad. Er emigrierte ins Ausland.

Rodsjanko, Michail Wladimirowitsch (1859–1924). Mitglied der Oktobristen-Partei und Präsident der 3. und 4. Staatsduma. Der Großgrundbesitzer aus dem Gouvernement Jekaterinoslaw übte als Mitglied der Oktobristen-Partei einen beträchtlichen politischen Einfluß aus. Seit 1907 gehörte er der Staatsduma an und war von 1911 bis zur Februarrevolution ihr Präsident. Zunächst eng mit dem Zarenhof verbunden, suchte R. später eine Annäherung an die → Kadetten-Partei und wandte sich gegen den moralischen Niedergang der Monarchie. In der Februarrevolution versuchte er den Zaren für eine konstitutionelle Monarchie zu gewinnen, was sich als überholt erwies. Als Vorsitzender des Provisorischen Komitees der Staatsduma hatte er entscheidenden Anteil an der Bildung der Provisorischen Regierung. Nach der Oktoberrevolution und während des Bürgerkrieges befand sich R. bei der weißen Denikin-Armee. Im Jahre 1920 emigrierte er nach Jugoslawien, wo er vier Jahre später starb. Seine hinterlassenen Memoiren geben interessante Aufschlüsse über das Ende der Zarenherrschaft.

Schingarjow, Andrej Iwanowitsch (1869–7.1.1918). Mitglied der Partei der Konstitutionellen Demokratie. S. war Absolvent der mathematischen und der medizinischen Fakultät der Moskauer Universität und betätigte sich danach als Arzt. Als Mitglied der → Kadetten-Partei war S. seit 1906 Abgeordneter der Staatsduma und spielte in seiner Partei eine führende Rolle. 1915–17 war er Vorsitzender der Marine-Kommission der Staatsduma. Im ersten Kabinett der Provisorischen Regierung (März/April) übernahm S. das Amt des Ministers für Landwirtschaft, danach in der ersten Koalitionsregierung (Mai–Juli) dasjenige des Finanzministers. Nach dem Ausscheiden der Kadetten aus der Regierung (2. Juli) wurde S. Führer der Fraktion der Kadetten-Partei in der Petrograder Duma sowie danach Mitglied des → Vorparlaments. Im November wurde er als Mitglied des ZK der Kadetten-Partei verhaftet und im Marienkrankenhaus zusammen mit → Kokoschkin von anarchistischen Matrosen ermordet.

Schtscheglowitow, Iwan Grigorjewitsch (1861–1918). Der Großgrundbesitzer war von April 1906 bis Juli 1915 Justizminister. Als solcher ging er mit äußerster Härte gegen alle revolutionären Bestrebungen vor. Gleichzeitig wandte er sich gegen jegliche Reform des Justizwesens. So wurde S. zum Symbol des zaristischen Polizeistaates. Anfang 1917 ernannte ihn der Zar zum Vorsitzenden des → Staatsrats. Nach Ausbruch der Februarrevolution wurde er verhaftet, nach der Oktoberrevolution von einem Revolutionstribunal zum Tod durch Erschießen verurteilt.

Skobelew, Matwej Iwanowitsch (1885–1939). Mitglied der Partei der Menschewiki. In einer Bauernfamilie in Baku geboren, schloß sich S. früh der revolutionären Bewegung Rußlands an und gehörte seit ihrer Entstehung (1903) der Partei der → Menschewiki an. Als Abgeordneter Transkaukasiens wurde S. 1912 in die 4. Staatsduma gewählt und gehörte dort zur sozialdemokratischen Fraktion. Nach Ausbruch der Februarrevolution war S. Mitglied des Exekutivkomitees des Petrograder Sowjets und übernahm im ersten Koalitionskabinett der Provisorischen Regierung (Anfang Mai) das Amt des Ministers für Handel und Industrie, im dritten Kabinett der Provisorischen Regierung dasjenige des Kriegsministers und nach der neuerlichen Regierungsumbildung das Amt des Ministers für Arbeit. Nach der Oktoberrevolution ging S. in die Emigration, wo er jedoch bald die Zusammenarbeit mit der Sowjetregierung suchte. 1922 trat er in die KPR (B) ein und wurde Vorsitzender des Komitees für ausländische Konzessionen der RSFSR. Wie viele andere fiel er dem stalinistischen Terror zum Opfer.

Steklow (Pseudonym für Nachamkis), Jurij Michailowitsch (1873–1941). S. stammte aus einer jüdischen Familie in Odessa und schloß sich früh der revolutionären Bewegung Rußlands an. Nach Verhaftung und Verbannung nach Jakutien (1894) gelang ihm die Flucht ins Ausland, wo er 1900 mit Lenin bekannt wurde. Er war Mitglied der Partei der → Bolschewiki. Im Jahre 1905 kehrte er zu politischer Arbeit nach Rußland zurück, wurde 1910 erneut verhaftet und ausgewiesen. Nach Ausbruch der Februarrevolution wurde S. Mitglied des Exekutivkomitees des Petrograder Sowjets und näherte sich den Positionen der → Menschewiki an, kehrte jedoch in der Oktoberrevolution wieder in die Reihen der Bolschewiki zurück. Nach der Errichtung der Sowjetmacht redigierte er bis 1925 die Zeitung «Iswestija». Danach war er auf verschiedenen Gebieten publizistisch tätig, auch in der Redaktion verschiedener sowjetischer Zeitschriften, und veröffentlichte mehrere Bücher über die Geschichte der revolutionären Bewegung Rußlands.

Stolypin, Peter Arkadjewitsch (1862–5.9.1911). Ministerpräsident. S., Großgrundbesitzer aus einem alten russischen Adelsgeschlecht, wurde 1902 Gouverneur von Grodno, danach von Saratow. Im April 1906 wurde er zum Innenminister, kurz danach (Juli 1906) zum Ministerpräsidenten ernannt. Die von ihm am 3. Juni 1907 veranlaßte Auflösung der 2. Duma bei gleichzeitiger Veränderung des Wahlrechts beendigte die 1905 begonnene Revolution. In der neuen Staatsduma stützte sich S. auf die Parteien der Oktobristen und der Kadetten. Gleichzeitig suchte er den Weg der Reformen zu beschreiten, um dadurch die heftigen sozialen Widersprüche Rußlands zu mildern und die Monarchie zu stärken. Sein besonderes Augenmerk richtete sich auf eine Agrarreform, die die allmähliche Auflösung der mittelalterlichen Dorfstrukturen und die Herausbildung leistungsfähiger privater Bauernwirtschaften zum Ziel hatte. Die Verwirklichung der Reform blieb jedoch nicht zuletzt wegen des Kriegsausbruchs und der Revolution relativ begrenzt. Gegen die Stolypinsche Reformpolitik regte sich überdies Widerstand in den monarchistischen Kreisen. Am 1. September 1911 wurde S. während eines Theaterbesuchs in Kiew von einem Agenten der zaristischen Geheimpolizei tödlich getroffen.

Struwe, Peter Bernardowitsch (1870–1944). Publizist und Politiker. Als Sohn des Gouverneurs von Perm absolvierte S. 1895 die juristische Fakultät der Petersburger Universität. Er wurde Redakteur der im Ausland erscheinenden Zeitschrift «Oswoboshdenije» («Befreiung») und 1903 einer der Begründer des «Befreiungsbundes», der politisch-geistig die Gründung der Partei der → Konstitutionellen Demokratie (Kadetten) vorbereitete. S. gehörte dem ZK der Kadetten-Partei an, auf deren linkem Flügel er stand. In den Jahren 1906–17 lehrte er in Petersburg Volkswirtschaft, 1917 wurde er zum Mitglied der Russischen Akademie der Wissenschaften gewählt. Nach der Oktoberrevolution beteiligte sich S. an der Organisierung des Kampfes gegen die Sowjetordnung, war Minister der Regierung des Generals Wrangel auf der Krim und emigrierte 1920 ins Ausland. Hier war er weiterhin publizistisch tätig und hielt Vorlesungen. Er starb in Paris.

Stürmer, Boris Wladimirowitsch (1848–1917). Ministerpräsident (1916). 1904 vom Zaren in den → Staatsrat berufen, zeichnete sich S. durch eine äußerst reaktionäre Einstellung aus, und so war es kein Zufall, daß er Ende Januar 1916 mit Unterstützung → Rasputins zum Ministerpräsidenten avancierte. Zugleich übernahm er das Amt des Innenministers (März–August 1916) und des Außenministers (Juli–November 1916). Nach seinem erfolglosen Versuch, mit Deutschland einen Separatfrieden zu schließen, reichte er im November 1916 seinen Rücktritt ein. Nach der Februarrevolution ließ ihn die Provisorische Regierung verhaften und in die Peter-und-Paul-Festung bringen, wo er am 20. August 1917 starb.

Suchanow (Pseudonym für Gimmer), Nikolai Nikolajewitsch (1882–1940). Publizist, Sozialrevolutionär, 1917 Menschewik. S. stammte aus einer Moskauer Beamtenfamilie und studierte in Paris und Moskau. Er schloß sich der revolutionären Studentenbewegung und der Partei der → Sozialrevolutionäre an. 1910 in das Gouvernement

Archangelsk verbannt, war er danach in Petersburg publizistisch tätig. Während des Ersten Weltkriegs bezog er einen internationalistischen Standpunkt und lehnte die Kriegführung ab. Nach Ausbruch der Februarrevolution wurde er in das Exekutivkomitee des Petrograder Sowjets gewählt. In dessen Auftrag beteiligte er sich an den Gesprächen über die Bildung der Provisorischen Regierung. Nach der Oktoberrevolution suchte S. sich der Sowjetordnung anzupassen und war auf verschiedenen Gebieten publizistisch tätig. Nachdem S. in dem 1931 von Stalin gegen ehemalige Menschewiki inszenierten Prozeß ein erstes Mal angeklagt war, fand er nach erneuter Verhaftung (1939) den Tod. Die von S. 1922/23 veröffentlichten «Aufzeichnungen über die Revolution», die Memoiren-Charakter tragen, sind eine wichtige historische Quelle.

Suchomlinow, Wladimir Alexandrowitsch (1848–1926). General der Kavallerie. 1908 Generalstabschef, 1909 Kriegsminister. Obwohl S. wegen seiner reaktionären Haltung das Vertrauen des Zaren genoß, mußte dieser nach den anfänglichen Mißerfolgen der russischen Armee im Juni 1915 den Rücktritt S.s veranlassen. Die gegen S. erhobenen Anschuldigungen wegen mangelhafter Kriegführung und Feindbegünstigung führten zu dessen Verhaftung und Verurteilung zum Hausarrest. Nach der Februarrevolution wurde S. erneut in Haft genommen, aus der er am 1. Mai 1918 durch die Sowjetregierung aufgrund einer Amnestie befreit wurde. Er emigrierte über Finnland nach Deutschland. 1924 erschienen in Berlin seine Erinnerungen.

Tereschtschenko, Michail Iwanowitsch (1886–?). T. war einer der reichsten Zuckerfabrikanten Rußlands und stand der Partei der → Progressisten nahe. Nach Ausbruch der Februarrevolution übernahm er im ersten Kabinett der Provisorischen Regierung das Amt des Finanzministers. Er war ein Vertreter der «Kriegführung bis zum siegreichen Ende». Nach der Oktoberrevolution emigrierte er ins Ausland.

Thomas, Albert (1878–1932). Französischer Politiker, Rechtssozialist, von Dezember 1916 bis September 1917 Minister für Rüstung. Nach Ausbruch der Februarrevolution reiste er zusammen mit dem belgischen rechtssozialistischen Minister Emile Vandervelde nach Rußland, um es in der Kriegführung an der Seite der Alliierten zu bestärken. Nach dem Ersten Weltkrieg war T. im Völkerbund tätig und verfaßte mehrere historische Arbeiten.

Tretjakow, Sergej Nikolajewitsch (1882–1944). Mitglied der Partei der Konstitutionellen Demokratie. Der Fabrikant war während des

Ersten Weltkriegs Mitglied des Zentralen → Kriegsindustriekomitees. Nach Ausbruch der Februarrevolution war T. Mitglied des Moskauer Exekutivkomitees gesellschaftlicher Organisationen. In den Monaten März/April 1917 organisierte er mit die Gründung des Gesamtrussischen Bundes für Handel und Industrie. Im Sommer 1917 trat er in die Kadetten-Partei ein und spielte dort alsbald eine führende Rolle. Am 25. September 1917, mit Bildung des letzten Kabinetts der Provisorischen Regierung, wurde er Vorsitzender des Wirtschaftsrates der Provisorischen Regierung. Er bekämpfte aktiv die Oktoberrevolution und emigrierte 1920 ins Ausland.

Tschcheïdse, Nikolai Semjonowitsch (1864–1926). Führendes Mitglied der Partei der Menschewiki. T. gehörte der revolutionären Bewegung Rußlands seit Ende des 19. Jahrhunderts an. Er vertrat das Gouvernement Tiflis (Tbilissi) als Abgeordneter der 3. und 4. Duma und gehörte dort zur Fraktion der Menschewiki. Während des Ersten Weltkriegs unterstützte er den → Progressiven Block und trat für die Beteiligung der Arbeiter an den → Kriegsindustriekomitees ein. Nach Ausbruch der Februarrevolution war T. Vorsitzender des Petrograder Sowjets, des Provisorischen Komitees der Staatsduma und später Vorsitzender des → Gesamtrussischen Zentralexekutivkomitees. In diesen Funktionen suchte er die Politik der Provisorischen Regierung zu unterstützen. Nach der Oktoberrevolution war er Vorsitzender der Konstituierenden Versammlung Georgiens. 1921 emigrierte er nach Paris; machte seinem Leben durch Selbstmord ein Ende.

Tschernow, Viktor Michailowitsch (1873–1952). Führendes Mitglied der Partei der Sozialrevolutionäre. T. begann seine politische Karriere in der Bewegung der → Narodniki. 1901 gründete er zusammen mit M. P. Gotz die Auslandsorganisation der Partei der → Sozialrevolutionäre, deren politischer Kopf er wurde. Während des Ersten Weltkriegs beteiligte sich T. an der → Zimmerwald-Bewegung. Nach Ausbruch der Februarrevolution war er in der Provisorischen Regierung (Mai–September 1917) Minister für Landwirtschaft. Anschließend, bereits unter den Bedingungen der bolschewistischen Sowjetmacht, übernahm er den Vorsitz der → Konstituierenden Versammlung. Er beteiligte sich am Kampf der Konterrevolution und emigrierte 1920 nach Frankreich und in die Tschechoslowakei. Während des Zweiten Weltkriegs war er im Widerstand gegen Hitlerdeutschland aktiv, nach Kriegsende siedelte er in die USA über. Die von ihm hinterlassenen Memoiren stellen eine wichtige Quelle für die Geschichte der revolutionären Ereignisse in Rußland dar.

Uritzkij, Moissej Solomonowitsch (1873–1918). Mitglied der Partei der Bolschewiki. Aus der Familie eines jüdischen Kaufmanns stammend, studierte U. Rechtswissenschaft an der Kiewer Universität. Seit den neunziger Jahren beteiligte er sich an der revolutionären Bewegung, wurde 1899 nach Jakutien verbannt und schloß sich zunächst den → Menschewiki an. Während der Revolution 1905 wurde er erneut verhaftet und wiederum verbannt. 1914 emigrierte er ins Ausland und kehrte während der Februarrevolution nach Rußland zurück. Er gehörte zur Gruppe der «Meshrajonzy» («Zwischengruppe»), die im August 1917 in die Partei der Bolschewiki eintrat. U. war führend an der Organisation des bewaffneten Oktoberaufstands in Petrograd beteiligt. Anfang 1918 wurde er Vorsitzender der Petrograder Außerordentlichen Kommission für den Kampf gegen die Konterrevolution (Tscheka). Am 30. August 1918 wurde er vom Sozialrevolutionär A. Kanegiesser ermordet.

Werchowskij, Alexander Iwanowitsch (1886–1941). General und Kriegsminister der Provisorischen Regierung. W. entstammte einer russischen Adelsfamilie. Er absolvierte 1911 die Generalstabsakademie und war Teilnehmer des Russisch-Japanischen Krieges 1904 sowie des Ersten Weltkriegs. Als Befehlshaber des Moskauer Militärbezirks (Juli–September 1917) suchte er die Zusammenarbeit mit den → Sozialrevolutionären und → Menschewiki. Er war ein Gegner des → Kornilow-Putsches. Am 25. September wurde er Kriegsminister der Provisorischen Regierung. Seine Bestrebungen, Rußland aus dem Krieg herauszuführen, stießen auf den Widerstand des → Vorparlaments, weshalb er noch am 20. Oktober, fünf Tage vor dem Ende der Provisorischen Regierung, aus seinem Ministeramt entlassen wurde. Nach der Oktoberrevolution beteiligte er sich zunächst an der Organisierung der Konterrevolution, stellte sich jedoch 1919 in den Dienst der Roten Armee. In den Jahren 1930–32 war er Stabschef des Militärbezirks Nordkaukasus und arbeitete danach in der Generalstabsakademie.

Winawer, Maxim Moissejewitsch (1863–1926). Mitbegründer der Partei der Konstitutionellen Demokratie. W., von Beruf Advokat, war führend in verschiedenen jüdischen Organisationen Rußlands tätig. In der 1. Staatsduma vertrat er als Abgeordneter die Stadt St. Petersburg. Nach dem November 1917 bekämpfte er die Sowjetmacht; 1919 wurde er Mitglied der unter dem Einfluß der Kadetten-Partei stehenden Krim-Regierung. Nach deren Ende emigrierte er nach Paris.

Zereteli, Iraklij Georgijewitsch (1882–1959). Führendes Mitglied der Partei der Menschewiki. Sohn eines georgischen Malers, wurde

Z. aufgrund seiner Teilnahme an der revolutionären Studentenbewegung nach Ostsibirien verbannt. Nach seiner Rückkehr redigierte er die georgische Zeitung «Kwali». Nach der Revolution von 1905 wurde er als Abgeordneter der Stadt Kutaissi in die 2. Staatsduma entsandt, jedoch nach Auflösung der Duma durch Stolypin erneut verhaftet und zu Zwangsarbeit verurteilt. Nach Ausbruch der Februarrevolution kehrte Z. nach Petrograd zurück und wurde dort zu einem der populärsten Führer der Partei der Menschewiki. Nach Bildung des ersten Koalitionskabinetts der Provisorischen Regierung übernahm Z. das Ministerium für Post und Telegrafie, danach das Innenministerium. Im August 1917 beteiligte er sich an der → Staatskonferenz. Nach der Oktoberrevolution hielt sich Z. zunächst in Georgien auf, wo er Mitglied der menschewistischen Regierung wurde. Als diese Anfang 1921 gestürzt wurde und der Sowjetmacht weichen mußte, emigrierte Z. nach Frankreich, 1940, als Frankreich von den Deutschen besetzt wurde, nach den USA.

II
BEGRIFFE

Bauernbund – Der Gesamtrussische Bauernbund wurde im Mai 1905 von Intellektuellen, die von den Ideen der → Narodniki beeinflußt waren, in Moskau gegründet. Die Zahl seiner Mitglieder, vorwiegend aus dem europäischen Teil Rußlands, belief sich Ende 1905 auf etwa 200 000. Der B. strebte die entschädigungslose Konfiskation der Ländereien der Gutsbesitzer, der Krone und der Kirche an, wollte jedoch die Art ihrer Durchführung einer Konstituierenden Versammlung übertragen. Nach Auflösung der → 2. Duma hörte der B. praktisch auf zu existieren und wurde erst wieder nach Ausbruch der Februarrevolution 1917 belebt. Sein Kongreß im Juli/August 1917 sprach der Provisorischen Regierung das Vertrauen aus und solidarisierte sich im wesentlichen mit ihrer Agrarpolitik. Nach der Oktoberrevolution fand die Tätigkeit des B. ein Ende.

Bolschewiki – Die Partei der Bolschewiki ging aus der im Jahre 1898 gegründeten Sozialdemokratischen Arbeiterpartei Rußlands (SDAPR) hervor. Auf ihrem II. Parteitag (1903) spaltete sich die SDAPR vor allem aufgrund von Meinungsverschiedenheiten in der Frage des Parteistatuts in eine «Mehrheit» («Bolschewiki») und eine «Minderheit» (→ «Menschewiki»). Der von Lenin geführte Flügel der Bolschewiki formierte sich nach verschiedenen erfolglosen Versuchen, die frühere politische Einheit wiederherzustellen, zu einer selbständigen Partei (SDAPR/Bolschewiki). Nach der Oktoberrevolution nahm sie auf dem VII. Parteitag (März 1918) den Namen Kommunistische Partei Rußlands (Bolschewiki), an; erst 1952 wurde der Zusatz «Bolschewiki» im Namen gestrichen.

Delo naroda – Zeitung, Organ des Zentralkomitees der Partei der → Sozialrevolutionäre. Sie erschien täglich in Petrograd vom 15. (28.) März 1917 bis 14. (27.) Januar 1918, bis Juni unter verschiedenen Bezeichnungen. Nach der Oktoberrevolution verboten, erschienen im Oktober 1918 in Samara noch 4, im März 1919 in Moskau noch 10 Nummern.

Demokratische Beratung – Die D. B. wurde auf Beschluß des → Gesamtrussischen Zentralexkutivkomitees der Sowjets der Arbeiter- und Soldatendeputierten einberufen, um die nach dem → Kornilow-Putsch entstandene kritische Situation zu überwinden und die Provisorische Regierung zu stärken. Sie tagte in Petrograd vom 14. bis 22. September. Vertreten waren auf ihr 1582 Delegierte, die von den Sowjets, Gewerkschaften, revolutionären Organisationen in Armee und Flotte, Genossenschaften und anderen Organisationen gewählt worden waren. Unter ihnen befanden sich 532 → Sozialrevolutionäre, 172 → Menschewiki und 136 → Bolschewiki. Die D. B. stand bereits im Zeichen der zunehmenden Bolschewisierung der Sowjets, die auch ein Ergebnis des Kornilow-Putsches war; die Ergebnislosigkeit der D. B. ließ diese den Beschluß über die Bildung eines → Rats der Russischen Republik fassen.

Duma → Staatsduma

Exekutivkomitee der Arbeiter- und Soldatenräte → Gesamtrussisches Zentralexekutivkomitee

Finnländischer Generalgouverneur – Nach dem russisch-schwedischen Krieg von 1808/09 wurde Finnland dem Russischen Kaiserreich einverleibt. Es erhielt seine staatliche Selbständigkeit erst nach der Oktoberrevolution, indem die Sowjetregierung am 31. Dezember 1917 die Unabhängigkeit Finnlands anerkannte. Finnland besaß zwar nach 1809 ein Autonomie-Statut, stand aber faktisch unter der Regierungsgewalt des Zaren, der Finnland durch einen Generalgouverneur regieren ließ.

Gesamtrussisches Zentralexekutivkomitee der Sowjets der Arbeiter- und Soldatendeputierten (WZIK) – Schon in der Revolution von 1905 war es in Rußland zur Bildung von Sowjets (Räten) der Arbeiterdeputierten gekommen. Nach Ausbruch der Februarrevolution lebte diese Tradition in ganz Rußland rasch auf. In Städten und Industriezentren entstanden Sowjets der Arbeiterdeputierten, die sich zum großen Teil mit den gleichfalls entstandenen Soldaten-Sowjets zu den Sowjets der Arbeiter- und Soldatendeputierten zusammenschlossen. Zur Durchführung der laufenden politischen Tätigkeit wurden Exekutivkomitees gewählt. Bedeutendster Sowjet der Arbeiter- und Soldatendeputierten war mit seinem Exekutivkomitee derjenige von Petrograd. Auf dem I. Gesamtrussischen Kongreß der Sowjets der Arbeiter- und Soldatendeputierten (Juni 1917) wurde das Gesamtrussische Zentralexekutivkomitee der Sowjets der Arbeiter- und Soldatendeputierten (WZIK) gebildet, in dem die Parteien der Menschewiki und der Sozialrevolutionäre die Mehrheit hatten. Auf dem II. Gesamtrussischen Kongreß (Oktober 1917), der als Ergebnis des bewaffneten Aufstands der Bolschewiki die Errichtung der Sowjetmacht proklamierte, entstand eine bolschewistische Mehrheit. Auf der Grundlage des in der Oktoberrevolution eingegangenen Bündnisses der Linken Sozialrevolutionäre mit den Bolschewiki schloß sich im November 1917 das Zentralexekutivkomitee der Sowjets der Bauerndeputierten, die bis dahin gesondert bestanden hatten, dem WZIK der Sowjets der Arbeiter- und Soldatendeputierten an.

Heiliger Regierender Synod – Er wurde von Peter dem Großen (Peter I.) nach Abschaffung des Patriarchats der Orthodoxen Kirche 1721 als oberste Kirchenbehörde geschaffen. Als Leiter stand an seiner Spitze der Oberprokurator. Das Verhältnis zwischen ihm und dem Zaren, das heißt zwischen Kirche und Staat, war nicht klar fixiert und hing weitestgehend von der jeweiligen Machtsituation und dem Verhältnis zwischen Zar und Oberprokurator ab. Nach Ausbruch der Februarrevolution wuchs das schon früher in der Kirche aufgekommene Bestreben, das Patriarchat wieder einzuführen. Die Provisorische Regierung setzte an die Stelle des H. im Herbst 1917 ein Kultusministerium. Die Sowjetregierung schaffte durch ein Dekret vom 20.1. (2.2.) 1918 den H. offiziell ab und führte das Patriarchat wieder ein.

Kadetten → Konstitutionell-Demokratische Partei

Komitee zur Rettung der Heimat und der Revolution – Es wurde unmittelbar nach dem von den Bolschewiki unternommenen bewaffneten Aufstand, und zwar in der Nacht zum 26. Oktober 1917, von den politischen Gegnern der Bolschewiki in Petrograd gebildet. Zu ihm gehörten Mitglieder des → Vorparlaments, der städtischen Duma, des Exekutivkomitees der Sowjets der Bauerndeputierten und anderer politischer Gruppierungen. Das K. leitete den von Offiziersschülern am 29. Oktober in Petrograd unternommenen, gegen die Machtergreifung der Bolschewiki gerichteten Aufstand, der am Widerstand der hinter den Bolschewiki stehenden militärischen Kräfte Petrograds scheiterte. Dem K. ähnliche Organisationen wurden auch in anderen Städten Rußlands gebildet, deren Tätigkeit allerdings ebenso erfolglos endete.

Konstituierende Versammlung – Die Forderung nach einer Konstituierenden Versammlung, die Rußland auf der Grundlage eines allgemeinen, gleichen, direkten und geheimen Wahlrechts eine Verfassung geben sollte, geht bis in das 19. Jahrhundert zurück und wurde dann besonders während und nach der Revolution von 1905 von den liberalen Kräften Rußlands erhoben. Nach Ausbruch der Februarrevolution begann sich die Provisorische Regierung zwar sofort mit dieser Frage zu beschäftigen, doch wurde die Einberufung der K. V. aus verschiedenen Gründen immer wieder hinausgeschoben. Aus den noch vor der Oktoberrevolution vorbereiteten, jedoch erst unter den Bedingungen der Sowjetordnung durchgeführten Wahlen zur K. V. (12.–14. November) gingen die → Sozialrevolutionäre mit 299 von insgesamt 703 Sitzen als Sieger hervor, während die → Bolschewiki mit 168 Sitzen weit dahinter zurückblieben. Nur 18 Sitze erhielten die → Menschewiki und noch weniger mit 15 Sitzen die → Konstitutionellen Demokraten. Die K. V. trat am 5. Januar 1918 unter Vorsitz von Tschernow zusammen. Nach Ablehnung der dort von Swerdlow, dem Vorsitzenden des → WZIK, im Namen der bolschewistischen Fraktion vorgetragenen «Deklaration der Rechte des werktätigen und ausgebeuteten Volkes» ließ die Sowjetregierung die K. V. auflösen.

Konstitutionell-Demokratische Partei, auch: **Partei der Volksfreiheit** – Der Gründungskongreß der K.-D. Partei (abgekürzt Kadetten-Partei) fand im Oktober 1905 auf dem Höhepunkt der Revolution statt. Politisch und ideologisch stützte sie sich auf bürgerlich-liberale Kräfte, die bis dahin insbesondere im «Befreiungsbund» (→ Struwe) ihren Ausdruck gefunden hatten. Endgültig konstituierte sich die K.-D. Partei in Petersburg im Januar 1906. Die Partei trat ein für eine Verfassunggebende Versammlung, für die bürgerlichen Freiheiten (Koalitions-, Presse-, Rede- und Versammlungsfreiheit), für ein allgemeines, gleiches, direktes und geheimes Wahlrecht sowie für eine Lösung der Agrarfrage unter Entschädigung der Großgrundbesitzer. Nach verschiedenen inneren Auseinandersetzungen setzte sich in der Partei die Anerkennung einer parlamentarischen Monarchie durch. In der → Staatsduma war die K.-D. Partei die wichtigste Oppositionspartei. Nachdem die Partei nach Auflösung der 1. Staatsduma am 8. Juli 1906 durch das Wyborger Manifest, in dem die Bevölkerung aufgerufen wurde, keine Steuern mehr zu zahlen, sich in scharfen Gegensatz zur zaristischen Regierung gebracht hatte, suchte sie in der Folgezeit mit dieser zu einem Kompromiß zu gelangen. Nach Ausbruch der Februarrevolution wurde die K.-D. Partei zur wichtigsten politischen Kraft in der Provisorischen Regierung, wobei sie allerdings zunehmend auf die Zusammenarbeit mit den Menschewiki und den Sozialrevolutionären angewiesen war. Anerkannter Führer der K.-D. Partei war → Miljukow. Nach der Oktoberrevolution organisierte die K.-D. Partei den Kampf gegen die Sowjetordnung. Die meisten ihrer Mitglieder gingen nach dem Ende des Bürgerkrieges (1920) in die Emigration.

Kooperative – Die K.n waren Interessenvertreter von Arbeitern, kleinen Produzenten, zum Teil auch Bauern und trugen den Charakter von Genossenschaften. Am Vorabend der Februarrevolution gab es in Rußland etwa 63 000 verschiedene Kooperativen, die 24 Millionen Menschen vereinten. Der Gesamtverband der Kooperativen suchte nach Ausbruch der Februarrevolution aktiv die Politik der Provisorischen Regierung zu unterstützen. Nach der Oktoberrevolution wurden die Kooperativen (Genossenschaften) in das System der Sowjetordnung eingegliedert.

«Kresty» – Gefängnis am Arsenal-Ufer in Petrograd, das aus zwei kreuzförmig (Krest = Kreuz) errichteten Gebäudekomplexen bestand. In der Februarrevolution wurden aus den K. die politischen Gefangenen der zaristischen Regierung befreit.

Kriegsindustriekomitees – Die K. wurde im Jahre 1915 vom 9. Kongreß der Vertreter von Handel und Industrie gegründet, um Rüstung und Versorgung zu sichern. In den K. spielten insbesondere jene Kräfte eine Rolle, denen es darauf ankam, gegenüber der zaristischen Regierung eine bessere und straffer organisierte Kriegführung durchzusetzen. Nach der Februarrevolution kamen mehrere Mitglieder der Provisorischen Regierung und Vertreter der neuen Staatsmacht aus den Kreisen der K. Die K. wurden im Oktober 1918 aufgelöst.

Manifest vom 17. Oktober 1905 → Oktobermanifest

Menschewiki – Nach Spaltung der Sozialdemokratischen Arbeiterpartei Rußlands (SDAPR) in → Bolschewiki und Menschewiki 1903 wurde der Unterschied in Fragen der politischen Zielsetzung, der Strategie und Taktik zwischen beiden Flügeln immer stärker. Die M., hinsichtlich ihrer politischen Orientierung und Organisation nicht immer einheitlich, entsprachen in ihren Grundanschauungen im wesentlichen der Sozialdemokratie in den westlichen Ländern. Trotz der bedeutenden Rolle, die sie nach Ausbruch der Februarrevolution zusammen mit den → Sozialrevolutionären in den Sowjets, ab Ende April 1917 auch in der Provisorischen Regierung spielten, gerieten sie vom Spätsommer 1917 an gegenüber den Bolschewiki ins Hintertreffen – wie die die Provisorische Regierung stützenden Kräfte insgesamt. Nach der Oktoberrevolution gingen zahlreiche Mitglieder der Partei der M. in die Emigration, besonders nach Berlin. Andere, die in Rußland blieben und sich der Sowjetordnung anzupassen suchten, wurden zum großen Teil Opfer des sich herausbildenden diktatorischen Regimes.

Narodniki – In deutscher Übersetzung auch Volkstümler oder Volksfreunde genannt, waren die N. eine revolutionäre Bewegung, die sich seit Ende der sechziger Jahre des 19. Jahrhunderts herausbildete, angeregt in starkem Maße durch die Ideen von A. I. Herzen und N. G. Tschernyschewskij, und orientiert auf einen auf dem Bauerntum beruhenden Sozialismus. Die durch Aufklärung wirkende Organisation der N. «Zemlja i Volja» («Land und Freiheit») spaltete sich Ende der siebziger Jahre in einen terroristischen und einen nichtterroristischen Flügel. Das politische Erbe der N. traten zu Beginn des 20. Jahrhunderts die → Sozialrevolutionäre an.

Nowaja shisn – Zeitung. Sie erschien in Petrograd vom 18. April (1. Mai) 1917 bis Juli 1918. Initiatoren ihrer Herausgabe waren Menschewiki, die auf internationalistischen Positionen standen und sich gegen die weitere Kriegführung Rußlands stellten. Zu ihren Redakteuren gehörten Maxim Gorkij und → N. N. Suchanow. Es kennzeichnete den Charakter der Zeitung, daß sie sich sowohl gegen die Provisorische Regierung als auch gegen die Bolschewiki richtete.

Nowoje wremja – Zeitung. Sie erschien in Petersburg (Petrograd) von 1867 bis zum 26. Oktober (8. November) 1917. Ihre politische Richtung war bis 1905 indifferent. Eine der meistgelesenen Zeitungen Rußlands, wurde sie 1905 Organ der → Schwarzhunderter. Nach Ausbruch der Februarrevolution vertrat sie weiterhin den rechten Flügel des politischen Spektrums.

Oktobermanifest – Das von Zar Nikolaus II. am 17. Oktober 1905 unter dem Druck der Revolution erlassene «Manifest über die Vervollkommnung der staatlichen Ordnung» versprach die Wahl einer Versammlung von Abgeordneten mit gesetzgebenden Vollmachten (→ Staatsduma) sowie bürgerliche Freiheiten: Versammlungs-, Rede-, Presse- und Koalitionsfreiheit. Die Halbherzigkeit, mit der das O. erlassen wurde, indem der Zar der Gewährung einer wirklichen Verfassung und der Schaffung bürgerlich-demokratischer Verhältnisse auswich, rief neue politische Kräfte und Koalitionen auf den Plan, die dann unter den Bedingungen des Krieges zur Februarrevolution 1917 führten.

Oktobristen – Der «Bund des 17. Oktobers», auch Oktobristen genannt, entstand unter den Bedingungen der Revolution von 1905. Der Name der Partei war vom → Oktobermanifest des Zaren abgeleitet, auf dessen Boden sich die Partei konstituierte. Die O. vertraten vor allem die Interessen der Gutsbesitzer und der Großindustriellen. Indem sie eine Zusammenarbeit mit der zaristischen Regierung anstrebten, waren sie zugleich bemüht, Rußland auf den Weg von Reformen zu führen. Insofern standen sie auch hinter der Agrarreform Stolypins. Zu den prominentesten Führern der O. gehörten → Gutschkow und → Rodsjanko. Der ausgeprägte nationalistische Charakter der O. trat besonders während des Ersten Weltkrieges hervor. Nach Ausbruch der Februarrevolution suchten die O. die Monarchie zu retten. Ihre Zielsetzung, den Krieg «bis zum siegreichen Ende» zu führen, die wesentlich die Aprilkrise der Provisorischen Regierung verursachte und Gutschkow zum Rücktritt vom Posten des Kriegsministers zwang, suchten die O. im weiteren Verlauf durch eine stärkere Anlehnung an die → Kadetten-Partei zu erreichen. Nach der Oktoberrevolution beteiligte sich die O.-Partei am Kampf gegen die Sowjetordnung. Der größte Teil ihrer Mitglieder emigrierte nach dem Ende des Bürgerkrieges ins Ausland.

Partei der Sozialrevolutionäre → Sozialrevolutionäre

Partei der Volksfreiheit → Konstitutionell-Demokratische Partei

«Plombierter Waggon» – Als «Plombierter Waggon» ging jener Eisenbahnwaggon in die Geschichte ein, in dem Lenin, seine Frau N. K. Krupskaja und andere russische Revolutionäre, insgesamt 33, am 27. März (9. April) 1917 aus Zürich nach Rußland reisen. Die Fahrt des Waggons ging über Berlin nach dem Fährhafen Saßnitz, wo die russischen Emigranten am 30. März (12. April) eintrafen, um von dort über Stockholm und Finnland weiter nach Petrograd zu reisen. Diese von vielen spekulativen Gerüchten begleitete Reise Lenins wurde von der deutschen Reichsregierung und dem deutschen Generalstab unterstützt, die sich von der Rückkehr der Revolutionäre nach Rußland eine Schwächung der russischen Kriegführung versprachen. In gewisser Hinsicht hatte die deutsche Führung mit dieser Annahme recht. Die «Plombierung» des Waggons ist symbolisch zu verstehen, da die russischen Emigranten bei ihrer Fahrt durch Deutschland das Recht der Exterritorialität genossen.

Preobraschenskij-Regiment – Das P.-R. wurde von Peter dem Großen (Peter I.) im Jahre 1687 gegründet und besaß in der Folgezeit den Rang eines Garderegiments. Im Jahre 1917 gehörte es zum Petrograder Militärbezirk, aufgestellt aus einem Reservebataillon des an der Südwestfront befindlichen P.-R. Zunächst stand das Regiment hinter der Provisorischen Regierung, ging aber nach dem Kornilow-Putsch auf die Seite der Bolschewiki über.

Progressisten – Abkürzung für «Progressive Partei». Sie wurde im November 1912 gegründet und ging aus der in der Staatsduma im Jahre 1907 entstandenen «Progressiven Fraktion» hervor. Die P. vertraten die Interessen der Großindustriellen und kapitalistisch orientierten Großgrundbesitzer. Sie standen zwischen den → Oktobristen und den → Kadetten und suchten zusammen mit diesen Parteien einen Oppositionsblock zu bilden. Sie forderten die Demokratisierung des Duma-Wahlrechts, ein dem Parlament verantwortliches Ministerium und eine Reform der seit 1864 bestehenden ländlichen Selbstverwaltung (→ Semstwo). Zu den Gründern der Partei gehörten → A. I. Konowalow, → S. N. Tretjakow und Fürst → G. J. Lwow. Die P. waren die Initiatoren zur Bildung der

→ Kriegsindustriekomitees und gründeten zusammen mit anderen Parteien im August 1915 den → Progressiven Block. Nach Ausbruch der Februarrevolution beteiligten sich die P. an der Provisorischen Regierung. Nach der Oktoberrevolution gingen die meisten ihrer Mitglieder in die Emigration.

Progressiver Block – Er entstand im August 1915 aus den Fraktionen der Staatsduma, die zu den Parteien der Großgrundbesitzer und der Großindustriellen gehörten und die nach den anfänglichen militärischen Niederlagen Rußlands eine forcierte Kriegführung erstrebten. Der in den führenden Kreisen des P. B. gehegte Plan, ein solches Ziel durch eine Palastrevolution zu erreichen, in der Zar Nikolaus II. durch seinen Bruder Michail Alexandrowisch ersetzt werden sollte, wurde durch die Februarrevolution überholt. Mehrere Mitglieder des P. B. gingen nach der Februarrevolution in die Provisorische Regierung. Die führende Rolle im P. B. spielten die → Kadetten.

Provisorische Regierung – Sie wurde nach der Februarrevolution in Verhandlungen zwischen dem Provisorischen Komitee der → Staatsduma und dem Sowjet (→ Sowjets) der Arbeiter- und Soldatendeputierten in Petrograd am 2. März 1917 gebildet. Mitglieder ihres ersten Kabinetts waren Vertreter der bürgerlichen Parteien und Kräfte, die in Opposition zur zaristischen Regierung gestanden hatten und eine parlamentarische Regierung anstrebten. Erster Ministerpräsident war Fürst → G. J. Lwow. Die P. R. betrachtete sich als «provisorisch», da erst eine → Konstituierende Versammlung über die Staatsform Rußlands entscheiden sollte. Angesichts der durch den Krieg rasant zunehmenden Unzufriedenheit der Bevölkerung und der Unfähigkeit der P. R., den Krieg zu beenden, geriet die P. R. in mehrere Krisen. Der nach der April-Krise unter Beteiligung auch der sozialistischen Parteien (→ Menschewiki und → Sozialrevolutionäre) gebildeten ersten Koalitionsregierung folgten zwei weitere Koalitionsregierungen unter → A. F. Kerenskij, deren letzte durch den von den Bolschewiki durchgeführten bewaffneten Oktoberaufstand gestürzt wurde.

Regierung	Regierungszeit
Einheitl. Reg. aus bürgerl. Parteien und parteilosen Ministern Ministerpräsident Fürst Lwow	2. (15.) März–2. (15.) Mai
1. Koalitionsregierung Ministerpräsident Fürst Lwow bürgerl. Parteien: 10 Minister sozialist. Parteien: 6 Minister	5. (18. Mai)–2. (15.) Juli

2. Koalitionsregierung 24. Juli (6. August)–26. August
Ministerpräsident Kerenskij (8. September)
bürgerl. Parteien: 8 Minister
sozialist. Parteien: 7 Minister

3. Koalitionsregierung 25. September (8. Oktober)–25.
Ministerpräsident Kerenskij Oktober (7. November)
bürgerl. Parteien: 6 Minister
sozialist. Parteien: 10 Minister

Rat der Russischen Republik – Offizielle Bezeichnung: Provisorischer Rat der Russischen Republik, auch Vorparlament genannt. Das Vorparlament sollte als beratendes Organ der Provisorischen Regierung tätig sein. Ein Beschluß über seine Gründung wurde am 20. September 1917 von der → Demokratischen Beratung gefaßt, die bis dahin ergebnislos verlaufen war. Die Zahl der Mitglieder des Vorparlaments sollte sich auf 313 Personen belaufen, und zwar 15 Prozent von jeder der zur Demokratischen Beratung gehörenden Fraktion. Die am 25. September gebildete letzte Koalitionsregierung präzisierte die Aufgaben des Vorparlaments und gab ihm seinen offiziellen Namen. Die Mitgliederzahl des Vorparlaments (Rats) stieg dadurch auf 555 Personen an, unter ihnen nach unvollständigen Angaben: 135 Sozialrevolutionäre, 92 Menschewiki, 30 Volkssozialisten, 75 Kadetten und 58 Mandate der Bolschewiki, deren ZK am 5. Oktober den Boykott des Vorparlaments beschloß. Auf der am 7. Oktober 1917 eröffneten Sitzung des Vorparlaments wurde → Awksentjew zum Vorsitzenden gewählt. Die Arbeit des Rats der Russischen Republik widerspiegelte die tiefe Krise der Provisorischen Regierung. Sie fand mit dem bewaffneten Oktoberaufstand der Bolschewiki ihr Ende.

Retsch (Rede) – Zeitung, Organ der → Kadetten. Sie erschien täglich seit 23. Februar (8. März) 1906 unter der Redaktion von → Miljukow und → Gessen. Nachdem sie auf Beschluß des Revolutionären Militärkomitees von Petrograd am 26. Oktober (8. November) 1917 verboten worden war, konnte sie nach drei Wochen unter anderen Namen («Nascha Retsch», «Swobodnaja Retsch» u. a.) bis August 1918 wieder erscheinen.

Schwarzhunderter – So von ihren Gegnern genannte, im Herbst 1905 gegründete rechtsradikale Terrororganisation «Bund des russischen Volkes» («Sojus Russkogo Naroda»). Zu ihren Mitgliedern gehörten äußerst reaktionär und nationalistisch eingestellte Vertreter aus verschiedenen Schichten des Landes. Die S. waren Urheber antisemitischer Pogrome in verschiedenen Orten Rußlands, besonders 1906, und verübten terroristische Anschläge. 1907 zerfiel die Organisation der S. in verschiedene Gruppen, die nach der Februarrevolution aufgelöst wurden.

Semstwo – Von dem russischen Wort «semlja» («Land») abgeleitete Bezeichnung für die 1864 eingeführten Organe der ländlichen Selbstverwaltung. Mit Beginn des 20. Jahrhunderts verfolgte die Organisation der S. eine Politik, die auf die Forderung nach einer Konstitution hinauslief. Nach Kriegsausbruch 1914 bildeten die S. eine gesamtrussische Organisation, die sich besonders auf dem Gebiet der Verwundeten-Fürsorge betätigte. Es unterstreicht die allgemeine politische Bedeutung der S., daß nach Ausbruch der Februarrevolution der Vorsitzende des gesamtrussischen Semstwo-Verbandes, Fürst G. J. Lwow, zum Ministerpräsidenten der Provisorischen Regierung gewählt wurde.

Senat – Vollständige Bezeichnung: Regierender Senat. Er wurde von Peter dem Großen (Peter I.) 1711 als oberste Regierungsbehörde eingerichtet. Die Bedeutung des ursprünglich aus 9 Mitgliedern bestehenden S. bestand vornehmlich in der Gesetzgebung und im Aufbau der Staatsverwaltung. Zu Beginn des 20. Jahrhunderts bestand der S. aus 6 Departements. Nach der Februarrevolution verlor der S. seine Bedeutung. Er wurde formell durch ein Dekret der Sowjetregierung vom 22. November (5. Dezember) 1917 aufgelöst.

Smolny – Das in den Jahren 1806–08 in Petersburg errichtete Gebäude diente bis Mitte 1917 als Institut zur Erziehung adliger Mädchen. Im August wurde ein Teil des Gebäudes Sitz des → Gesamtrussischen Zentralexekutivkomitees der Sowjets der Arbeiter- und Soldatendeputierten und des Petrograder Sowjets. Der S. wurde zum Organisationszentrum des bewaffneten Oktoberaufstandes der Bolschewiki und Sitz des bolschewistischen Zentralkomitees.

Sowjets (Räte) → Gesamtrussisches Zentralexekutivkomitee der Sowjets der Arbeiter- und Soldatendeputierten.

Sownarkom – Abkürzung für «Sowjet Narodnych Komissarow» («Rat der Volkskommissare»). Der II. Gesamtrussische Kongreß der Sowjets der Arbeiter- und Soldatendeputierten, der nach dem bewaffneten Aufstand der Bolschewiki die Sowjetmacht proklamierte, beschloß am 26. Oktober (8. November) 1917 die Bildung des S. als erste Sowjetregierung. Vorsitzender des S. war Lenin, dem 17 Volkskommissare, zuständig für die verschiedenen Ressorts, unterstanden. In der Zeit von Ende November 1917 bis Anfang März 1918 gehörten dem S. neben den Bolschewiki auch

Linke Sozialrevolutionäre an. Der S. war die Regierung der Russischen Sozialistischen Föderativen Sowjetrepublik (RSFSR). Auch die Regierung der Ende 1922 gegründeten UdSSR trug noch die Bezeichnung «Sowjet Narodnych Komissarow», die mit Wirkung vom 15. März 1946 in «Ministerrat der UdSSR» umgewandelt wurde.

Sozialrevolutionäre – Die S. konstituierten sich als Partei Ende 1901/ Anfang 1902 durch Vereinigung noch bestehender Gruppen der → Narodniki. Bis zum Ausbruch der Februarrevolution lebten die S. faktisch in der Illegalität beziehungsweise in der Emigration, wenn sie auch, allerdings bedingt und mit Widersprüchen, an den Wahlen zur 2. Staatsduma teilnahmen. Politisch orientierten sich die S. an den Interessen der Bauernschaft. Sie strebten eine Sozialisierung des Bodens sowie eine Republik mit allgemeinem, gleichem, direktem und geheimem Wahlrecht an. Das Mittel des individuellen Terrors, das sie in Fortführung der Methoden des terroristischen Flügels der Narodniki anwandten, blieb erfolglos. Vom Ausbruch der Februarrevolution bis zur Bolschewisierung der Sowjets im Herbst 1917 spielten die S. neben den Menschewiki eine vorrangige Rolle und beteiligten sich mit Beginn der Koalitionskabinette an der Provisorischen Regierung. Zu ihren Führern gehörten → Tschernow, → Kerenskij und → Awksentjew. Mit rund 500 000 Mitgliedern im Mai 1917 waren die S. längere Zeit die stärkste und populärste, wenn auch eine organisatorisch wenig gefestigte Partei. Im Verlauf des Jahres 1917 spaltete sich ein linker Flügel ab, der sich zur Partei der Linken Sozialrevolutionäre konstituierte und im Herbst 1917 ein Bündnis mit den Bolschewiki einging. Dieses basierte vornehmlich auf der gemeinsamen Haltung zur Agrarfrage. Im Zusammenhang mit der Vereinigung des → Gesamtrussischen Zentralexekutivkomitees (WZIK) der Arbeiter- und Soldatendeputierten mit dem ZIK der Sowjets der Bauerndeputierten beteiligten sich die Linken S. auch an der Sowjetregierung, schieden aus dieser allerdings im März 1918 nach dem Brester Frieden aus, im Juli 1918 auch aus den Sowjets.

Staatsduma – Die S. war eine parlamentarische Institution, zu deren Einrichtung sich Zar Nikolaus II. infolge der Revolution von 1905 gezwungen sah. Ihre Rechte waren jedoch beschränkt, und bei der Abstimmung über Gesetzesvorlagen besaß der Zar ein Veto-Recht. Die Minister waren allein ihm verantwortlich, und auch Armee und Flotte waren ihm direkt unterstellt. Starke Beschränkungen wies das Wahlrecht auf, das große Teile der Bevölkerung von Wahlen ausschloß. Insgesamt gab es bis zur Februarrevolution vier S. (Wahlperioden). In der 1. S. (27. April–8. Juli 1906) besaß die → Kadetten-Partei die stärkste Fraktion. Da die 2. S. (20. Februar–2. Juni 1907) wegen der Teilnahme der sozialistischen Parteien, die

die Duma bisher boykottiert hatten, der zaristischen Regierung zu fortschrittlich erschien, wurde sie von Stolypin aufgelöst. Die 3. S. (1. November 1907–9. Juni 1912), in der die → Oktobristen die stärkste Fraktion darstellten, konnte zwar begrenzt einige Reformen (Agrarfrage, Schulbildung) durchsetzen, befand sich aber unter dem starken Druck der zaristischen Regierung. Die 4. S. (15. November 1912–6. Oktober 1917) war dann nach Kriegsbeginn noch stärker durch die Auseinandersetzungen mit der zaristischen Selbstherrschaft gekennzeichnet, was auch in ihrer von der zaristischen Regierung erzwungenen Sitzungspause vom 3. September 1915 bis 9. Februar 1916 zum Ausdruck kam. Die Februarrevolution 1917 machte ihrer Tätigkeit ein Ende.

Staatskonferenz – Die S. fand in der Zeit vom 12.–15. August 1917 in Moskau im Großen Theater unter Vorsitz von → A. F. Kerenskij statt. Ziel der S. war es, die nach der Juli-Krise entstandene komplizierte Situation der Provisorischen Regierung und des Staates zu beraten. In diesem Sinne hatte der vorausgegangene 9. Kongreß der Kadetten-Partei verlangt, eine «starke und unabhängige Macht» zu schaffen. An der S. beteiligten sich etwa 2500 Personen, die verschiedene Parteien und Organisationen vertraten. Die S. stand bereits im Zeichen jener Kräfte, die eine Militärdiktatur zu errichten versuchten; nur wenige Tage nach der S. erfolgte der Kornilow-Putsch, der jedoch scheiterte.

Staatsrat – Der S. (auch «Reichsrat») wurde im März 1801 nach dem Regierungsantritt Alexanders I. gebildet, offiziell jedoch erst im Januar 1810 eingerichtet. Die Mitglieder des S. berief der Zar. Ihre Zahl stieg bis Anfang des 20. Jahrhunderts auf mehr als 80 Personen an; war er selber in der Sitzung anwesend, übernahm der Zar auch den Vorsitz. Die wichtigste Rolle des S. bestand in der Beratung von Gesetzesvorlagen. Nach der Revolution von 1905 wurde die Hälfte der Mitglieder des S. aus konservativen Institutionen gewählt; im Mai 1917 aufgelöst.

Taurisches Palais – Gebaut in den Jahren 1783–89, tagte in diesem Palais von 1906 an die → Staatsduma. Nach Ausbruch der Februarrevolution wurde es zu zahlreichen Versammlungen und Kundgebungen genutzt. Bis zu seiner Umsiedlung in den → Smolny im August 1917 war das T. P. Sitz des Petrograder Sowjets und des → Gesamtrussischen Zentralexekutivkomitees der Sowjets der Arbeiter- und Soldatendeputierten. Anfang Januar 1918 tagte im T. P. die → Konstituierende Versammlung.

Trudowiki – Die Partei (eigentlich «Trudowaja gruppa» – «Gruppe der Werktätigen») entstand 1906 als Organisation der Bauerndeputierten der

1. Staatsduma. Die T. standen rechts von den mit ihnen ideologisch verwandten → Sozialrevolutionären. Sie verlangten die Lösung der Agrarfrage durch Bildung kleiner Bauernwirtschaften unter Aufteilung des Gutsbesitzerlandes, ein allgemeines Wahlrecht und die Gewährung bürgerlicher Freiheiten. In der 4. Duma besaßen die T. zehn Abgeordnete, deren Vorsitzender → Kerenskij war. Nach Ausbruch der Februarrevolution traten die T. für eine demokratische Republik und die Einberufung einer Konstituierenden Versammlung ein. Auf ihrem 6. Kongreß im Juni 1917 beschlossen die T. ihren Zusammenschluß mit der Partei der → Volkssozialisten.

Volkssozialisten – Die Partei der V. löste sich 1906 aus der Partei der → Sozialrevolutionäre. Nachdem die V. nach 1907 als Partei praktisch aufgehört hatten zu existieren, belebte sich ihre Organisation nach Ausbruch der Februarrevolution. Im Juni 1917 vereinigten sie sich mit den → Trudowiki und suchten die Provisorische Regierung zu unterstützen. Nach der Oktoberrevolution beteiligten sich ihre Mitglieder am Kampf gegen die Sowjetordnung und emigrierten nach dem Bürgerkrieg zumeist ins Ausland.

Vorparlament → Rat der Russischen Republik

WZIK → Gesamtrussisches Zentralexekutivkomitee der Sowjets der Arbeiter- und Soldatendeputierten

Zimmerwalder – Die Zimmerwalder Bewegung entstand aus sozialistisch und internationalistisch orientierten Kriegsgegnern. Die erste Konferenz von Zimmerwald (Kanton Bern) wurde auf Initiative des Schweizer Sozialdemokraten Robert Grimm im September 1915 einberufen und von 38 Delegierten aus 12 Ländern besucht. Auf den beiden anschließenden Konferenzen in Kienthal (1916) und Stockholm (1917) traten noch stärker die Unterschiede zwischen der «Zimmerwalder Linken», zu denen Lenin mit den Bolschewiki sowie auch die Deutschen Linken gehörten, und die sozialdemokratisch orientierten Mitglieder der Z.-Bewegung hervor. Es waren ähnliche Auseinandersetzungen, wie sie in der II. Internationale geführt wurden.